16	3	2	13
5	10	11	8
9	6	7	12
4	15	14	1

Universidade de São Paulo
Reitor: Prof. Dr. Marco Antonio Zago
Vice-Reitor: Prof. Dr. Vahan Agopyan

Faculdade de Filosofia, Letras e Ciências Humanas
Diretor: Prof. Dr. Sérgio França Adorno de Abreu
Vice-Diretor: Prof. Dr. João Roberto Gomes de Faria

Departamento de Letras Clássicas e Vernáculas
Chefe: Profa. Dra. Marli Quadros Leite
Suplente: Prof. Dr. Paulo Martins

Coordenação do Curso de Pós-Graduação em Literatura Brasileira
Coordenador: Prof. Dr. Ivan Francisco Marques
Vice-Coordenador: Prof. Dr. Augusto Massi

 Apoio: PROEX-CAPES

Murilo Marcondes de Moura

O MUNDO SITIADO
A poesia brasileira
e a Segunda Guerra Mundial

editora■34

EDITORA 34

Editora 34 Ltda.
Rua Hungria, 592 Jardim Europa CEP 01455-000
São Paulo - SP Brasil Tel/Fax (11) 3811-6777 www.editora34.com.br

Copyright © Editora 34 Ltda., 2016
O mundo sitiado © Murilo Marcondes de Moura, 2016

A FOTOCÓPIA DE QUALQUER FOLHA DESTE LIVRO É ILEGAL E CONFIGURA UMA
APROPRIAÇÃO INDEVIDA DOS DIREITOS INTELECTUAIS E PATRIMONIAIS DO AUTOR.

Imagem da capa:
*Oswaldo Goeldi, 167 de uma só vez!, 1944,
da série* Balada da morte, *xilogravura, 16 x 22 cm (detalhe)*

Capa, projeto gráfico e editoração eletrônica:
Bracher & Malta Produção Gráfica

Revisão:
Alberto Martins, Milton Ohata

1ª Edição - 2016

CIP - Brasil. Catalogação-na-Fonte
(Sindicato Nacional dos Editores de Livros, RJ, Brasil)

Moura, Murilo Marcondes de
M668m   O mundo sitiado: a poesia brasileira
e a Segunda Guerra Mundial / Murilo Marcondes
de Moura — São Paulo: Editora 34, 2016
(1ª Edição).
376 p.

ISBN 978-85-7326-619-1

1. Poesia brasileira - Século XX.
2. Teoria literária. 3. Segunda Guerra Mundial.
I. Título.

CDD - 801

O MUNDO SITIADO
A poesia brasileira e a Segunda Guerra Mundial

1. Guerra moderna e poesia de vanguarda 9
   - Abertura 9
   - Poesia de guerra e poesia de circunstância 12
   - Wilhelm de Kostrowitsky ou
     Guillaume Apollinaire, o "soldado enamorado" 22
   - Wilfred Owen e "a juventude condenada" 60
   - Giuseppe Ungaretti e *O porto sepulto* 69
   - Outros poemas de Apollinaire 84
   - Mário de Andrade
     e o primeiro esboço de poesia de guerra 91
   - A poesia europeia e a Segunda Guerra Mundial:
     um breve excurso 96

2. Carlos Drummond de Andrade
   - 2.1. Do "sentimento do mundo" 103
     - Antecedentes: a província 103
     - O quadro geral 109
     - Stalingrado: a intersecção 118
   - 2.2. Visão do horror 151
     - A guerra total 151
     - Goya e *Os desastres da guerra* 162
     - Brecht e a *Cartilha de guerra* 176
     - Notícias do mundo 191
   - 2.3. A ampliação do canto 198

3. *Intermezzo* lírico: Oswald de Andrade
   e o "Cântico dos cânticos para flauta e violão" 209

4. Cecília Meireles 233
   - Retratos 233
   - Miudezas 239

A guerra menor 248
O cemitério de Pistoia 254
A guerra e a vida privada 261
Gandhi e o pacifismo 273

5. Murilo Mendes 285
O desafio do poeta 285
A guerra transfigurada 290
Labirintos 297
Intermezzo comparativo: Henri Michaux 318
"O túnel do século" 333

Bibliografia 347
Agradecimentos 367
Créditos das imagens 371
Sobre o autor 373

ao Lucas e ao Tomás

1

Guerra moderna e poesia de vanguarda

Abertura

Uma "descida aos infernos". Assim caracterizou um crítico francês a tarefa de organizar uma recente antologia de escritores em torno da Primeira Guerra Mundial.[1] Nem poderia ser outro o sentimento diante da fúria extrovertida das duas grandes guerras do século XX, para muitos um único conflito de 31 anos (1914-1945), em que a cultura da violência reinou absoluta. Mas não foi, ao menos não diretamente, a assombração da barbárie, com sua enorme carga de luto, a motivação primeira deste trabalho. Ele surgiu, paradoxalmente, do reconhecimento de algo positivo: o papel possível da poesia diante do horror. E de algo talvez ainda mais inesperado: a resposta significativa da poesia brasileira diante da catástrofe planetária, da qual o Brasil participou de modo apenas lateral.

Ler alguns poemas de Carlos Drummond de Andrade, Cecília Meireles, Murilo Mendes e Oswald de Andrade cujo horizonte imediato é a Segunda Guerra Mundial, extrair dessa leitura pontos de vista particulares sobre o conflito, mas principalmente sublinhar como cada um desses poetas, ao se abrir para o acontecimento histórico, intensificou e mesmo expandiu o essencial de seus princípios estéticos, eis os objetivos deste livro. Livro, portanto, de investigação crítica acerca de um momento específico da poesia lírica brasileira, tangida então por forte impulso internacio-

---

[1] Cf. Antoine Compagnon, *La Grande Guerre des écrivains: d'Apollinaire à Zweig* (Paris, Gallimard, 2014).

nalista, ou pelo "sentimento do mundo", para citar a fórmula notável de Drummond.

Outras vozes de nossa poesia poderiam ter sido também investigadas, mas cada um dos poetas aqui privilegiados manteve com a guerra uma espécie de contraponto sistemático, o que talvez tenha propiciado a cada um deles achar também uma dicção singular, uma resposta inconfundível, e tais respostas abrangem de alguma forma o registro de toda a poesia brasileira escrita à sombra daqueles acontecimentos.

Nesse sentido, este não é um trabalho de pesquisa temática pura. A guerra moderna não é propriamente um tema literário, é antes uma circunstância histórica em que os poetas foram constrangidos a atuar. Nesse confronto com o acontecimento histórico imediato, é muito provável que inúmeros poetas, nacionais e internacionais, entre 1914 e 1945, tenham se voltado para a tradição, interrogando como os poetas antepassados reagiram às guerras de seu tempo, em busca de um repertório de imagens e de atitudes que pudessem talvez atualizar. Mas a própria expressão consagrada "guerra moderna" já indica a sobreposição de um particularíssimo momento histórico a um horizonte temático, mais vago e universalizante. A Primeira Guerra Mundial, como se sabe, encontrou expressão poética mais plena na poesia de vanguarda, que lhe é imediatamente anterior, quase simultânea. Guillaume Apollinaire, quando partiu para o front, em 1915, já tinha publicado um dos livros fundamentais do experimentalismo europeu: *Álcoois* (1913).

Esse deslocamento da abordagem temática para a valorização da circunstância concreta, ou do acontecimento, é aqui relevante sobretudo por uma questão conceitual. Como definir a "poesia de guerra"? O assunto é difícil e tende a escapar ao campo especificamente estético. "A poesia de guerra, de todas as literaturas do século XX, é a mais infensa a qualquer tipo de teoria literária". "Definições e interpretações da poesia de guerra não são apenas assunto de gosto literário, mas são afetadas pelas políticas voláteis do nacionalismo e pela percepção histórica". Assim formula o estudioso inglês Simon Featherstone, em um livro que se propõe a ser um manual sobre o assunto.[2] O poeta Robert Graves radicaliza essa visão, hierarquizando nitidamente poesia experimental modernista e poesia de guerra: "Mesmo se alguns [poetas alistados] ambicionavam se tornar 'poetas de guerra' as tortuosas maneiras modernistas em que eles escreviam antes de sua convocação eram inadequadas para o jornalismo elevado que a poesia de guerra essencialmente é".[3] "Jornalismo elevado" não é uma definição laudatória. Outro crítico encerra o prefácio a uma extensa antologia de poemas de guerra quase se escusando da própria tarefa que acabou de realizar: "De meu ponto de vista os melhores poemas de guerra não são limitados à guerra, mas a transcendem, atingindo as mais profundas especulações sobre o Homem".[4] É raro um depoimento como o seguinte, ainda assim bastante mitigado, de Antoine Compagnon, não por acaso muito recente: "A literatura de guerra, em vários aspectos literatura convencional e de circunstância, tendo escolhido mais a *ordem* do que a *aventura*, não deixou mesmo assim de transformar radicalmente o movimento literário, em seus temas e suas formas".[5] Alguns dos primeiros segmentos da *Viagem ao fim da noite*, de Céline — só para citar um exemplo na prosa, em que o personagem se refere do modo mais cínico e derrisório possível às suas experiências no início da Primeira Guerra Mundial —, confirmam essa visão do crítico se-

[2] Cf. Simon Featherstone, *War poetry: an introductory reader* (Londres, Routledge, 1995, pp. 1 e 13). Sempre que não houver indicação, as traduções presentes neste livro são de minha autoria.

[3] *Apud* Simon Featherstone, *op. cit.*, p. 233.

[4] Cf. Richard Eberhart (org.), "Attitudes to war", em *War and the poet: an anthology of poetry expressing man's attitudes to war from ancient times to the present* (Nova York, The Devin-Adair Company, 1945, p. XV).

[5] Cf. Compagnon, *op. cit.*, p. 46 (grifos meus). Note-se que os termos *ordem* e *aventura* foram extraídos do famoso poema de Apollinaire, "La jolie rousse" ("A bela ruiva"), que encerra o volume *Caligramas*: "Je juge cette longue querelle de la tradition et de l'invention/ De l'Ordre et de l'Aventure" ("Eu considero essa longa disputa entre a tradição e a invenção/ Entre a Ordem e a Aventura").

gundo a qual a literatura de guerra pode ser radicalmente inovadora. Retomando o nosso gênero, veremos adiante que ainda mais transformadores são os poemas de Guillaume Apollinaire, nos quais a *aventure* se sobrepõe claramente à *ordre*.

Pode ser interessante, tanto para contornar essas dificuldades de definição quanto para matizar essa visão tão negativa da chamada poesia de guerra, associá-la à "poesia de circunstância", de conceituação igualmente difícil, é verdade, mas da qual se tem maiores parâmetros ou maior detalhamento, uma vez que se trata de uma modalidade com largo lastro na tradição literária.

Poesia de guerra e poesia de circunstância

Pedrag Matvejevitch, em estudo alentado (e praticamente único) sobre o assunto, busca traçar um longo percurso histórico da poesia de circunstância no Ocidente, dos gregos ao século XX, passando por Petrarca e Goethe, entre outros. Segundo ele, apenas com Goethe "o problema teórico da poesia de circunstância foi decisivamente colocado, como provam os diversos escritos, a correspondência e a conversação nos quais o autor do *Fausto* defende infatigavelmente a dignidade dessa espécie de poesia".[6]

Entre essas conversas, certamente a mais famosa é aquela registrada por Johann Peter Eckermann em 18 de setembro de 1823, em que Goethe apresenta ao mesmo tempo uma defesa e uma definição da *Gelegenheitsgedichte*, ou seja, da "poesia de circunstância":

O mundo é tão vasto e rico e a vida tão multifacetada que nunca faltarão ensejos para poemas. Mas é necessário que sejam todos poemas de circunstância, isto

---

[6] Cf. Pedrag Matvejevitch, *Pour une poétique de l'événement* (Paris, 10/18, 1979, p. 117). A primeira edição do livro se intitulava *Poésie de circonstance* (Paris, Nizet, 1971).

é, a realidade deve oferecer-lhes a ocasião e a matéria.[7] Um caso singular torna-se geral e poético justamente porque o poeta o trata. Todos os meus poemas são poemas de circunstância, são estimulados pela realidade e têm nela o seu chão e fundamento. Não tenho em alta conta poemas tirados do nada.[8]

O crítico transcreve outras declarações de Goethe, que enaltecem essa modalidade de poesia. Em *Poesia e verdade* (Parte II, capítulo 10), Goethe chama o "poema de circunstância" "a primeira e mais autêntica de todas as espécies de poesia".[9] Em trecho de carta a Zelter: "Eu espero que se aprenda pouco a pouco a apreciar a poesia de circunstância que os ignorantes, que imaginam poder existir alguma poesia independente dela, não cessam de reprovar e desacreditar".[10]

[7] Manuel Bandeira, à sua maneira modesta, se caracterizava como "poeta de circunstâncias e desabafos". Juntamente com Goethe, ele caberia na tipologia de Schiller como "ingênuo", para quem o canto se funde estreitamente com a natureza circundante e a experiência imediata. A propósito de *Mafuá do malungo*, demarcado pelo próprio Bandeira como "Versos de circunstância", Drummond comenta: "Arte de transfigurar as circunstâncias, poderíamos rotular a poesia. A circunstância é sempre poetizável, e isso nos foi mostrado até o cansaço pelos grandes poetas de todos os tempos, sempre que um preconceito discriminatório não lhes travou o surto lírico". Cf. "Manuel Bandeira", em Carlos Drummond de Andrade, *Passeios na ilha* (São Paulo, Cosac Naify, 2011, p. 143).

[8] "Die Welt ist so groß und reich und das Leben so mannigfaltig, daß es an Anlässen zu Gedichten nie fehlen wird. Aber es müssen alles Gelegenheitsgedichte sein, das heißt, die Wirklichkeit muß die Veranlassung und den Stoff dazu hergeben. Allgemein und poetisch wird ein specieller Fall eben dadurch, daß ihn der Dichter behandelt. Alle meine Gedichte sind Gelegenheitsgedichte, sie sind durch die Wirklichkeit angeregt und haben darin Grund und Boden. Von Gedichten, aus der Luft gegriffen, halte ich nichts." Tradução de Marcus Vinicius Mazzari.

[9] "Die erste und echteste aller Dichtarten." Tradução de Marcus Vinicius Mazzari.

[10] *Apud* Matvejvitch, *op. cit.*, p. 117.

É claro que Goethe está longe de defender a pura referencialidade, nem muito menos qualquer concepção utilitária de poesia, bem ao contrário: "A realidade fornece a ocasião e a matéria", "o motivo, o ponto de partida, o núcleo propriamente dito", mas "é tarefa do poeta construir a partir disso um todo que seja belo, animado".[11]

Segundo Matvejevitch, "a grande autoridade de Goethe obrigou tanto seus contemporâneos como a posteridade a considerar uma acepção mais larga de poesia de circunstância".[12] O reparo que se poderia fazer à concepção de Goethe, para Jean-Michel Maulpoix, seria o de atribuir à circunstância um sentido demasiado amplo, tomando-a praticamente como sinônimo de "realidade".[13]

Apesar dessa visão tão favorável de Goethe, e de exemplos ilustres como o de Mallarmé,[14] a visão moderna mais frequente sobre a poesia de circunstância é essencialmente negativa, como se a referência forte a algo que lhe fosse externo traísse a natureza mais autêntica do poema, cujo valor deve ser medido pela própria imanência.

Nesse sentido, Pedrag Matvejevitch propõe um modo de ler esses poemas de acordo com "o grau de dependência" em relação à circunstância. Essa proposta será valiosa para o nosso estudo e cabe detalhá-la. De início, o crítico distingue três tipos de poesia de circunstância. Primeiro, a que acompanha diversas cerimônias; segundo, a poesia vinculada aos acontecimentos sociopolíticos ou históricos; terceiro, aquela que canta os fatos da vida privada ou subjetiva. De modo sintético, "poesia cerimonial", "poesia engajada" e a "poesia de circunstância no sentido goethiano". Nessa

---

[11] *Apud* Matvejvitch, *idem*, p. 118.

[12] *Idem*, p. 119.

[13] Cf. Jean Michel Maulpoix, "Poésie et circonstance" (http://www.maulpoix.net/blogjmm/wordpress/poesie-et-circonstance). Trata-se de excerto do livro *Adieux au poème* (Paris, José Corti, 2005).

[14] Cf. *Vers de circonstance* (Paris, Gallimard, 2009). Ver nessa mesma edição o prefácio de Yves Bonnefoy, "L'Or du futile", pp. 7-52.

classificação, observa-se uma progressiva liberdade do poeta em relação aos fatos externos. Nela, ainda, devem ser levados em conta "a natureza e a intensidade do acontecimento" em que o poeta se vê envolvido e, sobretudo, o seu "grau de implicação" em relação a tal acontecimento. "Assim, à poesia de circunstância cerimonial correspondem geralmente os acontecimentos de ordem pública ou coletiva, de natureza repetitiva. Ocorre o mesmo, em certa medida, para a poesia engajada, que se vincula mais particularmente aos fatos históricos ou objetivos, sociais e políticos. A poesia de circunstância no sentido goethiano trata o mais frequentemente de incidentes de caráter particular ou subjetivo, fugitivo ou mesmo imaginário. Essa última categoria supõe uma possibilidade de participação mais individual, um mais alto *grau de implicação*."[15]

Utilizando outros termos, o crítico diferencia uma poesia escrita *com vistas às* circunstâncias de uma outra escrita *em relação às* circunstâncias — a primeira, depende primariamente dos fatos externos; a segunda, mantém com estes um vínculo mais autônomo. "A poesia de circunstância é geralmente feita com vistas a uma circunstância dada ou previsível, enquanto a poesia engajada e sobretudo aquela que Goethe defendia se determinam o mais frequentemente em relação às circunstâncias que estão ocorrendo (uma guerra, uma ação social etc.) ou então que ocorreram em um passado recente (por exemplo, em Goethe, um encontro e... a felicidade ou a decepção que dele resultam)".[16]

Paul Éluard, em conferência intitulada "A poesia de circunstância",[17] retoma o autor de *Poesia e verdade*: "Ainda uma vez damos razão a Goethe: 'Todo poema é de circunstância' [...]. Para que um poema se transporte do particular para o geral e assuma um sentido válido, durável, eterno, é preciso que a circunstância

[15] *Ibidem*, p. 179. Grifos do próprio Matvejvitch.
[16] *Ibidem*, p. 182.
[17] Cf. Paul Éluard, "La poésie de circonstance", em *Oeuvres complètes II* (Paris, Gallimard, 1991, pp. 931-45). A conferência foi pronunciada em 15 de janeiro de 1952.

concorde com os mais simples desejos do poeta, com seu coração e seu espírito, com sua razão". Em seguida, Éluard exemplifica com a gênese de seu famoso poema "Liberté".[18] Ele narra como pretendia simplesmente escrever um poema à mulher amada, cujo nome devia encerrar a longa sequência de estrofes; no entanto, continua o poeta, "percebi logo que a única palavra que tinha em mente era a palavra *liberdade*": "A mulher que amava encarnava um desejo maior do que ela. Eu a confundia com a aspiração mais sublime". Por isso, conclui, "não se deve confundir poesia de circunstância e poesia de encomenda". Esta "só pode corresponder por acaso ao desejo, à convicção profunda, à sensibilidade do poeta. A poesia de circunstância verdadeira deve brotar do poeta com a precisão de um espelho fiel aos outros homens". Finalmente, a síntese: "A circunstância exterior deve coincidir com a circunstância interior, como se o próprio poeta a tivesse produzido", o que concorda à perfeição com a ideia da profundidade do "grau de implicação" do poeta com o acontecimento, conforme a proposta de Matvejevitch.

T. S. Eliot, a seu modo, reitera a necessidade dessa concomitância entre o interior e o exterior, ao identificar "a poesia" à "concepção abstrata da íntima experiência em sua intensidade máxima tornada universal", conforme se lê em um de seus versos de ocasião ("occasional verses"), "A note on war poetry":

Not the expression of collective emotion
Imperfectly reflected in the daily papers.

[18] O poema foi publicado pela primeira vez com o título "Um só pensamento", na revista *Fontaine*, na Argélia em 1942. Milhares de exemplares do poema foram lançados, juntamente com armas, remédios e explosivos, pela RAF (Royal Air Force) sobre a França ainda ocupada. O poema foi traduzido no Brasil, no calor da hora, por Manuel Bandeira e Carlos Drummond de Andrade e publicado pela primeira vez no Suplemento "Autores e Livros", do jornal *A Manhã*, em 17 de janeiro de 1943. Essa tradução foi incluída no volume *Poesia traduzida*, de Carlos Drummond de Andrade, organizado por Augusto Massi e Júlio Castañon Guimarães (São Paulo, Cosac Naify, 2011, pp. 132-9 e p. 397).

Where is the point at which the merely individual
Explosion breaks

In the path of an action merely typicall
To create the universal, originate a symbol
Out of impact?
[...]
But the abstract conception
Of private experience at its greatest intensity
Becoming universal, which we call 'poetry',
May be affirmed in verse.[19]

Para concluir essas considerações cuja única intenção é estabelecer uma baliza mínima para o nosso estudo, cabe lembrar um artigo do jovem Jean Starobinski, "Introdução à poesia do acontecimento",[20] escrito na sua neutra Suíça em meio à Segunda Guerra Mundial:

> Eu considero a forma mais completa [de testemunho] quando, os olhos abertos para o acontecimento, um poeta se funde em eternidade para elevar, ao mesmo tempo de seu eu singular e da provação compartilhada, um canto que diz o sofrimento e que dá figura a uma esperança em que todos podem se reconhecer. É de se supor que apenas aqueles cujas aventuras pessoais sejam

---

[19] "Não a expressão da emoção coletiva/ Imperfeitamente refletida nos jornais diários./ Onde está o ponto em que a meramente individual/ Explosão estala// No caminho de uma ação meramente típica/ Para criar o universal, originar um símbolo/ A partir do impacto? [...] Mas a concepção abstrata/ Da íntima experiência em sua intensidade máxima/ Tornada universal, que chamamos 'poesia'/ Pode ser afirmada em verso." A tradução é de Jorge de Sena, em *Poesia do século XX* (Porto, Inova, 1978, p. 290). Para o original, ver *The complete poems and plays of T. S. Eliot* (Londres, Faber, 1975, p. 202). O próprio Eliot informa que o poema foi escrito sob encomenda, em 1942.

[20] *La poésie et la guerre: chroniques 1942-1944* (Genebra, MiniZoé, 1999, pp. 9-19). O texto foi publicado em 1 de janeiro de 1943.

suficientemente profundas acedam ao ponto em que o drama da história e o drama da pessoa se encontram. Pois em uma situação de catástrofe, é preciso que intervenha aquilo que Pierre Jean Jouve nomeia a propósito de Rimbaud, "a contração do tempo histórico no tempo pessoal".

E um pouco depois: "Em nosso tempo, a responsabilidade do poeta é sobretudo a de conferir ao acontecimento histórico a qualidade de acontecimento interior [...]. A verdadeira poesia interioriza a história".[21] Em outra passagem, Starobinski volta a citar Pierre Jean Jouve: "Pode-se conceber uma Poesia que, em relação ao acontecimento do tempo presente, o toca com mão muito profunda, e pode ser lida tanto como uma tradução direta dos fatos perturbadores como a meditação muito mais distanciada daquilo que se encontra em sua raiz".[22]

Em sua *Estética*, Hegel tem uma formulação que abrange em grande parte as anteriores:

> Em poesia, as relações com a realidade existente, com suas manifestações particulares, com as circunstâncias privadas e públicas, encontram sua melhor expressão nas poesias ditas de *circunstância* [*Gelegenheitsgedichte*]. Ampliando o sentido do termo, poder-se-ia aplicá-lo à maior parte das obras poéticas; mas, mantendo-lhe o sentido estrito, apenas às obras que nasceram por ocasião de um evento atual, que elas têm por missão celebrar, glorificar, gravar na memória etc. Mas, vinculando-se assim a um acontecimento do dia, a poesia se rebaixa a um estado de dependência, e é por isso que sempre se atribuiu a essa modalidade apenas um valor secundário, ainda que algumas das poesias de circuns-

---

[21] *Idem*, p. 10
[22] *Ibidem*, p. 32.

tância, sobretudo no gênero lírico, estejam entre as mais célebres.

Está-se desse modo em presença de um novo conflito e a questão que se coloca é a de saber se nesse conflito a poesia consegue preservar a sua autonomia. De uma maneira bem simples: em lugar de aceitar a ocasião exterior como objetivo essencial e de se considerar ela mesma [a poesia] como um meio destinado a atingir esse objetivo, ela deve incorporar em sua própria substância a matéria dessa realidade, elaborá-la e modelá-la em nome dos direitos e da liberdade da imaginação. Então, não é mais a poesia que é o elemento ocasional e secundário, mas é a matéria que constitui somente uma ocasião exterior que, atuando sobre o poeta como um estímulo, o leva a aprofundá-la, a dar-lhe uma forma tão pura quanto possível, a recriá-la como se emanasse dele próprio.[23]

Apesar das diferenças de toda ordem entre os autores citados acima, alguma coisa comum se delineia: em geral (e Goethe é a referência nuclear) considera-se a melhor poesia de circunstância aquela em que a dimensão mais íntima alcança uma voz forte, em que o lirismo, portanto, se sobressai. Transposta essa ideia para o nosso assunto, estamos quase na mesma situação do antologista Richard Eberhart mencionado anteriormente — a ponto de pedir desculpas pela eventual abertura excessiva da "poesia de guerra" à própria guerra. O fato é que a expansão épica nada tem a ver com a guerra moderna, apesar de exceções muito pontuais (em parte, a batalha de Stalingrado, por exemplo) e o canto a ela vinculado não parece acusar nenhum pertencimento coletivo do sujeito, antes este experimenta horror, desnorteio, derrisão, compai-

---

[23] Cf. G. W. F. Hegel, *Esthétique [La poésie]* (Paris, Aubier-Montaigne, 1944, pp. 46-7). O grifo é do próprio Hegel. Traduzido a partir da edição francesa de Vladimir Jankélévitch.

xão, indignação, o que condiz com uma poesia de natureza mais subjetiva.

Talvez não seja necessário acrescentar, mas mesmo nessa tendência comum os poetas mantêm as diferenças de poética entre eles, provavelmente as mesmas que existiriam em tempos de paz, isto é, na ausência de um constrangimento histórico tão imperioso. Assim, para recorrer a um exemplo célebre (e extremo), sabe-se o quanto a poesia de Paul Celan, no entanto tão historicizada, apresenta uma pessoalidade marcante. Conforme ele próprio sugeriu no famoso discurso "O meridiano",[24] em que agradece pelo prêmio Büchner, a sua obra poética, exemplarmente difícil, está escrita *em relação a* uma data — "Talvez se possa dizer que em todo poema fica inscrito seu '20 de janeiro'?". No caso específico dos poemas dele, o 20 de janeiro de 1942, quando se decidiu a "solução final para o problema judeu" — o que faz sua obra ser ao mesmo tempo "datada" e idiossincrática.[25] Mas não é o caso de criar paradigmas, estabelecer normas ou critérios de como *deve* ser a melhor poesia de guerra.[26] Trata-se apenas de apontar a in-

---

[24] Cf. Paul Celan, *Cristal* (São Paulo, Iluminuras, 1999, pp. 167-84), tradução de Cláudia Cavalcanti. O discurso foi proferido em 1960.

[25] Outro texto importante da poética de Celan é o discurso de Bremen, de 1958, no qual se lê essa passagem impressionante: "Acessível, próxima e não-perdida permaneceu no meio das perdas somente isto: a linguagem. Ela precisou atravessar suas próprias faltas-de-resposta, precisou atravessar terrível emudecimento, precisou atravessar as mil trevas do mortífero discurso", conforme tradução de Modesto Carone, em seu belo e sucinto estudo, *A poética do silêncio: João Cabral de Melo Neto e Paul Celan* (São Paulo, Perspectiva, 1979). O trecho está traduzido à página 95. No mesmo discurso de Bremen, em passagem imediatamente posterior, Celan afirma: "Pois o poema não está fora do tempo. Ele pretende certamente o infinito, mas ele busca passar através do tempo — através, não acima". Cf. *Jean-Michel Maulpoix commente* Choix de poèmes *de Paul Celan* (Paris, Gallimard, 2009, p. 160).

[26] Como faz, por exemplo, Giulia Disanto em seu estudo comparativo sobre as poesias de Apollinaire, Ungaretti, Trakl e Celan, no qual este último é considerado a voz ideal diante da experiência do horror da guerra. Cf. *La poesia al tempo della guerra: percorsi esemplari del Novecento* (Milão, F. Angeli, 2007).

clinação comum do lirismo, observando que, mesmo nesse território compartilhado, as diferenças predominam, como era de se esperar com a própria ênfase na natureza subjetiva, sem contar as assimetrias de experiência e de situação entre os poetas. Por outro lado, invertendo os sinais e pensando em poemas que mantêm uma referencialidade evidente, quantos não terão sido escritos para celebrar a resistência de Stalingrado? Mas só alguns poucos sobreviveram, isto é, souberam unir circunstância histórica e circunstância íntima, para retomar a formulação de Éluard.

No caso brasileiro, uma tremenda dificuldade adicional se impõe de saída: os poetas estavam distantes dos acontecimentos, situados em um lugar periférico ao conflito, em princípio relegados ao papel de meros observadores do drama planetário. Para adaptar um verso sugestivo de Murilo Mendes, todos eram "ouvintes apenas da guerra", que acompanhavam atentamente pelo rádio e pelos jornais. Ora, o "grau de implicação" desses poetas naquela circunstância histórica parecia o mais esmaecido possível, o que acarretaria, ao menos teoricamente, uma obra também menos vívida em relação a ela. Tratava-se de aproximar o que estava longe, de trazer para o plano da intimidade aquilo que estava afastado do campo da experiência imediata, o que nem sempre é fácil. Novamente, "sentimento do mundo" é uma expressão que traduz com felicidade esse estado de participação intensa e íntima em um acontecimento do qual se está fisicamente apartado.

Mas antes de nos voltarmos para as respostas dos poetas brasileiros à Segunda Guerra Mundial, convém recuar a um momento histórico imediatamente anterior, o da Guerra de 1914. Aí poderemos compreender melhor uma manifestação da poesia de guerra que pressupõe provavelmente o mais alto grau de implicação, aquela escrita por poetas que dela participaram como soldados — em especial Guillaume Apollinaire, mas também Giuseppe Ungaretti e Wilfred Owen. Esse recuo permite nos situarmos tanto nos princípios da guerra moderna como no âmbito da poesia de vanguarda, de que a Segunda Guerra Mundial e a poesia brasileira de extração modernista são desdobramentos.

Wilhelm de Kostrowitsky ou Guillaume Apollinaire, o "soldado enamorado"

"O Memorial dos belos instantes de Guillaume Apollinaire está em sua obra poética. Deve parecer apenas paradoxal que todos os poemas de *Álcoois* e de *Caligramas*, para citar apenas os livros maiores, são poemas de circunstância, a qual, por vezes vulgar, será, pela graça de um gênio singular, alçada à dimensão do acontecimento."[27]

Essa afirmação do amigo André Salmon, a quem, aliás, Apollinaire (1880-1918) dedicou alguns "poemas epistolares", além do "Poema lido no casamento de André Salmon", deve ser tomada ao pé da letra. Poucas obras são tão porosas à vivência empírica como a do autor de *Álcoois*. Michel Décaudin, o mais importante crítico do poeta, sublinha a "relação fundamental, em toda obra, entre vida e poesia".[28] Para não passar em branco, recordemos apenas os poemas escritos durante sua viagem à Alemanha, como preceptor da filha de uma viscondessa, entre 1901-1902 (a série "Renanas", de *Álcoois*) ou, do mesmo livro, os seis breves poemas que tratam de sua prisão, em 1911, acusado de ter sido cúmplice no roubo da *Gioconda* do Louvre, "À la Santé" ("Na Santé"), ou ainda, tangenciando os procedimentos mais caros às vanguardas históricas, os "Poemas-conversação", como "Lundi rue Christine" (Segunda-feira rua Christine), que consiste na montagem de fragmentos da fala do poeta e de um companheiro de mesa. Seria possível também pontuar, através de sua obra poética, as vivências sentimentais do autor, desde a paixão por Maria Dubois, nas Ardenas, em 1899; Annie Playden, a governanta inglesa, que ele conheceu na referida viagem à Alemanha, e que lhe inspirou, entre outros, talvez o seu mais belo poema, "A canção do mal-amado"; a pintora Marie Laurencin, de cujo desencontro amoroso brotaram

---

[27] Cf. André Salmon, "Préface", em Guillaume Apollinaire, *Le guetteur mélancolique* (Paris, Gallimard, 1969, p. 9).

[28] Michel Décaudin, *Apollinaire* (Paris, Le Livre de Poche, 2002, p. 107).

"Zona" e "A ponte Mirabeau" (1912-3); os poemas escritos a Lou e a Madeleine, quase todos em 1915, que serão aqui comentados; aqueles dedicados à mulher Jacqueline Kolbe, especialmente "La jolie rousse" ("A bela ruiva"), de 1917; por último, naturalmente, o setor que mais nos interessa neste estudo, os "poemas de guerra", espalhados em cinco livros (sem contar a prosa de ficção e a dramaturgia, a enorme correspondência, com cerca de três mil cartas, e a também imensa produção jornalística): *Caligramas* (escrito em 1917 e publicado no início de 1918, o único deles editado em vida do poeta), os *Poemas a Lou*, os *Poemas a Madeleine*, *Há (Il y a)* e *O observador melancólico (Le guetteur mélancolique)*, em que a palavra "guetteur" é usada pelo poeta em seu sentido militar,[29] já indicando algo fundamental nele: a inclinação para o exótico ou estranho, de que a utilização de um vocabulário em princípio extrapoético é uma das manifestações mais marcantes. O exemplo maior disso talvez esteja no título de uma pequena plaquete de poemas editada artesanalmente nas trincheiras: *Case d'armons*,[30] que se transformaria depois em um dos setores do livro *Caligramas*.

[29] *Guetteur*, segundo Albert Dauzat, designa o "observador na trincheira" ("observateur dans la tranchée"), e para Benoît, o "observador noturno das linhas de frente inimigas" ("observateur nocturne des premières lignes ennemies)". Cf. Dauzat, *L'Argot de la guerre* (Paris, Armand Colin, 2009, p. 243), e Meyer, *Dictionnaire de la Der des Der. Les mots de la Grande Guerre* (Paris, Honoré Champion, 2014, p. 136).

[30] A tradução mais adequada parece ser "Compartimento de armão" ou "Cofre de armão". No início da guerra, os canhões de calibre 75 mm, muito utilizados pela artilharia francesa, eram conduzidos por uma espécie de carroça puxada por cavalos; próximo do lugar do condutor-artilheiro havia dois compartimentos, um deles justamente a "case d'armons", onde ele podia guardar seus pertences pessoais, como a máscara contra gases e outros. Claude Debon, autora de um estudo indispensável sobre Apollinaire na guerra, reproduz um desenho extraído de um manual de artilharia da época. Cf. Claude Debon, *Guillaume Apollinaire après Alcools. Calligrammes: le poète et la guerre* (Paris, Lettres Modernes/Minard, 1981, p. 110). Também a historiadora Annette Becker, em seu interessante livro *Apollinaire: une biographie de guerre* (Paris, Tallandier, 2009, p. 76): "O título é emprestado ao

Essa profusão de poemas e de outros escritos é muito significativa. O poeta não apenas não se calou durante o conflito, como sustentou o entusiasmo de sempre e manteve uma confiança inquebrantável na palavra. Por conta disso, já a partir da publicação de *Caligramas* em 1918, levantou-se contra Apollinaire, paradoxalmente, uma espécie de condenação. O seu elã afirmativo passou a ser visto como escândalo, como moralmente impróprio aos acontecimentos que presenciou. Passou a pesar sobre sua obra um questionamento cuja proposição não cessou de aumentar ao longo do século XX — que papel cabe à poesia, à arte em geral, diante da barbárie? Mas Apollinaire não se dispôs a celebrar a guerra na esteira de Marinetti ("Guerra, única higiene do mundo"). Ele quis ser, na verdade, uma espécie de Orfeu[31] descido ao inferno das trincheiras da guerra europeia, disposto, sim, a sustentar o canto mesmo diante do horror de proporções inacreditáveis:

> Afin que la beauté ne perde pas ses droits
> Même au moment d'un crime[32]

Tarefa nada fácil, pois tratava-se de manter a atitude de *artista* experimental e cosmopolita agora como *soldado*, absorvido numa guerra desprovida de qualquer heroísmo, na qual os combatentes se escondiam nas trincheiras como animais em tocas en-

---

vocabulário da artilharia [...] é um lugar na carreta onde o condutor de um canhão pode guardar seu equipamento". Por analogia, o livro *Case d'armons* é o lugar em que o poeta guarda os seus escritos e caligramas — mescla de palavras e de desenhos — durante a guerra. Uma edição fac-similar de *Case d'armons* foi recentemente publicada, como suíte de uma nova edição de *Calligrammes*, organizada por Claude Debon (Paris, Gallimard, 2014).

[31] Apollinaire se autofigurou como Orfeu em diversos momentos de sua obra. Como exemplos maiores, cabem ser citados o seu primeiro livro, *Bestiário ou Cortejo de Orfeu* (1911) e *O poeta assassinado* (1916).

[32] Versos do poema "Chant de l'honneur" ("Canto da honra"), do livro *Calligrammes*: "A fim de que a beleza não perca seus direitos/ Mesmo no momento de um crime".

quanto eram bombardeados por projeteis tecnicamente cada vez mais sofisticados. Ao internalizar concretamente em sua obra essa experiência, Apollinaire teve de escrever na dificuldade, contornando inclusive alguns preceitos fundamentais da poesia moderna, como a plena liberdade mimética ou a tendência à desrealização. Não faltaram críticas severas a essa disposição do poeta, que foram escasseando nas últimas décadas, sobretudo com os trabalhos decisivos de Claude Debon e Laurence Campa.[33] Mas mesmo recentemente, Anna Boschetti, por exemplo, num estudo de resto muito elogioso à obra de Apollinaire, escreve que a "produção do poeta-soldado contraria as expectativas dos leitores", devido a "posições ideológicas hoje incômodas", derivadas de uma "retórica patriótica e erótica", além da alternância igualmente discutível entre o que ela denomina de "invenções notáveis" e "experiências pouco sérias".[34]

[33] De Claude Debon, que escreveu muito a respeito, cabe referir especialmente *Guillaume Apollinaire après Alcools. Calligrammes: le poète et la guerre*, já citado na nota anterior, mas também o belíssimo volume da edição crítica dos *Caligramas: Calligrammes dans tous ses états* (Paris, Calliopées, 2008), além da organização da obra coletiva *L'Écriture en guerre de Guillaume Apollinaire* (Paris, Calliopées, 2006). De Laurence Campa, entre outros trabalhos, as mais recentes edições das cartas a Lou e a Madeleine, de que vale especificar o volume de reprodução fac-similar das cartas a Lou acompanhadas de comentários, *Je pense à toi mon Lou* (Paris, Textuel, 2007); o livro *Poèmes à Lou de Guillaume Apollinaire* (Paris, Gallimard, 2005); a mais recente biografia francesa do poeta, e a mais completa até agora, *Guillaume Apollinaire* (Paris, Gallimard, 2013); além do estudo de caráter teórico *Poètes de la Grande Guerre: experience combattante et activité poétique* (Paris, Garnier, 2010).

[34] Cf. Anna Boschetti, *La poésie partout: Apollinaire, home-époque (1898-1918)* (Paris, Seuil, 2001, p. 205). Esse reparo da estudiosa italiana deve ser compreendido em grande parte como defesa de suas próprias posições críticas, uma vez que, na esteira de Pierre Bourdieu, ela procura definir o "campo" da vanguarda como busca incessante do novo, no qual Apollinaire, "homem-época", se destacou amplamente; como poeta-soldado, porém, ele teria traído essa posição. Para ela, "a 'literatura de guerra' [em geral] tende a por em causa a definição de poesia progressivamente forjada na tradição da modernidade, notadamente na evolução da vanguarda francesa des-

Na mesma linha, Marjorie Perloff abre um artigo sobre a vanguarda europeia e a Primeira Guerra Mundial[35] citando de modo capcioso um poema de Apollinaire, não raro tomado como exemplo de uma justificativa da guerra:

> Ne pleurez donc pas sur les horreurs de la guerre
> Avant elle nous n'avions que la surface
> De la terre et des mers
> Après elle nous aurons les abîmes
> Le sous-sol et l'espace aviatique.[36]

Iniciemos pela menção à carreira militar do soldado Wilhelm de Kostrowitsky,[37] que se deu de dezembro de 1914 a novembro de 1918, modesta embora efetiva: ele foi sucessivamente aprendiz de artilheiro, soldado da artilharia (*artilleur*), agente de ligação (*agent de liaison*), cabo (*brigadier*), segundo-sargento (*maréchal des logis* e *chef de pièce*), subtenente (*sous-lieutenant*) da infanta-

---

de Baudelaire" (*op. cit.*, p. 206). Este livro não compartilha dessa visão crítica e entende que a poesia de guerra de Apollinaire, e de vários outros poetas aqui analisados, não renega essa "tradição da modernidade" e, muitas vezes, a renova e aprofunda.

[35] Cf. Marjorie Perloff, "The Great War and the European avant-garde", em Vincent Sherry (org.), *The Cambridge companion to the literature of the First World War* (Cambridge, Cambridge University Press, 2005, p. 141). Costuma-se citar também, inteiramente fora de contexto, o verso "Ah Dieu! Que la guerre est jolie" ou o título de um poema, "Merveille de guerre", para "confirmar" o suposto militarismo do poeta.

[36] "Não choreis pois pelos horrores da guerra/ Antes dela tínhamos apenas a superfície/ Da terra e dos mares/ Depois dela teremos os abismos/ O subsolo e o espaço aviatório."

[37] O autor de *Caligramas* nasceu em Roma em 1880, filho de mãe polonesa e pai italiano, cuja identidade permanece desconhecida, e foi batizado com o nome de Guglielmo Alberto Wladimiro Alessandro Apollinare de Kostrowitzky. Provavelmente a partir de 1899, define o pseudônimo de Guillaume Apollinaire, depois de ter ensaiado o de Guillaume Macabre. No front, os seus companheiros brincavam com a sonoridade para eles exótica de seu nome, chamando-o de Cointreau-Whisky.

O soldado Guillaume Apollinaire (em pé), com seus camaradas em Argonne, na região de Champagne, em 1915.

ria, para a qual foi transferido voluntariamente. Lutou sempre no front de Champagne e em março de 1916 foi ferido gravemente na têmpora direita por um estilhaço de granada, o que o levou à trepanação e a uma longa convalescença, da qual jamais teria se recuperado totalmente. Só foi considerado inapto para o combate em 1917, mas, em virtude de seu engajamento por toda a duração da guerra, não podia ser desligado e foi deslocado para o Ministério de Guerra, onde trabalhou no setor de imprensa e foi promovido a tenente, em 1918. Morreu em 9 de novembro, a apenas dois dias do armistício, de gripe espanhola.

Foi indicado para receber a condecoração máxima do exército francês, como relata esse sumário oficial: "Indivíduo de origem russa, engajado pela duração da guerra na artilharia como segundo-sargento, solicitou passar para a infantaria onde foi nomeado subtenente, depois foi naturalizado. Deu em todas as circunstâncias exemplo de sangue-frio e coragem. Foi gravemente ferido na cabeça no dia 17 de março de 1916 no curso de um violento bombardeio — Cruz de guerra."[38]

Paralelamente, como já indicado, o poeta Guillaume Apollinaire, no mesmo período, o último de sua curta vida, escreveu incessantemente. Ao alistar-se por "toda a duração da guerra", Apollinaire não podia suspeitar que não sobreviveria ao conflito, nem que este se prolongasse tanto; não podia prever, tampouco, que quase tudo o que ele viesse a escrever a partir de então teria a marca mais ou menos forte do evento, como o poema "Cote 146" ("Cota 146"):

> Plaines Désolation enfer des mouches Fusées le vert le blanc
> [le rouge
> Salves de 50 bombes dans les tranchées comme quand à
> [quatre on fait claquer pour en faire sortir la poussière
> [un grand tapis
> Trous semblables à des cathédrales gothiques
> Rumeur des mouches violentes

[38] Citado por Annette Becker, *op. cit.*, p. 151.

Lettres enfermées dans une boîte de cigares venue d'Oran
La corvée d'eau revient avec ses fûts
Et les blessés reviennent seuls par l'innombrable boyau aride
Embranchement du Decauville
Là-bas on joue au cache-cache
Nous jouons à colin-maillard
Beaux rêves
Madeleine ce qui n'est pas à l'amour est autant de perdu
Vos photos sur mon coeur
Et les mouches métalliques petits astres d'abord
A cheval à cheval à cheval à cheval
O plaine partout des trous où végètent des hommes
O plaine où vont les boyaux comme les traces sur le bout
    [des doigts aux monumentales pierres de Gravrinis
Madeleine votre nom comme une rose incertaine rose des
    [vents ou du rosier
Les conducteurs s'en vont à l'abreuvoir à 7 km d'ici
Perthes Hurlus Beauséjour noms pâles et toi Ville sur Tourbe
Cimetières de soldats croix où le képi pleure
L'ombre est de chairs putrefiées les arbres si rares sont des
    [morts restés debout
Ouïs pleurer l'obus qui passe sur ta tête[39]

---

[39] Sempre que não houver indicação, as traduções de poemas neste livro são de minha autoria. Elas não pretendem recriar poeticamente o original e têm apenas um caráter auxiliar e afirmativo. "Planícies Desolação inferno das moscas Foguetes o verde o branco o vermelho/ Salvas de 50 bombas nas trincheiras como quando em quatro estala-se para dele retirar a poeira um grande tapete/ Buracos semelhantes a catedrais góticas/ Rumor das moscas violentas/ Cartas guardadas em uma caixa de charutos vinda de Orã/ Os que transportam água retornam com seus tonéis/ E os feridos retornam sós pelos inumeráveis corredores áridos/ Entroncamento de Décauville/ Lá brincam de esconde-esconde/ Nós de cabra-cega/ Belos sonhos/ Madeleine tudo o que não é do amor está perdido/ Suas fotos em meu coração/ E as moscas metálicas pequenos astros de início/ A cavalo a cavalo a cavalo a cavalo/ Ó planície por toda parte buracos onde os homens vegetam/ Ó planície onde se estendem os corredores como os traços na ponta dos dedos nas monumentais

O poema acompanhava uma das cartas do poeta a Madeleine Pagès, datada de 2 de julho de 1915, e foi incluído, a partir da primeira edição das *Oeuvres poétiques* (1956), nos *Poèmes à Madeleine*. A data é aqui muito significativa, pois em meados de 1915 o exército francês preparava uma grande ofensiva na região de Champagne, que ocorreria entre 22 e 25 de setembro (como sempre, naquela guerra imóvel de trincheiras, tal ofensiva foi pouco eficaz malgrado o incontável número de perdas humanas). Nunca antes em sua experiência de soldado Apollinaire estivera tão próximo da primeira linha do front em que a devastação, especialmente da paisagem, era assombrosa, e que foi fixada por inúmeros artistas e escritores.

Aqui tudo é desolação, desassossego, estrépito, mau cheiro. Num primeiro momento o poema parece consistir principalmente na mistura de sensações visuais e auditivas, mas também olfativas e mesmo táteis (como na insólita imagem da "ponta dos dedos" acompanhando as gravações das pedras pré-históricas de Gavrinis). A figuração do horror é flagrante e se constrói a partir de uma constatação compartilhada pelos soldados da Primeira Guerra Mundial: as regiões atingidas pelos explosivos perdiam toda semelhança com o conhecido ou o familiar; em seu lugar, ruínas sem precedentes, imensas crateras, lamas fétidas e de cores anômalas, tudo impregnado de cadáveres, de pedaços de corpos e do metal das bombas e continuamente revolvido por sucessivas explosões de obuses. "*We are making a new world*": assim referia-se com sarcasmo Paul Nash, pintor e soldado inglês, a esses "cenários", que ele registrou em diversos quadros. Tratava-se de uma autêntica inversão da tópica da paisagem amena, ou antes, da subversão

---

pedras de Gavrinis/ Madeleine seu nome como uma rosa incerta rosa dos ventos ou da roseira/ Os condutores vão ao bebedouro a 7 km daqui/ Perthes Hurlus Beauséjour nomes pálidos e tu Ville sur Tourbe/ Cemitérios de soldados cruzes onde o quepe chora/ A sombra é de carnes putrefatas as árvores tão raras são mortos que se mantêm em pé/ Ouve chorar o obus que passa sobre tua cabeça." Guillaume Apollinaire, *Oeuvres poétiques* (Paris, Gallimard, 1956, p. 617).

da natureza pelos artefatos bélicos, para cuja representação o poeta foi buscar símiles nos arquétipos do "inferno" e do "deserto".

Uma alternativa de leitura para o poema seria a de considerá-lo como representação dessa "terra devastada", conferindo, por assim dizer, em escritos de natureza supostamente mais documental (em especial, na correspondência) a medida do "realismo" do poeta, sua capacidade em traduzir o horror vivenciado. Lido dessa forma unilateralmente referencial, que os ingleses denominariam de "history through poetry", o poema não decepciona.

Registrem-se nessa direção alguns depoimentos do próprio poeta:

> Minha querida fada eu lhe escrevo em meio ao horrível horror de milhões de moscas azuis. Nós caímos em um lugar sinistro em que todos os horrores da guerra, o horror do lugar, a abundância assustadora de cemitérios se aliam à ausência de árvores, de água, até de terra de verdade.[40]

Trechos como esse, extraído de uma carta a Madeleine datada de 1 de julho de 1915, portanto do dia anterior àquele em que o poema foi enviado à futura noiva, são numerosos, indicando o quanto o poeta se impressionou com essa "paisagem" e com as operações de guerra que aí se desenrolavam. Transcrevamos algumas das passagens mais essenciais.

Em carta ao amigo André Billy, de 3 de julho de 1915, lemos:

> Se você visse esse lugar, esses buracos com homens, por toda parte por toda parte! Sente-se náusea, as trincheiras, os buracos de obuses, os detritos de projéteis e os cemitérios [...]. Aqui é preciso andar 7 km para encontrar bebedouros [...]. Mas a impressão é já menos penosa do que no primeiro dia. Em todo caso, aqui como

---

[40] Cf. Apollinaire, *Lettres à Madeleine. Tendre comme le souvenir* (Paris, Gallimard, 2005, pp. 76-7).

em toda parte, a exploração do militar é uma ferida muito repugnante, tanto quanto as moscas verdes saídas provavelmente dos cadáveres e que me cercam, verdadeira nuvem zunidora, elas são miríades e seu canto é penoso de escutar.[41]

Sempre em julho de 1915, a André Level:

Quanto a minha situação, eu me aborreço infinitamente nesse setor do diabo, que é aqui o Belzebu em pessoa, o Senhor das moscas [...]. No que diz respeito ao setor em que me encontro, certamente ele não poderia ser chamado de *Beauséjour* [bela estada].[42]

Aqui o poeta se refere com evidente ironia a um dos nomes de vilarejo da região em que se encontrava (Beauséjour); os outros nomes também adquirem, a partir da sonoridade, significados novos e macabros associados à experiência da guerra: Perthes, Hurlus...[43]

A Jean Mollet: "eu habito sob a terra em um deserto apodrecido. Apenas o rumor e a explosão dos projéteis rompem a monotonia".[44]

A Pierre Roy: "planícies imensas e onduladas, sem árvores, sem água, porém mais moscas do que a imaginação pode conceber".[45]

Todas essas passagens contêm uma repulsa clara aos horrores da guerra, mas o nosso poeta é complexo, e, em cartas con-

---

[41] Cf. Apollinaire, *Oeuvres complètes*, vol. IV (Paris, Balland/Lécat, 1966, pp. 776-7).

[42] *Idem*, p. 846.

[43] Os nomes evocam, respectivamente, *pertes*, "perdas", e *hurler*, "gritar, urrar".

[44] *Ibidem*, p. 851.

[45] *Ibidem*, p. 865.

temporâneas das acima transcritas, podemos selecionar passagens de tom diferente.

A Fernand Fleuret:

> Eu estou em um dos campos de batalha mais famosos desta grande guerra. A guerra é decididamente uma coisa muito bela e malgrado todos os riscos que corro, as fadigas, a falta absoluta de água e em suma de tudo, eu não estou infeliz de maneira nenhuma por ter vindo. A região em que estou é uma das mais desoladas que existem. Nem água nem árvore nem aldeia, nada, a não ser a guerra suprametálica, arquitonitruante.[46]

Ao escritor italiano Ardengo Soffici:

> Eu lhe escrevo de um dos lugares mais tristes do mundo, mas também dos mais célebres desta guerra. Vivo agora em um buraco cavado na terra. O espetáculo é maravilhosamente grandioso dia e noite, o terrível rumor é incessante, a planície nua é sem cessar semeada pelo metal de morte do qual deve germinar a nova vida.[47]

A Gabrielle Picabia:

> No geral, eu me tornei mais alegre do que antes [...] o conjunto da guerra é uma coisa muito bela e quem sabe — ela vale o risco que se corre em vir vê-la. Francis [Picabia] errou ao não ter vindo.[48]

A Robert e Sonia Delaunay:

---

[46] *Ibidem*, p. 749.
[47] *Ibidem*, p. 763.
[48] *Ibidem*, p. 866.

Vivo num buraco em uma região sem habitação, sem verde, sem habitantes, sem água. Não há senão ratos, moscas e os Boches diante de nós. Os únicos pássaros aqui são os pássaros metálicos que não param de atravessar o céu. Se vocês me enviarem um exemplar do catálogo, com "As janelas", vocês me dariam um grande prazer [...] aqui os espetáculos também são maravilhosos, sobretudo à noite. A guerra é uma coisa encantadora.[49]

Há algumas diferenças importantes: aparentemente nas cartas aos mais íntimos, as alusões à guerra são mais cruas e terríveis; nas cartas aos demais, observa-se certo orgulho estoico quando não jactância provocativa, e a guerra muitas vezes é elogiada como fonte de experiências fascinantes e alheias a esses interlocutores. Com os primeiros, o poeta quer compartilhar, com os segundos, afirmar que fez a escolha certa ao se alistar e vive algo compensador. Extrair essas declarações de seu contexto, e interpretá-las de forma isolada para afirmar uma ideologia militarista, não faz justiça ao poeta. É importante considerar ainda que, além das reservas de confiança íntima e de humor que Apollinaire possuía, em seu temperamento transbordante e afirmativo, ele tinha a certeza de estar vivendo um momento raro na história. Assim, os aspectos mais negativos ("um dos lugares mais tristes") eram associados à magnificência do evento ("mas também um dos mais célebres"). Nisso, convenhamos, Apollinaire estava certo — a Primeira Guerra Mundial foi um acontecimento chave para se definir a mentalidade do século XX.[50]

Retornando a "Cota 146", é claro que o poema está longe de cumprir um papel apenas passivo diante do conflito, mero receptáculo de datas e acontecimentos históricos ou de sentimentos imediatos do escritor. Muito antes, ele guarda uma atitude inven-

[49] *Ibidem*, p. 917.

[50] Consulte-se, nesse sentido, o estudo essencial de Paul Fussel, *The Great War and modern memory* (Oxford, Oxford University Press, 1975).

tiva, uma profunda liberdade criadora diante do real.[51] Observe-se, desse ponto de vista, a imagem poderosa das "moscas metálicas", capaz de amalgamar as sensações mais penosas experimentadas pelo poeta-soldado: o odor dos cadáveres e o ruído incessante das balas e dos obuses — a morte onipresente. Náusea e pânico se apossam do poeta nessa primeira descida ao inferno das trincheiras, onde reina Belzebu, precisamente o "rei das moscas". É curioso observar como o arranjo visual do verso de número quinze está a serviço de uma sugestão sonora, de presentificar ao leitor a "cavalgada" das moscas e dos projéteis, em seu incessante rumor, crescente ou decrescente. Procedimentos análogos, como se sabe, serão utilizados e expandidos em inúmeros outros poemas de guerra do autor, publicados especialmente no livro *Calligrammes*.

A recusa à mimese linear pode ser observada em pelo menos dois outros aspectos do poema: na sintaxe ou no corte rítmico do conjunto, e no modo de conceber a imagem.

No que se refere ao primeiro, é evidente a descontinuidade do poema, como se cada verso se relacionasse com os demais por uma lógica da justaposição, em que a impressão dominante é a da simultaneidade de realidades distintas. Já no primeiro verso se acumulam realidades diferentes: "Planícies Desolação inferno das moscas", tal associação se funda mais na imaginação livre do que na lógica causal ou gramatical, e essa característica se acentua ainda mais com a acoplagem do último segmento, "Foguetes o verde o branco o vermelho".[52] Agora, as explosões coloridas[53]

[51] Vale lembrar que essa era uma proposta central na época. A arte de criação deveria prevalecer sobre a arte de imitação, proposta que seria retomada em nosso modernismo por Oswald de Andrade, por exemplo, na seguinte passagem do "Manifesto da poesia Pau-Brasil": "contra a cópia, pela invenção e pela surpresa".

[52] Esse procedimento simultaneísta seria denominado "verso harmônico" por Mário de Andrade no "Prefácio interessantíssimo" a *Pauliceia desvairada* (1922).

[53] Por imagens como esta, Apollinaire foi criticado como se encarasse a guerra como espetáculo. Claude Debon mostrou, porém, que passagens dessa natureza ocorrem em toda literatura de guerra, mesmo na mais pacifis-

trazem o sobressalto e o medo, amplificando o incômodo da primeira parte, acompanhado também de uma sensação do feérico. O verso em seu conjunto evoca o procedimento da montagem e essa impressão irá acentuar-se na leitura do poema como um todo.

O modo de compor as imagens é análogo ao desse ritmo vertiginoso e também consiste nas aproximações surpreendentes de realidades distantes. Muitas imagens chocam pelo insólito e, por assim dizer, se emancipam da realidade a que se referiam inicialmente, sobretudo talvez aquelas presentes nos dois maiores versos do poema, os de número 2 e 15.

No primeiro deles, a grave atividade da artilharia é aproximada da cena doméstica e comparativamente ligeira da limpeza de um grande tapete.[54] Tudo leva a crer que o estampido, a poeira e o trabalho em equipe motivaram tal aproximação, mas o fato é que ela se impõe não pela justeza e sim pela bizarria.

O gosto pelo exótico e a imaginação extravagante são mais marcantes ainda no segundo caso, em que o desenho peculiar do interminável sistema de trincheiras evocou ao poeta os traços curvilíneos inscritos nas pedras do monumento megalítico de Gavrinis, situado na Bretanha. Apesar de pelo menos outra intersecção entre as realidades aproximadas, já que Gavrinis é também um túmulo, a desproporção predomina, com evidente ganho expressivo.

ta, como a de Barbusse: "De repente uma estrela intensa desabrochou lá embaixo, para onde nos dirigimos: um foguete. Ele clareia toda uma porção do firmamento com seu halo leitoso, apagando as constelações, e desce graciosamente com ares de fada", *apud* Claude Debon, *Apollinaire après Alcools*. *Calligrammes: le poète et la guerre*, op. cit., p. 79. Mesmo o insuspeito Wilfred Owen, talvez o mais pacifista dos poetas de guerra, ao menos aquele que passou a simbolizar um modelo de escrita *contra* a guerra, não deixou de se fascinar com essa dimensão grandiosa do combate, como mostra esse trecho de carta à sua mãe, de 7 de janeiro de 1917: "Enquanto arrumava minha cama, ouvi os canhões pela primeira vez. Era um ruído não desprovido de certa sublimidade". Cf. Dominic Hibberd, *Wilfred Owen: a new biography* (Chicago, Ivan R. Dee, 2003, p. 207).

[54] Sigo aqui sugestão de Saúl Yurkievich em seu estudo *Modernidad de Apollinaire* (Buenos Aires, Losada, 1968, pp. 110-1).

Inesperada e mesmo polêmica é a associação entre exercícios militares e brincadeiras infantis; os soldados da infantaria, nas trincheiras de primeira linha, onde se podia ver ou ser avistado pelo inimigo, brincam de esconde-esconde; os soldados da artilharia (como Apollinaire, naquele momento), mais recuados, brincam de cabra-cega, já que se tratava de acertar um alvo oculto. Ou pode ser que ele esteja indicando nos dois casos pura e simplesmente a invisibilidade do inimigo naquela guerra de posições, como revela esse curioso trecho de carta a Madeleine:

> Coisa singular, desde que estou no front nunca estive distante do inimigo mais do que dois quilômetros e meio [...] e não é um paradoxo que eu não tenha visto ainda nenhum desses seres dos quais conheço todos os projéteis, os grandes e pequenos.[55]

A origem da imagem pode estar nas próprias dimensões amiudadas ou estreitas onde combatiam os soldados, naquela guerra de trincheiras. A palavra "boyau", duas vezes empregada no poema, refere-se, nesse caso, aos apertados corredores das trincheiras;[56] da mesma forma, utilizava-se sistematicamente a ferrovia de bitola estreita, que leva o nome de seu idealizador, o engenheiro Paul Decauville. Essa espécie de miniaturização do espaço parece ter estimulado a fantasia de Apollinaire, que aproxima a atividade dos soldados a jogos de infância.

[55] Cf. *Lettres à Madeleine, op. cit.*, pp. 47-8. A propósito dessa preponderância do auditivo sobre o visual na experiência dos soldados, afirma o pintor Fernand Léger: "Ninguém viu a guerra. Todos ouviram a guerra. Foi uma enorme sinfonia que nenhum músico ainda igualou. Quatro anos sem cor." *Apud* Annette Becker, *Apollinaire: une biographie de guerre, op. cit.*, p. 130.

[56] A palavra "boyau" tem também a acepção de "intestino", "tripa", "entranha", assinalando uma corporificação do espaço da trincheira, que retornará em muitos poemas de guerra de Apollinaire nos quais o erotismo ocupa o primeiro plano, dimensão sobre a qual falaremos mais adiante.

Guerra moderna e poesia de vanguarda

Tal aproximação, além de sublinhar a perspectiva lúdica do poeta, confronta tanto a visão séria quanto a heroica da guerra e não deixa de revelar uma atitude avessa ao espírito militarista, mesmo porque o "esforço de guerra" é aqui exposto do modo mais degradado, na ênfase dada ao intenso formigamento dos soldados naquele cenário arruinado e em sua incessante e penosa atividade. Aqui Apollinaire tangencia o filósofo Alain, para quem a guerra era uma espécie de "rude máquina, onde o homem tem papel de coisa [...]. Tudo se passa como numa fábrica, onde o fim é produzir, sem jamais se perguntar por que...".[57]

Nessas passagens comentadas, Apollinaire está se valendo de um dos recursos mais característicos da poesia moderna, que é o de integrar dimensões normalmente dissociadas. Associar coisas e objetos longínquos para a experiência imediata passou a ser, de fato, um de seus traços distintivos; muito da "surpresa" (conceito importantíssimo, como se sabe, para o "esprit nouveau" apollinairiano) da poesia moderna está justamente nessa proposta, que vinha contrariar a organização previsível do cotidiano, amparada por sua vez num pensamento acomodado e superficial. Poderíamos definir, muito esquematicamente, uma sequência, ou uma linhagem, entre a prática poética de Apollinaire (formulada em termos teóricos, por exemplo, na famosa conferência *L'Esprit nouveau et les poètes*, pronunciada em 1917), a definição da imagem poética em Reverdy e, em seguida, em Breton e nos surrealistas. No Brasil, Murilo Mendes foi fino observador dessa tendência e a sua visão do artista como um "centro de relações" tem profundas afinidades com essa ideia da arte como estrutura inclusiva. Apollinaire, a propósito de seus "poèmes-conversations", afirma que o poeta "no centro da vida registra a seu modo o lirismo ambiente". Nesse sentido, não deixa de ser tentador considerar a expressão militar

---

[57] Cf. Alain, *Mars ou la guerre jugée* (Paris, Gallimard, 1995, pp. 66-7). Alain também se alistou voluntariamente no exército francês, aos 46 anos de idade; transformou-se num pacifista radical e escreveu desde 1916 diversos textos contra a guerra, recolhidos no livro aqui citado.

"agent de liaison" (agente de ligação), uma das funções exercidas pelo soldado Apollinaire, como uma definição adequada do poeta moderno, tal como o concebia o próprio Apollinaire e muitos de seus admiradores.

O acoplamento que mais efeito produz no poema, contudo, é aquele entre a barbárie da guerra circundante e a evocação da mulher distante com quem o poeta se corresponde e a quem o poema está diretamente dedicado.

Os versos que se dirigem ou se referem a Madeleine são os de número 5, 11, 12, 13 e 18. A história de amor entre Guillaume Apollinaire e Madeleine Pagès começou em 1º de janeiro de 1915, quando ambos se avistaram num trem entre Nice e Marselha e trocaram endereços.[58] Ela se dirigia à Argélia, mais precisamente à cidade de Orã, onde morava; ele vinha daquele que seria seu antepenúltimo encontro com Louise de Colignon-Chatilly, a Lou, com quem teve um caso tanto breve quanto caloroso. Essas duas mulheres ocuparão o imaginário do poeta no ano de 1915, justamente aquele em que ele fez a guerra de fato. As duas relações foram também muito assimétricas: com Lou, carnal ao extremo, com Madeleine, de quem o poeta chegou a ficar noivo, casta. Fala-se da volubilidade do poeta, que manteve longa correspondência com as duas mulheres ao mesmo tempo, mas o fato é que a leitura das cartas mostra com clareza o crescimento do afeto por Madeleine ao lado do declínio do interesse por Lou.

Relações espiritualizadas, por assim dizer, não eram o forte de Apollinaire, corpóreo e dado a paixões veementes, mas aqui a distância apaziguava de algum modo, e Madeleine foi assimilada a imagens de pureza; paralelamente, o poeta se tornou uma espécie

---

[58] Assim Madeleine Pagès inicia a apresentação das cartas que recebeu de Apollinaire: "Foi no trem que me levava de Nice a Marselha que eu o encontrei, no dia 1º de janeiro de 1915". No entanto, Michel Décaudin, sempre informadíssimo, e a importante crítica do poeta Claude [Debon] Tournadre, numa cronologia muito detalhada da vida de soldado de Apollinaire, afirmam que tal encontro se deu no dia 2 de janeiro.

de trovador em guerra, cuja musa inspiradora era a "fada longínqua" ou "a africana".

O poeta é o primeiro a escrever, em 16 de abril; a resposta vinda de Orã não tarda muito e vem acompanhada de um presente precioso, uma caixa de charutos, não por acaso de forte valor afetivo para ele. A partir de maio de 1915, a correspondência se torna assídua, quase diária, e se estende assim até o ferimento do poeta, em março de 1916 (a correspondência com Lou, ainda mais volumosa, foi praticamente interrompida em setembro de 1915). Depois, quase nada, até o esvaziamento completo da relação, motivado pela alteração profunda no ânimo do poeta após o ferimento, mas talvez também por algum desapontamento que ele possa ter tido no único encontro que teve com a noiva nesse tempo, durante as festas de fim de ano na Argélia, onde passou sua licença na casa da família dela.

De fato, nada disso talvez seja decisivo para a leitura e compreensão do poema, que vale por sua imanência, mas os nexos entre poesia e circunstância, ou entre poesia e biografia, são muito flagrantes aqui, particularmente entre o poeta, o soldado e o amante ou enamorado. Em grande parte a poesia de guerra de Apollinaire se funda nessa junção fundamental de arte, guerra e erotismo.

Este último, no poema "Cota 146", é, sobretudo, contraponto vital à destruição onipresente. Isto é, quando tudo parece exposto à penúria e à morte, algo "que é do amor" ainda se preserva, guardado no mais recôndito da intimidade, no interior da caixa de charutos (as cartas), junto ao coração (as fotos da mulher), nos sonhos; de modo correspondente, naquele dédalo de corredores, autênticos círculos infernais, a mulher assume uma função redentora, indicadora de caminhos possíveis ("rosa dos ventos") quando todos parecem se fechar para sempre sobre esse Orfeu vulnerável e desgarrado.

Dessa forma, "Cota 146" apresenta uma dissonância evidente entre erotismo e guerra, dissonância esta que fundamenta ainda mais o importante poema "Chevaux de frise", cujo título é mais um entre tantos termos militares incorporados por Apollinaire, como já vimos sensibilíssimo ao poder de sugestão poética de expressões e vocábulos insólitos.⁵⁹ "Cavalos de frisa" também foi enviado em carta a Madeleine e depois "alçado" da condição epistolar à de texto apto a figurar em livro (o que não ocorreu com muitos outros poemas), ao ser incluído pelo poeta em *Caligramas*. Na abertura, a paisagem desolada, tanto pelo efeito da guerra como pelo rigor do frio outonal, encontra um poderoso contraponto na interioridade protegida e primaveril do poeta enamorado:

> Pendant le blanc et nocturne novembre
> Alors que les arbres déchiquetés par l'artillerie
> Vieillissaient encore sous la neige
> Et semblaient à peine des chevaux de frise
> Entourés de vagues de fils de fer
> Mon coeur renaissait comme un arbre au printemps
> Un arbre fruitier sur lequel s'épanouissent
> Les fleurs de l'amour
>
> Pendant le blanc et nocturne novembre
> Tandis que chantaient épouvantablement les obus
> Et que les fleurs mortes de la terre exhalaient
> Leurs mortelles odeurs
> Moi je décrivais tous les jours mon amour à Madeleine⁶⁰
> [...]

⁵⁹ "Cavalos de frisa", título do poema, é um termo da arquitetura militar que designa os obstáculos, de ferro ou madeira, colocados no terreno para impedir o avanço das tropas inimigas.

⁶⁰ Cf. *Oeuvres poétiques, op. cit.*, p. 302. "Durante o branco e noturno novembro/ Quando as árvores despedaçadas pela artilharia/ Envelheciam ainda sob a neve/ E assemelhavam-se a cavalos de frisa/ Envolvidos por ondas de arame farpado/ Meu coração renascia como uma árvore na primavera/ Uma árvore frutífera onde desabrocham/ As flores do amor// Durante o branco e noturno novembro/ Enquanto cantavam assustadoramente os obuses/ E as flores mortas da terra exalavam/ Seus odores mortais/ Eu descrevia todos os dias meu amor a Madeleine/ [...]".

Mas como sempre em Apollinaire existe outro lado. Em várias outras passagens, quase sempre nos poemas escritos a Lou, observa-se, contrariamente, uma relação consonante entre o soldado e o amante, entre guerra e erotismo, e nessa espécie de acordo harmonioso talvez resida o maior escândalo da poesia de Apollinaire para muitos leitores.

Em 1917 Apollinaire editou uma plaquete de poemas, cujo título foi uma de suas divisas — *Vitam impendere amori*, isto é, "Consagrar a vida ao amor", aparentemente uma variação, para uso próprio, da frase de Juvenal *Vitam impendere vero* ("Consagrar a vida à verdade"), a qual tinha sido adotada por Jean-Jacques Rousseau como lema.

Quantos dados essenciais de Apollinaire, artísticos e biográficos, não encontram de fato um enquadramento imediato nessa divisa! A sua obra poética, por exemplo, ficou indelevelmente associada a algumas mulheres, como já foi indicado. Nesse contexto, podem ser lembrados também dois romances eróticos que ele publicou, sob anonimato, para ganhar algum dinheiro (que sempre lhe faltou), *As onze mil varas* e *Memórias de um jovem Don Juan*. Na mesma linha, recordem-se as edições por ele preparadas para a coleção "Les Maîtres de L'Amour", entre outras uma consagrada a Aretino.

Esse imaginário erótico do escritor acompanhou naturalmente o soldado. Por vezes, prevaleceu, como vimos, o confronto entre amor e guerra, o primeiro termo se constituindo como resistência ao segundo, numa espécie de tensão bem polarizada entre Eros e Tânatos. Outras vezes, porém, houve um movimento contrário de amalgamar as esferas do soldado e do amante, tendência esta talvez até mais dominante, pelo menos no início. Exemplo anedótico é o célebre desenho feito por Picasso de Apollinaire artilheiro, todo aprumado, o sabre em punho, ao lado do canhão empinado; é claro, tratava-se de uma brincadeira com a iconografia militar tradicional, mas a ênfase nos elementos fálicos é reveladora da associação profunda entre guerra e virilidade. A primeira grande estudiosa universitária de Apollinaire, Marie-Jeanne Durry formula uma severíssima crítica a respeito: "Coisa para mim intole-

Com o sabre na mão direita e o canhão à sua esquerda, Picasso celebrou o amigo poeta "Guillaume de Kostrowitzky/ Artilheiro", nesse desenho de 1914.

rável, ele não execrará a guerra. Ela lhe apareceu como uma imensa priápica onde os canhões são brandidos como sexos e a terra é fecundada pela carnificina [...]. Para ele seria preciso mais do que o dilaceramento mundial para impedi-lo de brincar [*jouer*] com as palavras".[61]

É certo, porém, que o livro *Poèmes à Lou*, onde tais imagens ocorrem, tem sido considerado como um dos grandes momentos da lírica amorosa em língua francesa, o que não é pouco. No dizer de Claude Debon: "Não somente [esses poemas] estão entre os mais belos que escreveu Apollinaire, mas estão entre os mais belos poemas de amor da poesia francesa".[62] Vejamos algumas passagens extraídas de um desses poemas, o de número IV (em um conjunto de 76), escrito em dezembro de 1914, quando o poeta ainda era aprendiz de artilheiro:

> Je pense à toi mon Lou ton coeur est ma caserne
> Ta bouche est la blessure ardente du courage
> Nos fanfares éclatent dans la nuit comme ta voix
> Nos 75 sont gracieux comme ton corps
> Et tes cheveux sont fauves comme le feu d'un obus
> [qui éclate au nord[63]

O elã lírico aproxima diretamente o corpo da mulher amada a imagens da guerra — seja aos obuses ("obus roi", brincava Apollinaire, aludindo à célebre peça de Alfred Jarry, *Ubu roi*), seja aos canhões de 75 mm, então orgulho do exército francês, e que o poeta-artilheiro manipulava. Quando ele escreve em outro poema,

---

[61] Cf. *Alcools*, tomo III (Paris, SEDES, 1979, p. 232).

[62] Cf. Claude Debon, *Calligrammes* (Paris, Gallimard, 2004, p. 131).

[63] Cf. *Oeuvres poétiques*, op. cit., p. 380. "Eu penso em ti minha Lou teu coração é minha caserna/ Tua boca é a ferida ardente da coragem/ Nossas fanfarras explodem na noite como tua voz/ Nossos 75 são graciosos como teu corpo/ E teus cabelos são fulvos como o fogo de um obus que explode ao norte".

Les canons membres génitaux
Engrossent l'amoureuse terre
Le temps est aux instincts brutaux
Pareille à l'amour est la guerre[64]

o sistema de imagens já se explicita, e o leitor deve inferir daí toda a profundidade com que a criação poética se funda nessa interpenetração entre atividade erótica e atividade guerreira. Ainda segundo Debon:

> A originalidade de Apollinaire reside na fusão total que se opera entre os elementos da guerra e do amor. Mais exatamente ainda, se observa uma total reversibilidade dos termos: o universo da guerra é Lou e Lou é o universo da guerra, graças à síntese concreta operada pelas imagens.[65]

A beleza desses poemas se deve em grande parte à radicalidade da expressão amorosa, uma vez que foram todos extraídos de uma correspondência íntima (ainda que o poeta mais de uma vez tenha dado a entender nessas mesmas cartas o apreço artístico que tinha por esses textos e mesmo o desejo de publicá-los, ao menos parcialmente):

Je t'adore mon Lou et pour moi tout t'adore
[...]
Les branches remuées ce sont tes yeux qui tremblent
Et je te vois partout toi si belle et si tendre
Les clous de mes souliers brillent comme tes yeux
La vulve des juments est rose comme la tienne

---

[64] Cf. *Oeuvres poétiques, op. cit.*, p. 407. "Os canhões membros genitais/ Fecundam a terra amorosa/ O tempo é de instintos brutais/ Semelhante ao amor é a guerra".

[65] Cf. Claude Debon, *Guillaume Apollinaire après* Alcools. Calligrammes: *le poète et la guerre* (Paris, Lettres Modernes/Minard, 1981, p. 132).

Et nos armes graissées c'est comme quand tu me veux
O douceur de ma vie c'est comme quand tu m'aimes
[...]
Ton amour est mon uniforme
Tes doux baisers sont les boutons
Ils brillent comme l'or et l'ornent
Et tes bras si roses si longs
Sont les plus galants des galons
Un monsieur près de moi mange une glace blanche
Je songe au goût de ta chair et je songe à tes hanches
A gauche lit son journal une jeune dame blonde
Je songe à tes lettres où sont pour moi toutes les nouvelles
[du monde
Il passe des marins la mer meurt à tes pieds
Je regarde ta photo tu es l'univers entier
J'allume une allumette et vois ta chevelure
Tu es pour moi la vie cependant qu'elle dure
Et tu es l'avenir et mon éternité
Toi mon amour unique et la seule beauté[66]

Esse poema consta da carta de 10 de janeiro de 1915 quando a paixão de Apollinaire por Lou se encontrava no auge. O poeta ainda estava em treinamento militar em Nîmes, antes de ser envia-

[66] Cf. *Oeuvres poétiques, op. cit.*, pp. 385-6. "Eu te adoro minha Lou e por mim tudo te adora/ [...]/ Os ramos remexidos são teus olhos que tremem/ E eu te vejo em toda parte tão bela e tão terna/ Os buracos em meu sapato brilham como teus olhos/ A vulva das jumentas é rosa como a tua/ E nossas armas lubrificadas é como quando me queres/ Ó doçura de minha vida é como quando me amas/ [...]/ Teu amor é meu uniforme/ Teus doces beijos são os botões/ Eles brilham como ouro e o enfeitam/ E teus braços tão rosas e longos/ São os mais galantes dos galões/ Um senhor perto de mim toma um sorvete branco/ Eu penso no gosto de tua carne e penso em tuas ancas/ À esquerda lê seu jornal uma jovem dama loira/ Eu penso em tuas cartas onde estão para mim todas as notícias do mundo/ Passam marinheiros o mar morre a teus pés/ Eu olho tua foto tu és o universo inteiro/ Eu acendo um fósforo e vejo tua cabeleira/ Tu és para mim a vida enquanto ela dure/ E tu és o futuro e minha eternidade/ Meu amor único e a única beleza".

do ao front, daí a mescla de cenas militares e civis que percorrem o texto, mescla que permite ver com clareza talvez ainda maior a centralidade da mulher amada, pelo modo como ela é relacionada pelo poeta a tudo o que existe e a tudo o que se faz. A capacidade amorosa se traduz em faculdade poética — a de fazer relacionar coisas heterogêneas do mundo. É isso que diz o primeiro verso, que anuncia uma espécie de programa, bem a caráter para o poeta que é também um "agente de ligação": "Eu te adoro minha Lou e por mim tudo te adora".

Em poemas escritos já no front, não necessariamente dedicados a Lou, a ambivalência talvez se estabeleça de maneira ainda mais funda, ao associar de modo bastante íntimo a vontade individual e os objetivos militares, como em "Désir" (de *Caligramas*), escrito na "noite de 24 de setembro" de 1915, isto é, no momento de definição da segunda batalha de Champagne:

> Mon désir est la région qui est devant moi
> Derrière les lignes boches[67]

O belo poema, "Chef de section", contido na última parte de *Caligramas*, é um dos exemplos maiores da interação daqueles três núcleos: a poesia, o erotismo e a guerra. O que os reúne é a boca, por onde o poeta, ao mesmo tempo, declama, declara seu amor e comanda a guerra (no exército francês, o chefe ou comandante de seção, normalmente um subtenente, tinha então sob seu comando cerca de 65 homens). Toda a ação se coloca no futuro, tudo é expectativa, mas, paradoxalmente, tudo no poema, fundamente exaltado, é já agressivo e dinâmico. Dinamismo guerreiro, vitalidade erótica e uma poesia correspondente, gritante e gestual. A posse amorosa intensamente desejada equivale ao assalto iminente ao inimigo, a poesia, ao invés de delicada confidência amorosa, é voz de comando. Poema dirigido à mulher amada, por amor dela, mas cujo corpo se confunde com o terreno a ser fustigado e invadido.

[67] Cf. *Oeuvres poétiques, op. cit.*, p. 263. "Meu desejo é a região que está diante de mim/ Atrás das linhas boches."

O título — "chefe de seção" — para designar tanto o amante como o poeta é abertamente provocativo; aqui a experiência amorosa e a poesia lírica aparecem inextricavelmente mescladas ao poder e à violência militar:

Ma bouche aura des ardeurs de géhenne
Ma bouche te sera un enfer de douceur et de séduction
Les anges de ma bouche trôneront dans ton coeur
Les soldats de ma bouche te prendront d'assaut
Les prêtres de ma bouche encenseront ta beauté
Ton âme s'agitera comme une région pendant un
[tremblement de terre
Tes yeux seront alors chargés de tout l'amour qui s'est amassé
[dans les regards de l'humanité depuis qu'elle existe
Ma bouche sera une armée contre toi une armée pleine de
[disparates
Variée comme un enchanteur qui sait varier ses
[métamorphoses
L'orchestre et les choeurs de ma bouche te diront mon amour
Elle te le murmure de loin
Tandis que les yeux fixés sur la montre j'attends la minute
[prescrite pour l'assaut[68]

Para nos aproximarmos da perspectiva de Apollinaire é preciso recordar o lugar fundamental que o erotismo sempre ocupou

---

[68] Cf. *Oeuvres poétiques, op. cit.*, p. 307. "Minha boca terá ardores de geena/ Minha boca será para ti um inferno de doçura e de sedução/ Os anjos de minha boca reinarão em teu coração/ Os soldados de minha boca te tomarão de assalto/ Os sacerdotes de minha boca incensarão tua beleza/ Tua alma agitar-se-á como uma região durante um tremor de terra/ Teus olhos serão então carregados de todo o amor que se acumulou nos olhares da humanidade desde que ela existe/ Minha boca será um exército contra ti um exército cheio de disparates/ Variado como um mago que sabe variar suas metamorfoses/ A orquestra e os coros de minha boca te dirão meu amor/ Ela murmura de longe/ Enquanto os olhos fixados no relógio aguardo o minuto prescrito para o assalto".

As cartas de Apollinaire a Lou combinavam desenhos e poemas no mais alto grau de invenção. Esta carta-poema de 9 de fevereiro de 1915, com seis caligramas, traz no alto, à direita, a figura de um canhão de 75 mm com os dizeres: "VIVA A FRANÇA/ bom dia minha Lou/ Por este canhão de 75/ eu te envio os beijos que AMAS".

em toda a sua obra, acentuado pelos dois encontros amorosos que coincidiram com a sua experiência da guerra. O amor por Lou foi especialmente erotizado, os encontros foram escassos a partir da ida do poeta ao front, de modo que os poemas a ela dedicados (e a correspondência da qual não podem ser inteiramente separados) representavam uma espécie de lugar possível do desejo transbordante ("J'ai faim d'amour comme un ogre",[69] escreveu em um dos últimos poemas à amante). Os poemas dedicados a Madeleine tinham outra natureza, sem a memória da experiência sexual eles representavam tanto uma preparação para isso como a convocação mais abstrata do amor como força da vida contraposta à morte circundante. Cabe lembrar que a maior parte dos *Poemas à Madeleine* foi escrita nos momentos mais terríveis de Apollinaire na linha de frente. Além disso, estamos tratando de um poeta que exaltava os poderes da imaginação e da fantasia, e que teve por isso mesmo papel tão destacado na poesia moderna. Era natural portanto que este poeta, soldado e enamorado, associasse sem pejo o impulso erótico e a experiência da guerra ao próprio fazer poético: "Les testicules pleins, le cerveau tout empli d'images neuves".[70]

Leo Spitzer, em um de seus primeiros trabalhos, *Cartas de prisioneiros de guerra italianos (1915-1918)*, concebido quando ele trabalhava no exército austríaco na censura da correspondência de prisioneiros de guerra, observa: "A própria guerra fornece diversas imagens sugestivas. O soldado que viu as bombas caírem de um avião utiliza essa imagem na sua correspondência amorosa: *'io vi mando un aeroplano di bacci a voi e a tutta la famiglia zii parenti conoscenti e paesani'*". Em outro exemplo, o crítico poderia estar se referindo não a um camponês italiano, mas ao nosso requintado poeta de vanguarda: "A fragmentação do Shrap-

---

[69] Cf. *Oeuvres poétiques, op. cit.*, p. 483. "Tenho fome de amor como um ogro."

[70] Cf. *Oeuvres poétiques, op. cit.*, p. 459. "Os testículos plenos, o cérebro repleto de imagens novas."

nell[71] em uma infinidade de estilhaços fornece a metáfora extraordinariamente eficaz e verdadeiramente poética: 'um *shrapnell* de beijos'".[72]

Eis algumas imagens de Apollinaire que podem ser associadas a esse mesmo impulso do soldado comum daquela guerra, todas extraídas dos *Poèmes à Lou*:

> Lance ta lettre obus de ton artillerie
> Qui doit me redonner la vie et le sourire
>
> Je t'envoie un obus plein de fidélité
> Et que t'atteigne ô Lou mon baiser éclaté[73]

Ao lado de imagens por vezes mais agressivas, observam-se também inúmeras passagens delicadas de seu enamoramento, como no poema XLIV, de lirismo primoroso e verdadeiramente intraduzível em sua sonoridade:

> La nuit
> S'achève
> Et Gui
> Poursuit
> Son rêve
> Où tout
> Est Lou
> On est en guerre

[71] Shrapnell (ou Shrapnel): obus inventado pelo general inglês Henry Shrapnel. Ao explodir, esse obus liberava de duzentas a trezentas balas de chumbo capazes de penetrar no crânio não protegido por capacete.

[72] Cf. Leo Spitzer, *Lettere di prigionieri di guerra italiani* (Turim, Boringhieri, 1976, pp. 55-6).

[73] Cf. Apollinaire, *Oeuvres poétiques*, *op. cit.*, respectivamente os poemas das pp. 410 e 424. "Lance tua carta obus de tua artilharia/ Que deve me trazer de volta a vida e o sorriso" e "Eu te envio um obus pleno de fidelidade/ E que te atinja ó Lou meu beijo explodido".

Guerra moderna e poesia de vanguarda

Mais Gui
N'y pense guère
La nuit
S'étoile et la paille se dore
Il songe a Celle qu'il adore[74]

A rima entre *guerre* e *guère* (advérbio de negação, que, no contexto do poema poderia ser traduzido como "raramente" ou "quase nunca") traça com nitidez a separação entre a condição de enamorado e a vivência de soldado, que aqui nada tem de brutalizada. Ao contrário, é plena de delicadeza. A própria situação penosa, de estar ao relento, é transfigurada pelo devaneio do amante, e, antes de desamparo e desconforto, o poeta encontra uma espécie de acolhimento na natureza circundante, na palha dourada do chão onde se deita e no céu estrelado para onde mira, ambos reunidos, o baixo e o alto, graças à sensação de plenitude produzida pelo enlevo amoroso.

Sintetizando, mesmo nos *Poemas a Lou* ou em muitos outros poemas do período, em que as imagens eróticas tendem a se associar intimamente às bélicas, há matizes que tornam bastante complexa sua apreciação e desautorizam certas críticas que se querem radicais ao poeta.

Na verdade, os primeiros a condenar a "poesia de guerra" de Apollinaire (mais precisamente, talvez, a atitude do poeta diante da guerra) foram também seus primeiros grandes admiradores. Philippe Soupault, por exemplo, escreve em suas memórias:

> Nós dois [Soupault e Breton] estávamos, apesar de nossa admiração pelo poeta de *Álcoois*, indignados pela atitude militarista do subtenente Kostrowitzky.

[74] Cf. Apollinaire, *Oeuvres poétiques, op. cit.*, p. 450. "A noite/ Se fecha/ E Gui/ Prossegue/ Seu sonho/ Onde tudo/ É Lou/ Estamos em guerra/ Mas Gui/ Não pensa nela/ A noite/ Fica estrelada e a palha se doura/ Ele pensa Naquela que adora".

[...] Fui revê-lo em seu pequeno apartamento do bulevar Saint-Germain. Ele me apresentou a sua mulher, Jacqueline, que era simpática, charmosa, mas um pouco espantada pela admiração que eu não conseguia esconder pelo poeta. Ele corrigia as provas de sua coletânea *Caligramas*, da qual estava orgulhoso. Eu não me permiti julgar os poemas, mas fiquei bem chocado ao ler: "*Ah que la guerre est jolie!*". Fiquei decididamente pouco à vontade. Mas não ousei lhe dizer.[75]

Na mesma direção, Aragon comenta:

Apollinaire praticava com uma habilidade incomparável essa mistificação da guerra que permanece a vergonha e o escândalo desse grande poeta [...] Foguetes, sinais, granadas, eis aí a beleza da guerra que faz sua entrada na poesia, com o cinismo da abstração, onde um obus que explode torna-se um coração, mas nunca o poeta seguiu a curva da explosão verdadeira até os verdadeiros corações de carne. Nem sangue, nem cadáveres.[76]

Breton, como era de se esperar, foi mais radical:

Seus poemas [de guerra] comunicavam a mesma chama, mas nada neles marcava uma tomada de consciência apreciável dos acontecimentos [...] a despeito da expressão sempre muito nova do sentimento ele não deixava para mim de cair no conformismo. As piores realidades da época foram elididas, as mais legítimas inquietações afastadas em benefício de uma atividade lú-

---

[75] Cf. Philippe Soupault, *Mémoires de l'oubli: 1914-1923* (Paris, Lachenal & Ritter, 1981, pp. 41 e 44).

[76] Cf. Louis Aragon, "Beautés de la guerre et leurs reflets dans la littérature", em *Europe*, nº 421-422, mai.-jun. 1964, p. 133.

dica [...]. Acho que em sua pessoa a poesia foi incapaz de superar a provação.[77]

Como se vê, a rejeição dos futuros surrealistas foi muito forte e praticamente fundamentou a leitura posterior desse setor da poesia de Apollinaire.[78] É visível, no entanto, a parcialidade dessas visões, que negligenciam diversas passagens de evidente repúdio à guerra, além de outras incompreensões.

Um outro surrealista, o pintor André Masson, sustentou uma posição contrária a esta:

Havia momentos de verdadeira alegria, mesmo na linha de fogo. Havia coisas que eram rudemente belas

[77] Cf. André Breton, *Entretiens* (Paris, Gallimard, 1961, pp. 32-3). Nessa crítica a Apollinaire contaram muito para Breton as ideias de Jacques Vaché, cuja correspondência de guerra é também um documento interessante para a discussão aqui referida: *Soixante-dix-neuf lettres de guerre* (Paris, Jean-Michel Place, 1989). Devo essa indicação a Teodoro Rennó Assunção.

[78] Sirva de exemplo a seguinte passagem de Vinicius de Moraes, extraída de "Porque amo Paris", "reportagem literária" publicada em 1959: "Uma noite, em Pont Mirabeau/ Fui me encontrar com Apollinaire/ Como falamos de mulher/ Como falamos de Rimbaud!/ Não sei, mas alguém que me viu diz/ Que eu tinha tomado muito uísque./ Sob a ponte corria o Sena// Como no poema do poeta/ A água corria negra e inquieta/ Como a vazar da minha pena./ Amar? Melhor morrer... Apol-/ Linaire, pálido, concordou.// Merda! Merda! Três vezes merda!/ Vociferei para a cidade/ Enquanto a réplica de pedra/ Da Estátua da Liberdade/ Perscrutava com um olhar frio/ Paris à escuta em torno, e o rio.// — *T'es dans un bien sale état/ Mon pauvre vieux.* — Apollinaire/ Disse para me consolar/ Assim com um ar de quem não quer./ — *Va te faire foutre! Tu m'emmerdes!/* Respondi — e ele ficou verde.// E vomitei dentro do rio/ A gargalhar do caporal/ Que, os punhos cerrados, partiu/ Num duro passo marcial/ Enquanto duas mulheres defronte/ Vinham andando pela ponte." No encontro fantasioso, portanto, Vinicius celebra o poeta lírico do antológico "Le pont Mirabeau" e repudia o "caporal" e seu "duro passo marcial", retomando, à sua maneira, a crítica surrealista. Cf. Vinicius de Moraes, *Poesia completa e prosa* (Rio de Janeiro, Nova Aguilar, 1998, pp. 863-4).

de se ver, por vezes, nem que fossem os fogos de artifício à noite. Os foguetes, o odor do campo de batalha que era inebriante. Sim, tudo isso Apollinaire viu. Havia apenas um poeta para dizê-lo. Ele não fez a apologia da guerra. Ele fez muito simplesmente a apologia da vida na morte.[79]

Essa última observação de Masson evoca, quase com as mesmas palavras, a formulação de Giuseppe Ungaretti a propósito de sua experiência nas trincheiras, que será discutida logo adiante.

É difícil concordar também com a ideia de que o poeta simplesmente transigiu com as visões conservadoras que insistiam em atribuir um sentido edificante à guerra. A posição de Apollinaire foi compartilhada por praticamente todos os que tomaram parte da Primeira Guerra Mundial: o entusiasmo inicial com aquela que seria "a guerra para acabar com todas as guerras" — "La der des der", "A última das últimas" — dá lugar à amargura e ao desespero, ao se chocar com a matança em escala industrial nas trincheiras.

Ora, a trajetória do soldado Apollinaire também vai nessa direção, pois ele jamais procurou se preservar dos lados mais terríveis da guerra. E a sua passagem, voluntária, da artilharia para a infantaria demonstra sua ânsia de participação e seu desejo de testemunhar.[80]

Acompanhemos, cronologicamente, alguns depoimentos do

---

[79] *Apud* Annette Becker, *op. cit.*, p. 96. Trata-se de trecho de uma entrevista radiofônica com André Masson, de 1957.

[80] André Billy afirma que a mudança de Apollinaire da artilharia para a infantaria foi motivada apenas pelo desejo de se tornar oficial: "Comme il avait grande envie de devenir officier et que, dans l'artillerie, les cadres était au complet, il obtint de passer dans l'infanterie où les vides étaient beaucoup plus nombreux". Cf. *Apollinaire* (Paris, Seghers, 1956, p. 32). Contudo, é também visível o interesse do poeta, sua curiosidade mesmo, em participar da guerra como soldado da linha de frente.

próprio Apollinaire sobre suas experiências iniciais nas trincheiras, sempre extraídos das cartas a Madeleine:[81]

> *28 de novembro de 1915*
> "Eu subo amanhã para a linha de frente por nove dias. Que teu amor me proteja."
>
> *29 de novembro*
> "Enfim, enfim, enfim, toda a vivência da trincheira."
>
> *30 de novembro*
> "Os soldados da infantaria dormem em qualquer lugar, bruscamente, sob a chuva, no chão." [...] "É fantástico o que se pode suportar."
>
> *1º de dezembro*
> "Um parapeito de minha trincheira é feito de cadáveres... Brr!" [...] "Ah! Como é diferente a vida dos soldados da infantaria daquela dos artilheiros. Estes mal fazem a guerra. Um verdadeiro idílio ao lado do drama nu e profundamente fatal da linha de frente."
>
> *2 de dezembro*
> "Ah! A vida do soldado de infantaria é penosa, mais penosa do que tudo o que se conhece. Não tem nada a ver com a artilharia." [...] "Aqui meu amor malgrado o trabalho incessante o tempo é antes longo nas trincheiras. Fala-se unicamente da guerra, do Boche tão próximo, dos mortos ou feridos cotidianos."
>
> *2 de dezembro, à noite*
> "Aqui o tempo é verdadeiramente longo." [...] "A vida nas trincheiras no inverno tem algo de tão simples que se sente que poderia ser a vida dos Trogloditas da

---

[81] Cf. *Tendre comme le souvenir*, op. cit., passim.

pré-história. Nós somos verdadeiros trogloditas." [...] "Meu amor no horror misterioso, metálico, mudo mas não silencioso devido aos ruídos assustadores, das máquinas de guerra que assobiam, gemem, explodem formidavelmente, nosso amor é a única estrela, um anjo perfumado que flutua mais alto do que a fumaça negra ou amarela das bombas que explodem [...] ele plana sobre o mistério inefável das linhas de frente cujo horror branco faz pensar em uma paisagem lunar." [...] "Eu termino esta noite meu quarto dia de linha de frente." [...] "Eu sinto vivamente agora todo o horror dessa guerra."

4 de dezembro
"Eu começo hoje meu quinto dia de trincheira. Lama, deslizamentos, contra os quais se luta dia e noite como Sísifo contra seu rochedo."

5 de dezembro
"Hoje sétimo dia de trincheira. É preciso ter vivido essa penosa vida para saber o que é." [...] "Talvez eu vá ao ataque esta noite à frente de minha seção."

9 de dezembro
"Eu detesto essa guerra."
[...] "Se eu morrer te dou tudo o que tenho e essa carta serve de testamento."
"Os sofrimentos da infantaria estão acima de tudo o que se possa imaginar, sobretudo nessa estação e nessa região suja. As outras armas não fazem a guerra."

Uma declaração talvez possa sintetizar as demais: "Na realidade, nenhum escritor poderá dizer o simples horror, a misteriosa vida da trincheira" — aqui o poeta considera a própria impossibilidade da representação.

É justamente dessa época o poema "La tranchée" ("A trincheira"), enviado a Madeleine em 7 de dezembro de 1915. Há quem o considere o mais impressionante poema de guerra de Apollinaire, talvez o mais amargo e o mais refratário possível ao conflito, aquele que apresentaria, portanto, forte inclinação pacifista:

> Je suis la blanche tranchée au corps creux et blanc
> Et j'habite toute la terre devastée
> Viens avec moi jeune dans mon sexe qui est tout mon corps
> Viens avec moi pénètre-moi pour que je sois heureux de
> [volupté sanglante
> Je guérirai tes peines tes soucis tes désirs ta mélancolie
> Avec la chanson fine et nette des balles et l'orchestre
> [d'artillerie
> Vois comme je suis blanche plus blanche que les corps
> [les plus blancs
> Couche-toi dans mon sein comme sur un ventre bien-aimé
> Je veux te donner un amour sans second sans sommeil
> [sans paroles
> J'ai tant aimé de jeunes gens
> Je les aime comme les aime Morgane
> En son castel sans retour
> Au haut du mont Gibel
> Qui est l'Etna dont s'éloignent vite nos soldats destinés
> [à la Serbie
> Je les ai aimés et ils sont morts et je n'aime que les vivants
> Allons viens dans mon sexe plus long que le plus long
> [serpent long comme tous les corps des morts mis l'un
> [devant l'autre
> Viens écoute les chants métalliques que je chante bouche
> [blanche que je suis
> Viens ceux qui m'aiment sont là armés de fusils de
> [crapouillots de bombes de grenades et ils jouent
> [silencieusement[82]

---

[82] Cf. *Oeuvres poétiques*, *op. cit.*, p. 641. "Eu sou a branca trincheira de corpo oco e branco/ E habito toda a terra devastada/ Vem comigo jovem

O mundo sitiado

Sem dúvida, o tom é muito diferente aqui — quanta distância do ímpeto amoroso ou lúdico de outros momentos. Entre tantos símiles que o poeta procurou para a representação visual das trincheiras (muralha da China, mar sulcado de ondas), o desse poema foi certamente o mais macabro, embora já estivesse de alguma forma previsto no próprio sistema de imagens a que o artista se abriu, em que amor e morte se interpenetram ("Je voudrais que tu sois un obus boche pour me tuer d'un soudain amour",[83] para citar uma entre tantas passagens afins). Pior do que suprimido, o erotismo foi grotescamente invertido, ao invés de força da vida ou contraponto vigoroso à destruição reinante, transformou-se na própria fonte da morte, e morte de jovens no momento de sua iniciação — um "amor sem segundo". Assim como o amante se vê amputado de um valor que lhe é essencial, o poeta também já não tem mais a iniciativa, quem fala aqui já não é a voz liberta e resoluta de outros tempos, aliás, aquele eu altivo já nem detém mais a palavra, também esta se acha de posse desse "outro" voraz, que tudo consome, inclusive o desejo e a poesia.

em meu sexo que é todo meu corpo/ Vem comigo penetra-me para que eu seja feliz de voluptuosidade sangrenta/ Eu curarei tuas dores tuas inquietações teus desejos tua melancolia/ Com a canção fina e nítida das balas e a orquestra da artilharia/ Vê como eu sou branca mais branca que os corpos mais brancos/ Deita em meu seio como em um ventre bem amado/ Eu quero te dar um amor sem segundo sem sono sem palavras/ Eu amei tanto os jovens/ Eu os amo como os ama Morgana/ Em seu castelo sem retorno/ No alto do monte Gibel/ Que é o Etna do qual se distanciam rápido nossos soldados destinados à Sérvia/ Eu os amei e eles morreram e eu só amo os vivos/ Vamos vem em meu sexo mais longo que a mais longa serpente longo como todos os corpos dos mortos postos um diante do outro/ Vem escuta os cantos metálicos que eu canto boca branca que sou/ Vem aqueles que me amam estão lá armados de fuzis de lançadores de bombas de granadas e brincam silenciosamente."

[83] Cf. *Oeuvres poétiques*, op. cit., p. 446. "Eu queria que você fosse um obus boche para me matar de um súbito amor".

Wilfred Owen e "a juventude condenada"

A propósito de "A trincheira", o crítico J. G. Clark observou como nesse poema Apollinaire recuaria em seu experimentalismo, numa suposta demonstração de que a poesia moderna, em geral soberana em relação à realidade imediata, titubeia diante do horror — e aproxima o autor dos *Caligramas* ao poeta inglês Wilfred Owen (1893-1918), obcecado pela morte em massa dos jovens, que lamentou em inúmeros poemas, denominados por ele próprio de "elegias".[84] A comparação com Owen está longe de ser banal e tem muito interesse, ainda que o programa de poesia deste — "The poetry is in the Pity" ("A poesia está na Compaixão"), embora digno, seja restrito perto da visão estética do autor de *Caligramas*, construída no auge da vanguarda parisiense. Owen, que morreu poucos dias antes de Apollinaire, com apenas 25 anos de idade, é um poeta importante e bom, mas sobretudo um "war poet", e sua obra pouco se emancipou da circunstância histórica, em contraste marcante com a enorme irradiação que conheceu a poesia de Apollinaire.

Apresentar Owen como "poeta de guerra" se justifica — ele morreu no front, publicou apenas cinco poemas em vida e quase tudo o que sobrou de seus escritos se refere ao conflito. Além do mais, ele deixou um esboço de prefácio, no qual enraizava de modo resoluto sua criação poética na experiência direta das trincheiras:

[...]
Above all I am not concerned with Poetry.
My subject is War, and the pity of War.
The poetry is in the Pity.
[...]

---

[84] Cf. J. G. Clark, "La poésie, la politique et la guerre: autour de 'La petite auto'", "Chant de l'honneur" e "Couleur du temps", em Michel Décaudin (org.), *Apollinaire et la guerre II* (Paris, La Revue des Lettres Modernes, 1976, pp. 7-63).

All a poet can do today is warn. That is why the true Poets must be truthful.

[...]⁸⁵

Tratava-se apenas de um rascunho e não se pode afirmar que o poeta manteria as mesmas formulações caso sobrevivesse, mas as polêmicas e as críticas se sucederam. A mais veemente foi a de William Butler Yeats, que não incluiu Owen na antologia *The Oxford Book of Modern Verse*, publicada em 1937, argumentando que "passive suffering is not theme for poetry" ("sofrimento passivo não é tema para poesia"). Mas o pior estava por vir. Yeats, aparentemente agastado com as críticas que recebeu por tal exclusão, exacerba o tom:

> Quando excluí Wilfred Owen, que considero indigno do canto de página para poetas de um jornal de província, não sabia que estava excluindo um reverenciado Homem placa-sanduíche da revolução & que alguém havia posto seu pior & mais famoso poema em uma caixa de vidro no British Museum — mas se eu tivesse sabido isso eu o teria excluído do mesmo jeito. Ele é só sangue, sujeira & pirulito chupado (vejam a seleção na antologia da Faber — ele chama os poetas de "bardos", uma menina de "donzela" & fala de "guerras titâni-

---

[85] Cf. "Preface", em Wilfred Owen, *War poems and others* (Dominic Hibberd [org.], Londres, Chatto & Windus, 1973, p. 137). "[...] Acima de tudo não estou preocupado com Poesia./ Meu assunto é a Guerra, e a compaixão da Guerra./ A poesia está na Compaixão./ [...]/ Tudo o que um poeta pode fazer hoje é alertar. Eis porque os verdadeiros Poetas devem ser sinceros./ [...]" Owen deixou também o esboço de um índice para esse livro projetado, em que se delineiam os grandes "motivos" relacionados à guerra, entre outros, "a contranatureza das armas"; "as mentiras sobre heroísmo"; "a indiferença na retaguarda"; "a boa disposição dos velhos em sacrificar os jovens"; "a horrível bestialidade da guerra"; "o lamento"; "a loucura da guerra".

cas"). Há toda a desculpa para ele, mas nenhuma para os que gostam dele.[86]

Mas é difícil não gostar de Owen. Aliás, de acordo com uma enquete recente, ele seria o autor mais querido dos ingleses depois de Shakespeare...[87] Certamente não era o poético o que Owen rejeitava, mas a expressão edulcorada que falsificava a experiência. Wilfred Owen dedicou-se à poesia bem antes de sua participação na guerra. É conhecido seu forte interesse pelos românticos ingleses, em especial por Keats, que ele leu sistematicamente desde 1911, e que seria sempre o seu poeta preferido. Durante sua estada em Bordeaux (com uma breve passagem em Bagnères de Bigor-

---

[86] Apud John H. Johnston, *English poetry on the First World War* (Princeton, Princeton University Press, 1964, pp. 207-8). No original: "When I excluded Wilfred Owen, whom I consider unworthy of the poets' corner of a country newspaper, I did not know I was excluding a revered sandwich--board Man of the revolution & that somebody has put his worst & most famous poem in a glass-case in the British Museum — however if I had known it I would have excluded him just the same. He is all blood, dirt & sucked sugar stick (look at the selection in Faber's Anthology — he calls poets "bards", a girl a "maid" & talks about "Titanic Wars"). There is every excuse for him but none for those who like him." Trata-se de trecho de carta a Dorothy Wellesley. A maledicência é grande: o poema em questão deve ser *"Dulce et decorum est"*...; é de se observar também que no momento talvez mais ferino Yeats emprega um dos recursos principais de Owen, a aliteração — *sucked sugar stick*... Como contraponto, vale mencionar as opiniões favoráveis de dois grandes poetas do século XX sobre Wilfred Owen. Conforme relata Stephen Spender em suas memórias, W. H. Auden, já nos anos 1920, considerava Owen um ótimo poeta, colocando-o ao lado de Hopkins e Eliot. Cf. Stephen Spender, *World within world* (Londres, Hamish Hamilton, 1951, pp. 50-1). Em 11 de dezembro de 1951, João Cabral de Melo Neto escrevia para Manuel Bandeira: "Conhece um poeta inglês chamado Wilfred Owen, morto na guerra de 1914-1918? Gostaria de lhe mandar as poesias dele, grande poeta." Cf. Flora Süssekind (org.), *Correspondência de Cabral com Bandeira e Drummond* (Rio de Janeiro, Nova Fronteira/Fundação Casa de Rui Barbosa, 2001, p. 147).

[87] Cf. Xavier Hanotte, "Wilfred Owen, une vie", em Wilfred Owen, *Et chaque lent crepuscule* (Bègles, Le Castor Astral, 2012, p. 184).

re), entre 1913 e 1915, onde trabalhou como professor de inglês e preceptor, conheceu Laurent Tailhade (1854-1919), poeta decadentista e anarquista convicto, discípulo de Mallarmé e amigo de Verlaine, com quem dialogou sobre literatura francesa e que o teria encorajado a explorar de modo mais sistemático a dimensão fônica da poesia; conheceu também Carlos Larronde (1888-1940), poeta muito atuante então em Bordeaux, improvisadamente transformada em capital da França, com a ameaça da queda de Paris. Assim, o romantismo inglês e o simbolismo francês foram as fontes desse poeta morto ainda em formação.

"Keats permaneceu absolutamente indiferente a Waterloo e a toda aquela comoção"[88] — essa observação de Owen em 1916 poderia descrever em parte a sua própria atitude diante da guerra até setembro de 1915, quando decidiu retornar à Inglaterra para se alistar no Artists's Rifles (um batalhão formado por artistas) no mês seguinte. Sua ida ao front só ocorreria em dezembro de 1917. Já em meio à vivência de soldado, houve dois outros encontros fundamentais para a definição de sua poética.

O primeiro deles com Harold Monro (1879-1932), que idealizou com Edward Marsh, entre 1912-1922, as cinco antologias intituladas *Georgian poetry*, que tiveram importância histórica. Monro era um nome prestigioso, e leu favoravelmente alguns poemas de Owen, reconhecendo o que havia neles de "frescor e vivacidade", encorajando-o a abandonar a dicção demasiado keatsiana e a adotar uma linguagem "moderna". Owen sentiu-se fortalecido em sua identidade de poeta e passou a considerar-se uma espécie de *georgian poet*.[89]

---

[88] No original: "Keats remained absolutely indifferent to Waterloo and all that commotion". Para se ter uma ideia da diferença de escala entre Waterloo e a guerra moderna, vivenciada por Owen e os outros poetas que estamos comentando, vale lembrar que, segundo John Keegan, em Waterloo foram utilizados cerca de 20.000 cartuchos, enquanto apenas para o início da primeira ofensiva do Somme, em julho de 1916, o exército inglês armazenou 2.960.000! Cf. John Keegan, *O rosto da batalha* (Lisboa, Fragmentos, 1987, p. 164).

[89] Cf. Dominic Hibberd, *Wilfred Owen: a new Biography* (Chicago,

Mas o encontro decisivo, aquele que os críticos e biógrafos mais enfatizam, foi com o poeta Siegfried Sassoon (1886-1967). Ele ocorreu no Hospital de Guerra Craiglockhart, próximo a Edimburgo, onde Owen foi internado para recuperar-se de um trauma (o chamado *shell-schock*): nas imediações de Saint-Quentin em abril de 1917, um obus explodiu perto dele, lançando-o pelos ares; em seguida teve de ficar vários dias ao lado de pedaços do corpo de um subtenente que havia morrido uma semana antes e que as explosões desenterraram.[90] Alguns poemas parecem aludir a essa experiência: "Spring offensive", "The show", "Le christianisme".

Já Siegfried Sassoon estava internado no hospital devido antes a uma punição das autoridades pelo seu atrevimento do que por um efetivo colapso nervoso. Ele já era bastante famoso e influente, como poeta e herói de guerra, e depois como opositor radical (ele jogara sua condecoração, a Military Cross, no rio Mersey). Um de seus argumentos era de que a guerra podia ser tolerável como defesa e libertação, mas nunca como agressão e conquista, em que ela tinha degenerado. Ao lado dessa atitude de protesto antibelicista, que iria adotar radicalmente a partir de então (embora fosse morrer "fazendo" a guerra), Owen acolhe o principal conselho estético de Sassoon: tomar a experiência da guerra como assunto fundamental de sua poesia e também empregar a linguagem mais despojada e coloquial possível. Como diz

---

Ivan R. Dee, 2003, pp. 181-2). Trata-se da mais completa biografia disponível do poeta. É preciso acrescentar que a grande fonte de qualquer biógrafo de Owen é a sua correspondência, especialmente com a mãe, Susan Owen, para quem escreveu mais de seiscentas cartas.

[90] Em carta à irmã, Mary Owen, datada de 8 de maio de 1917, Wilfred comenta: "O que me deixou abalado não foram os Boches nem os explosivos, mas o fato de ter ficado demasiado tempo perto do pobre Cock Robin (como nós chamávamos o subtenente Gaukroger), que não só estava ao lado, mas em vários lugares, aqui e ali, se você me entende. Espero que não!" Cf. *Wilfred Owen* (Delphi Classics, edição Kindle, 2012). Também em *Et chaque lent crépuscule*, *op. cit.*, p. 77.

Dominic Hibberd, "todos os seus poemas maiores foram escritos nos treze meses e meio seguintes", isto é, entre o encontro com Sassoon e a morte em 4 de novembro de 1918 no canal que une os rios Sambre e Oise, no norte da França.

Ora, aquele conselho correspondia em grande parte às propostas da chamada poesia georgiana, que era, no entanto, convencional diante da poesia de vanguarda em língua inglesa, representada então especialmente pelo *imagismo*, do qual Ezra Pound lançara naquela mesma época (1914) uma antologia que representava um evidente contraponto à estética "passadista" dos georgianos.

Esse vínculo de Wilfred Owen com uma vertente poética conservadora, pelo menos infensa ao experimentalismo das vanguardas, decerto não ajudou na recepção de sua obra, e a reação já mencionada de Yeats é um exemplo extremo disso. Apenas nos anos 1960 esse lugar incômodo na história literária passou a ser revisto. Assim, J. M. Cohen argumenta que a poesia de Owen trazia elementos inéditos, pois "sua visão da paisagem das trincheiras era necessariamente nova, uma vez que o deserto lunar do Somme era algo até então desconhecido".[91] Essa novidade ocorreria, por exemplo, em um de seus mais famosos poemas — "Anthem for doomed youth" ("Hino para uma juventude condenada"):[92]

---

[91] Cf. J. M. Cohen, *Poetry of this age: 1908-1965* (Londres, Hutchinson University Library, 1966, p. 108).

[92] Cf. Wilfred Owen, *op. cit.*, p. 76. "Que dobre de finados aos que morrem qual gado?/ — Apenas a monstruosa cólera dos canhões./ Apenas a gagueira dos fuzis disparados/ Pode tartamudear rápidas orações.// Basta de escarnecê-los; basta de prece e sinos;/ Nenhuma voz de luto que não seja o uníssono/ Dos obuses gementes, dementes, mofinos;/ E os clarins a chamá-los de condados tristonhos.// Que velas cumprirão o dever de despachá-los?/ Nos olhos dos meninos, não nas mãos, será vista/ A sacra e bruxuleante chama das despedidas./ A palidez das jovens lhes servirá de pálio;/ Será guirlanda o afeto das almas resignadas/ E cada anoitecer um baixar de persianas." Tradução de João Moura Jr., em "Nas trincheiras" (*Piauí*, nº 93, jun. 2014). Há também tradução de Abgar Renault, originalmente publicada em livro prefa-

What passing-bells for these who die as cattle?
— Only the monstrous anger of the guns.
Only the stuttering rifles' rapid rattle
Can patter out their hasty orisons.
No mockeries now for them; no prayers nor bells;
Nor any voice of mourning save the choirs,—
The shrill, demented choirs of wailing shells;
And bugles calling for them from sad shires.

What candles may be held to speed them all?
Not in the hands of boys, but in their eyes
Shall shine the holy glimmers of goodbyes.
The pallor of girls' brows shall be their pall;
Their flowers the tenderness of patient minds,
And each slow dusk a drawing-down of blinds.

O soneto se situaria na "tradição baudelairiana" ao propor "a ríspida justaposição do áspero e do poético — *gado* em seguida a *dobre de finados*",[93] por exemplo. John Johnston, a propósito do mesmo poema, fala de uma "estrutura de imagens contrastantes cuidadosamente desenvolvida", evidenciando "como Owen foi além da arte frouxa e superficial dos georgianos".[94]

ciado por Drummond em 1942: "Que sinos dobrarão por estes que assim morrem/ como animais? Só a ira horrenda dos canhões./ Só o rápido estrondar dos fuzis gaguejantes/ deles dirá as apressadas orações./ Nenhum escárnio: nem prece ou dobre de finados;/ nenhuma voz de dor, salvo os coros — os coros/ insanos e ásperos das balas soluçantes,/e trompas a chamar de tristonhos condados...// Que velas poderão sua morte ajudar?/ Em seus olhos, e não entre as mãos de meninos,/ a sacrossanta luz do adeus há de brilhar./ Terão na palidez de frontes femininas/ a mortalha; no amor de almas pacientes — flores,/ e em cada anoitecer — um baixar de cortinas..." Transcrevo da segunda edição: Abgar Renault, *Poemas ingleses de guerra* (Belo Horizonte, 1970, p. 75).

[93] Cf. J. M. Cohen, *op. cit.*, p. 109.

[94] Cf. John Johnston, *op. cit.*, p. 177. Existem quatro versões manuscritas do poema, que revelam o método de trabalho escrupuloso do poeta.

Na mesma linha, Jon Stallworthy, um dos dois mais empenhados estudiosos de Owen, ao lado do já citado Dominic Hibberd, julga que o autor de "Strange meeting" antecipa W. H. Auden e outros poetas da geração deste, como Stephen Spender, além de ter sido influente para autores posteriores, que nada teriam a ver diretamente com a guerra ou com a política, como Ted Hughes e Seamus Heaney.[95]

Em "Anthem for the doomed youth" aparece também, de modo ainda discreto, a grande característica técnica da poesia de Owen: a elaboração minuciosa da sonoridade, presente por excelência nas aliterações sempre citadas do terceiro verso: S*tut*ter*in*g *ri*fles' *ra*pid *ratt*le".

A propósito, Sassoon, em suas memórias, foi delicado e mesmo modesto ao se reportar às conversas com o poeta mais novo. Seu papel teria sido antes o de um incentivador, o de um interlocutor adequado que teria apenas facilitado a Owen avançar mais rápido no caminho da autorrevelação. E acrescenta algo importante: "minha técnica era quase elementar comparada com os experimentos inovadores dele."[96]

Sassoon está decerto se referindo aos procedimentos fônicos, aos jogos sonoros, especialmente alcançados por meio das *half--rhymes* e das *pararhymes*. O próprio Owen parecia julgar que esse era o seu maior talento, como transparece nessa sugestiva declaração: "Suponho que estou fazendo em poesia aquilo que os compositores avançados estão fazendo em música".[97]

---

[95] Cf. Jon Stallworthy, "Introduction", em Wilfred Owen, *Poems selected* (Londres, Faber & Faber, 2004, pp. VII-XIX).

[96] Cf. John Johnston, *op. cit.*, p. 161.

[97] "I suppose I am doing in poetry what the advanced composers are doing in music." *Apud* Jon Stallworthy, *op. cit.*, p. XVIII. A frase está em um cartão-postal enviado ao primo Leslie Gunston, também poeta, em 12 de fevereiro de 1918. Cf. *Wilfred Owen* (Delphi Classics, edição Kindle, 2012). Em relação ao diálogo entre poesia e música relativo a Owen, não se pode deixar de mencionar o célebre *War requiem*, *opus* 66, de Benjamin Britten, o maior compositor inglês do século XX, que associou ao texto latino da missa

O poema central nesse sentido é "Strange meeting",[98] de inspiração dantesca, uma descida ao inferno dos mortos da guerra, em que o sujeito se encontra com o soldado inimigo que matara na véspera. O belo e impressionante diálogo que se segue entre eles resume a visão de mundo do poeta, todo o seu protesto contra a guerra, e provavelmente também o de todo jovem europeu da época: "the undone years, the hopelessness" ("os anos perdidos, a desesperança"). Não por acaso, aquela expressão famosa do prefácio comparece no verso: "The pity of war, the pity war distilled".

Mas o que mais notabilizou o poema foi a utilização sistemática das *pararhymes*, segundo alguns invenção do próprio Owen, que consiste na rima parcial entre palavras com as mesmas consoantes mas vogais diferentes: *escaped/scooped*; *groined/groaned*; *grained/ground*; *years/yours*; *spoiled/spilled*; *killed/cold* etc. Os críticos concordam em que tal procedimento está a serviço de uma "textura atonal"[99] do poema, poroso à experiência do choque.

Exatamente um mês antes de sua morte, Owen escreveu à mãe dizendo as razões de seu retorno ao front:

> Eu voltei para ajudar esses rapazes — diretamente, comandando-os tão bem quanto pode um oficial; indiretamente, observando seus sofrimentos para poder fa-

---

dos mortos sete poemas de Wilfred Owen: "Anthem for the doomed youth"; "But I was looking at the permanent stars"; "Futility"; "The parable of the old man and the young"; "The end"; "At a calvary near the ancre"; "Strange meeting". A peça foi especialmente composta para a reinauguração (em 1962) da Catedral de Coventry, destruída pelos bombardeios alemães em 1940. Para a estreia, Britten chamou cantores de nacionalidades diferentes, para marcar um internacionalismo pacifista: o tenor inglês Peter Pears, o barítono alemão Fischer-Dieskau e a soprano russa Galina Vishnevskaya. Na mesma ocasião, deu-se também a primeira audição mundial da ópera pacifista de Britten, *King Priam*, inspirada na *Ilíada*.

[98] Wilfred Owen, *War poems and others* (Londres, Chatto & Windus, 1973, pp. 102-3).

[99] Cf. John Johnston, *op. cit.*, pp. 170-1.

lar deles tão bem quanto pode um porta-voz. Cumpri o primeiro.[100]

O segundo propósito também foi amplamente cumprido pelo poeta e o avanço do século, sobretudo na guerra seguinte, iria reforçar ainda mais essa necessidade de dar testemunho do horror.

GIUSEPPE UNGARETTI E *O PORTO SEPULTO*

Mas se existe um poeta-soldado que possa ser aproximado a Apollinaire, este é Giuseppe Ungaretti (1888-1970), cujo primeiro livro, editado em 1916, *Il porto sepolto* [*O porto sepulto*], essencial não apenas para a história da poesia italiana do século XX, foi escrito inteiramente nas trincheiras da região do Carso, às margens do rio Isonzo, no nordeste da Itália. Em 1918, Ungaretti foi lutar em território francês na mesma frente em que atuara Apollinaire. Assim como este, que tinha situação identitária complexa — nascido em Roma, alfabetizado em italiano, filho de mãe polonesa (era "cidadão russo" nos documentos militares), mas francês por adoção (praticou sistematicamente a língua francesa apenas depois dos sete anos, em Mônaco, e só chegou a Paris aos dezoito anos) —, Ungaretti também se caracterizava por uma espécie de internacionalismo apátrida: natural de Alexandria, foi alfabetizado em francês[101] (vários de seus poemas iniciais são bilíngues),

---

[100] Carta a Susan Owen datada de 4/5 de outubro de 1918. Cf. *Wilfred Owen* (Delphi Classics, edição Kindle, 2012). "I came out in order to help these boys — directly by leading them as well as an officer can; indirectly, by watching their sufferings that I may speak of them as well as a pleader can. I have done the first."

[101] Ler, a respeito, esse trecho de carta a Mario Puccini, de novembro/dezembro de 1917: "Talvez eu seja na Itália aquele que melhor conhece o francês. [...] Sou 99% francês; fiz a universidade na França, aprendi a ler em francês; conheço os franceses e os amo como a mim mesmo, para mim [a França] é a gentileza desta velha Europa, como a Itália é dela a fantasia." Cf.

adotou a língua e a cidadania italiana, que era a de seus pais, embora tenha conhecido a Itália apenas aos 24 anos.

A guerra de algum modo ajudou a fixar esses dois escritores forasteiros: Apollinaire se dizia um "soldat amoureux soldat de la douce France"[102] e Ungaretti liberou o seu "grido unanime"[103] de poeta ao lutar pela Itália; muitos anos depois, ele confirmaria que a guerra lhe proporcionou "finalmente" uma "carta d'identità".[104] Michel Décaudin assim especula sobre "os motivos do engajamento voluntário" de Apollinaire:

> Os biógrafos do poeta interrogaram-se, emitindo diversas hipóteses: adesão patriótica à França, decepção sentimental, problemas financeiros [...]. Esse homem, que foi caracterizado como um boêmio puro, foi dominado durante toda sua vida pelo desejo de segurança e agarrou-se a tudo que podia representar estabilidade: o casamento, o uniforme...[105]

O que não deixa de apresentar mais uma analogia com a situação de Ungaretti, conforme se lê no já citado poema "Itália":

> E in questa uniforme
> di tuo soldato

Alexandra Zingone (org.), *Giuseppe Ungaretti (1888-1970)* (Nápoles, Scientifiche Italiane, 1995, p. 250).

[102] Verso final de "La fumée de la cantine est comme la nuit qui vient", um dos *Poèmes à Lou*, em *Oeuvres poétiques, op. cit.*, p. 382.

[103] Assim se inicia o poema "Italia", de *Il porto sepolto*: "Sono un poeta/ un grido unanime/ sono un grumo di sogni" ("Sou um poeta/ um grito unânime/ um grumo de sonhos"). Cf. *Vita d'un uomo. Tutte le poesie* (Milão, Mondadori, 1977, p. 57).

[104] Cf. "Ungaretti commenta Ungaretti", em *Vita d'un uomo. Tutte le poesie, op. cit.*, p. 821. O texto está datado de 1963.

[105] Cf. Michel Décaudin, "Apollinaire à la recherche de lui-même", em *Cahiers du Sud*, nº 386, jan.-fev.-mar. 1966, p. 9.

IL PORTO SEPOLTO

POESIE
DI
GIUSEPPE UNGARETTI

Giuseppe Ungaretti como soldado italiano na Primeira Guerra Mundial. A experiência das trincheiras impregna todos os poemas de seu primeiro livro, *O porto sepulto*, impresso no Natal de 1916.

> mi riposo
> come fosse la culla
> di mio padre[106]

Ungaretti admirava sobremaneira Apollinaire, já na época uma referência firme para os novos poetas, e o considerava um irmão mais velho. Exultou quando soube que este iria traduzi-lo, conforme escreve para o amigo Gherardo Marone: "Apollinaire me escreve que traduzirá para *Nord-Sud* algumas coisas do meu *Porto*. É uma grande honra, e uma refinada comoção, esta prova de amor por mim do maior escritor da França".[107] Apollinaire teria traduzido pelo menos "In memoria", o importante poema inicial de *O porto sepulto*, que Ungaretti dedicou ao amigo suicida Moammed Sceab, mas essa tradução jamais foi publicada e não se tem notícia de nenhum manuscrito. Que esse poema tenha sido escolhido por Apollinaire é significativo, pois ele era capaz de referir também aquela condição deslocada de ambos, a experiência do desgarramento, diante da qual se constituíram como poetas. "Sono uno sradicato",[108] escreveu repetidas vezes Ungaretti, o que se aplicaria inteiramente ao amigo mais velho:

> Entre mim e Apollinaire ocorrera uma proximidade insólita. Sentíamos em cada um de nós o mesmo caráter compósito e aquela dificuldade de ânimo para encontrar o caminho de nos assemelharmos a nós mesmos,

---

[106] Cf. *Tutte le poesie, op. cit.*, p. 57. "E neste uniforme/ de soldado teu/ descanso/ como no berço/ de meu pai"; tradução de Geraldo Holanda Cavalcanti, *A alegria* (Rio de Janeiro, Record, 2003, p. 113).

[107] Cf. *Lettere dal fronte a Gherardo Marone* (Milão, Mondadori Editore, 1978, p. 81).

[108] "Sou um desenraizado". Cf. Domenico Allasia, "Una lettera inedita di Ungaretti soldato", em Ornella Sobrero (org.), *Omaggio a Giuseppe Ungaretti nel suo ottantesimo compleanno*, em *Galleria: Rassegna Bimestrale di Cultura* (Roma, Salvatore Sciascia Editore, ano XVIII, nº 4-6, jul.-dez. 1968, pp. 190-1).

de constituirmos a nossa unidade. Aquela unidade não a teríamos encontrado em nenhum lugar a não ser recorrendo à poesia.
[...]
O meu regimento fora enviado à França [...] no front de Champagne [...]. Foram combates duros, mas isso não era para nós um fato extraordinário. O extraordinário era que os soldados em suas licenças podiam ir aonde quisessem [...]. Eu passava os períodos de licença em Paris. E todas as vezes ia encontrar Apollinaire em sua casa. Aqueles contatos com Apollinaire permanecerão em mim, recordação de estímulos que teriam consequências em minha vida e minha poesia.
Alguns dias antes do armistício fui enviado a Paris [...]. Apollinaire me havia pedido para levar-lhe algumas caixas de charutos toscanos e, apenas chegado, corri para a casa de meu amigo. Encontrei Apollinaire morto, com o rosto coberto por um pano negro.[109]

Em 1919, Ungaretti publicou na França o seu segundo livro (uma plaquete com tiragem de oitenta exemplares, tal como *Il porto sepolto*) *La guerre*,[110] com poemas escritos diretamente em francês, alguns "traduzidos" por ele mesmo de seu *Porto sepolto* e poucos outros ainda inéditos, como o famoso "Soldati" ("Militaires"). O primeiro poema do conjunto se chamava "Pour Guillaume Apollinaire", lamento sentido pela perda do amigo, e escrito logo após o enterro deste:[111]

[109] Cf. Giuseppe Ungaretti, "Nota introdutiva", em *Vita d'un uomo. Tutte le poesie* (Milão, Mondadori, 1977, pp. 511-2).

[110] *Idem*, pp. 329-49. Há uma reedição francesa: *La guerre. Une poésie* (Nantes, Le Passeur, 1999).

[111] Entre as muitas menções de Ungaretti a Apollinaire, cabe citar dois textos mais longos, escritos em momentos muito distanciados: "Pittura, poesia e un po' di strada", de 1919, e "Guillaume Apollinaire", de 1967. Cf.

en souvenir de la mort que nous avons accompagné
en nous   elle bondit   hurle   et retombe
en souvenir   des fleurs   enterrées[112]

Se o *Porto sepolto* principiava com o poema "In memoria" a Moammed Sceab, *La guerre* trazia em seu pórtico o "en souvenir" de Guillaume Apollinaire. A repetição é significativa: abrir com duas homenagens a mortos — ao amigo obscuro de juventude ("E talvez apenas eu/ saiba ainda/ que viveu"), que sucumbiu ao desenraizamento, e ao maior poeta da França. Assim, a afirmação da própria voz se dava no confronto com o trágico dessas mortes, o que pode nos auxiliar também a dar a medida da concretude de algumas declarações de Ungaretti a respeito do vínculo estreito entre sua criação poética e a experiência de soldado:

> Foi uma das guerras mais estúpidas que se podem imaginar, à parte que a guerra é sempre estúpida. [...] E então, estando ali entre a morte, os mortos, não havia tempo: era preciso dizer palavras decididas, absolutas, daí a necessidade de exprimir-se com pouquíssimas palavras, de polir-se, de não dizer senão o necessário, portanto uma linguagem despojada, nua, extremamente expressiva.[113]

Ou ainda:

Vita d'un uomo. Saggi e interventi (Milão, Mondadori, 1982, pp. 20-6 e pp. 615-9).

[112] Cf. *Vita d'un uomo. Tutte le poesie, op. cit.*, p. 331. Em português: "em memória da morte que/ acompanhamos/ em nós ela pula grita e recai/ em memória das flores enterradas". A transcrição no corpo do texto foi baseada na reedição francesa de 1999, *La guerre: une poésie*, em que há uma disposição espacializada deste e de outros poemas, provavelmente por ser um livro escrito sob o influxo do autor dos *Caligramas*.

[113] *Apud* Leone Piccioni, *Vita di Ungaretti* (Milão, Rizzoli, 1979, p. 86).

Estava em presença da morte, em presença da natureza, de uma natureza que aprendia a conhecer de um modo novo, de um modo terrível. Desde o momento em que passo a ser um homem que faz a guerra, não é a ideia de matar ou de ser morto o que me atormenta: era um homem que queria para si apenas as relações com o absoluto, o absoluto que era representado pela morte, não pelo perigo, que era representado por aquela tragédia que levava o homem a encontrar-se no massacre. Em minha poesia não há traço de ódio pelo inimigo nem por ninguém: é a tomada de consciência da condição humana, da fraternidade dos homens no sofrimento, da extrema precariedade de sua condição. Há vontade de expressão, necessidade de expressão, há exaltação, no *Porto sepulto*, aquela exaltação quase selvagem do impulso vital, do apetite de viver, que é multiplicado pela proximidade e pela cotidiana frequentação da morte. Vivemos na contradição.[114]

Entre tantos exemplos possíveis dessa vizinhança terrível entre morte e poesia, "Veglia" ("Vigília"), datado de 23/12/1915, é dos mais conhecidos:

> Un'intera nottata
> buttato vicino
> a un compagno
> massacrato
> con la sua bocca
> digrignata
> volta al plenilunio
> con la congestione
> delle sue mani
> penetrata

[114] Cf. *Tutte le poesie, op. cit.*, pp. 520-1.

nel mio silenzio
ho scritto
lettere piene d'amore

Non sono mai stato
tanto
attaccato alla vita[115]

Ao iniciar o poema mencionando a *duração* da experiência, o poeta nos indica o quanto esta foi intolerável. A expressão é intensa: a "boca arreganhada", as "mãos convulsas" — e a visão do corpo "massacrado" se torna ainda mais incontornável pela luz forte do "plenilúnio", a natureza ela própria excessiva, o todo compondo uma espécie de gravura goyesca. Incapaz de se subtrair ao horror, e decerto lúcido demais para isso, o poeta contrapõe-se a ele também hiperbolicamente — as "cartas cheias de amor" que mentaliza, o apego inaudito à vida que sente crescer por dentro.

[115] Cf. Ungaretti, *Tutte le poesie, op. cit.*, p. 25. "Uma noite inteira/ jogado ao lado/ de um companheiro/ massacrado/com a boca/ arreganhada/ voltada para a lua cheia/ com a convulsão/ de suas mãos/ entranhada/ no meu silêncio/ escrevi/ cartas cheias de amor// Nunca estive/ tão/ aferrado à vida". Tradução de Geraldo Holanda Cavalcanti, *A alegria* (Rio de Janeiro, Record, 2003, p. 47).

Como se sabe, *Il porto sepolto* foi reeditado em 1919 como uma das partes do livro *L'Allegria di naufragi* (*Alegria de naufrágios*, título original que dá a ver com clareza a raiz trágica da poesia de Ungaretti), que se intitularia a partir de 1931 simplesmente *L'Allegria*. É interessante, nesse sentido, a declaração do poeta Mario Luzi (1914-2005) a Aurora Fornoni Bernardini, que, por contraposição, reitera essa "raiz trágica" ou, como ele diz, "vertente catastrófica" do autor de *Alegria*: "Devo dizer que a vertente catastrófica que se manifestou desde o começo em Ungaretti, uma vez que ele se iniciou em poesia com a guerra e a morte, não cheguei a vivê-la". Cf. "Depoimento do poeta Mario Luzi sobre Giuseppe Ungaretti", em Giuseppe Ungaretti, *Daquela estrela a outra* (São Paulo, Ateliê, 2003, p. 220). A organização desse importante volume, que conta também com traduções de Haroldo de Campos, é de Lucia Wataghin.

Registro do trauma, o poema encontra vazão do modo mais paradoxal: não se trata apenas de afirmar que o agarrar-se à vida irrompe na presença da morte, mas que esse canto de afirmação da vida nasce, para o poeta, em função do próprio morto, de sua *"boca* arreganhada" e suas *"mãos* convulsas". Não há lugar para a celebração egoísta (e aliviada...) da vida por parte daquele que sobreviveu, mas a consciência de um destino trágico comum, o que dá a tudo um peso maior. Também para Ungaretti, poderíamos dizer, "a poesia está na Compaixão", e, a esse nítido horizonte ético, corresponde o adensamento da expressão ou a busca da essencialidade. É assim que deve ser compreendida a autodenominação "Ungaretti/ uomo di pena",[116] presente em outro poema do *Porto sepulto* — "Pellegrinaggio" ("Peregrinação").

A crítica italiana costuma aproximar este poema de Ungaretti a "Viatico", de Clemente Rèbora (1885-1957), que figura uma situação talvez ainda mais penosa, se isso é possível: a de escutar os lamentos de um companheiro, reduzido a um "tronco sem pernas" ("Tronco senza gambe"), jogado, "entre lodo e sangue" ("Tra melma e sangue"), na terra de ninguém. O verso final é um agradecimento ao moribundo ("Grazie, fratello") pelo silêncio que ele instaura morrendo, e é contrastado com o elã que encerra esse poema ungarettiano.

Para Marco Dalla Torre, "a poesia de Rèbora adota nestes anos um realismo intensíssimo, que não sabe nem pode usar as estratégias defensivas e terapêuticas de Ungaretti".[117] Já para Andrea Cortellessa: "A distância entre Rèbora, vencido e mudo, e Ungaretti, eloquente e vitorioso, entre o jamais escrito 'livro de

---

[116] "[Em alguns poemas de *Porto sepulto*] Descubro-me e identifico-me, em meio aos horrores da guerra, como *homem de pena* e como tal, *Ungaretti, homem de pena*, me parece que eu deva, também em seguida, e sempre, ser identificado". Cf. *Tutte le poesie, op. cit.*, p. 518 (grifos de Ungaretti).

[117] Cf. Marco Dalla Torre (org.), em Clemente Rèbora, *La mia luce sepolta. Lettere di guerra* (Verona, Il Segno dei Gabrielli Editori, 1996, pp. 17-8). Uma antologia recente da poesia de guerra de Clemente Rèbora se intitula justamente *Tra melma e sangue* (Novara, Interlinea, 2008).

guerra' de Rèbora e o afortunadíssimo *Porto sepolto*. Ungaretti jogado ao lado do companheiro morto 'escreve cartas plenas de amor'. A Rèbora só resta o silêncio. São as duas faces da poesia de guerra italiana". Em outra passagem, o crítico pondera: "O horror absoluto do cotidiano da guerra encontra alguma reparação em Ungaretti, mas jamais em Rèbora, cuja poesia de guerra é sempre um muro de pedra no qual a palavra se rompe e bate em retirada. Mas tanto a *vitória* de Ungaretti quanto a *derrota* de Rèbora mostram-se necessárias".[118]

No que se refere a *O porto sepulto* em seu conjunto, todos os poemas estão datados, e, com exceção dos dois primeiros ("In memoria" e "Il porto sepolto") e do último ("Commiato", "Despedida"), que constroem uma moldura muito calculada,[119] a sequência é rigorosamente cronológica.[120] É conhecida a índole inquieta de Ungaretti, também no sentido de rever incansavelmente os seus textos anteriores. No entanto, ele não apenas manteve as datas como também a estrita cronologia, conservando assim o aspecto de diário. E como *diário de guerra* eles nasceram de fato, conforme se lê nesse comentário do poeta sobre a origem do livro, editado graças ao esforço de Ettore Serra:

> Para dizer a verdade, aqueles folhetos: cartões-postais, margens de velhos jornais, espaços brancos de queridas cartas recebidas onde há dois anos vinha fazen-

---

[118] Cf. Andrea Cortellessa (org.), *Le notti chiare erano tutte un'alba. Antologia dei poeti italiani nella Prima Guerra Mondiale* (Milão, Mondadori, 1998, respectivamente pp. 45 e 178); os grifos são do próprio Cortellessa.

[119] Muito sinteticamente, os dois primeiros exporiam as "razões de sua poesia" naquele instante, e o último, o agradecimento ao "gentile" Ettore Serra, então tenente do exército, que foi o grande responsável pela publicação. A respeito, ver a introdução de Carlo Ossola à excelente edição de *Il porto sepolto* (Veneza, Marsilio, 2005, pp. 9-29).

[120] O mesmo acontece com os poemas posteriores escritos durante o tempo de guerra, que comporiam as partes "Naufragi" (Naufrágios) e "Girovago" (Vagamundo), do volume maior *L'Allegria [di naufragi]*, publicado em 1919.

do dia após dia o meu exame de consciência, enfiando-os depois desordenadamente no bornal, carregando-os para viver na lama da trincheira ou fazendo deles travesseiro nos raros repousos, não estavam destinados a nenhum público.[121]

Esse respeito às circunstâncias da criação está estampado no título escolhido para as obras completas de Ungaretti: *Vida de um homem*. Mas naturalmente qualquer ênfase em um biografismo determinista seria aqui um erro enorme. Em relação a Ungaretti estamos mais do que nunca no âmbito da poesia de circunstância no sentido goethiano, conforme a classificação de Matvejevitch vista atrás, em que o ocasional e o íntimo são concomitantes. Ele afirmou sua grande afeição pelo *Porto sepulto* precisamente porque o livro lidava com "acontecimentos trágicos que me diziam respeito pessoalmente e a todos os homens".[122] Em 1931, referindo-se ao volume *Alegria*, reafirma:

Este velho livro é um diário. O autor não tem outra ambição, e crê que mesmo os grandes poetas não tiveram outra, senão a de deixar uma sua bela biografia. As suas poesias representam, portanto, os seus tormentos formais, mas desejaria que reconhecessem, uma vez por todas, que a forma o atormenta só porque a exige aderente às variações de seu ânimo, e, se algum progresso fez como artista, desejaria que esse fato indicasse também alguma perfeição alcançada como homem. Ele ama-

[121] Cf. *Tutte le poesie*, op. cit., p. 521. Por analogia, esse bornal de Ungaretti ("tascapane") equivale à "Case d'armons" de Apollinaire. Ettore Serra confirma a seu modo a história: "Finalmente uma noite carreguei comigo as suas poesias escritas — caligrafia calma ou emaranhada conforme o momento — em pedaços de papel, envelopes, cartões-postais, retalhos de jornais jogados de qualquer jeito no bornal". Cf. "Il soldato Ungaretti", em Ornella Sobrero (org.), *Omaggio a Giuseppe nel suo ottantesimo compleanno*, op. cit., p. 334.

[122] *Idem*, p. 519.

dureceu como homem em meio a acontecimentos extraordinários a que nunca esteve alheio. Sem nunca negar a necessidade universal da poesia, sempre pensou que, para deixar-se imaginar, o universal deve — através de um ativo sentimento histórico — concordar com a voz singular do poeta.[123]

Um trecho de carta talvez exprima com felicidade e precisão esse vínculo do poeta com a guerra, tendo em vista sua atividade poética: "um pouco fora da guerra e em presença íntima da guerra".[124] O poema que dá título ao livro focaliza justamente essa poética complexa do diálogo entre a palavra e o acontecimento, em que a primeira nomeia o segundo mantendo o seu valor intrínseco, o seu irredutível poder de segredo, na visão de Ungaretti:

> Vi arriva il poeta
> e poi torna alla luce con i suoi canti
> e li disperde
>
> Di questa poesia
> mi resta
> quel nulla
> d' inesauribile segreto[125]

A posição nuclear desse poema no "livro de guerra" produz um deslocamento notável: pois o diário da experiência premente e trágica de soldado de infantaria aparece sob o signo daquilo que

---

[123] *Idem*, pp. 527-8. Tradução de Alfredo Bosi, em "A lição de Ungaretti", em Alfredo Bosi, *Céu, inferno* (São Paulo, Duas Cidades/Editora 34, 2003, p. 347).

[124] Ver carta citada na nota 108.

[125] Cf. *Tutte le poesie, op. cit.*, p. 23. "Ali chega o poeta/ e depois regressa à luz com seus cantos/ e os dispersa// Desta poesia/ me sobra/ aquele nada/ de inesgotável segredo". Tradução de Geraldo Holanda Cavalcanti, *Alegria, op. cit.*, p. 43.

está submerso e longínquo, no tempo e no espaço, e também recôndito na própria intimidade. O poeta, como Orfeu, só encontra a palavra justa para aquilo que vive e observa de forma imediata depois da ascese nessa região profunda. (Em outro poema sobre Moammed Sceab, escrito em francês,[126] o sujeito poético se identifica a um *escafandrista* que desentranha jasmins da boca do morto, em uma imagem que poderia ser associada ao poema "Vigília"). Esse primado da profundidade traz como consequência a enorme dificuldade no dizer, o risco do puro silêncio ou do fracasso. "Ungaretti sempre extraiu a sua palavra da perplexidade mesma de não poder dizer", como afirma Alfredo Bosi.[127] É esse o sentido da segunda estrofe, em que algo se mantém irredutível ("l'inesauribile segreto") nesse vir à tona do canto. É essa também a direção do poema escolhido para fechar o livro, "Commiato" ("Despedida"), conforme se lê na estrofe final:

Quando io trovo
in questo mio silenzio
una parola
scavata è nella mia vita
come un abisso[128]

Henriqueta Lisboa considerava essa passagem "explicativa da arte ungarettiana": "Descobrir analogia entre a palavra e o abismo é saber que a palavra só é válida na medida em que se

---

[126] "[...] quelques gouttes de sang/ à la tempe// un fil de sang/à la bouche// c'était un roi du désert/ il ne pouvait pas vivre/ en Occident// il avait perdu/ ses domaines// tout à coup/il est rentré chez lui// il souriait/ à qui voulait le voir// pour retenir une pareille paix au sourire/ il faut bien être un mort [...] et le navire aride/ comme une colombe s'apprivoise/ aux jasmins/ de ses jardins/ qu'un scaphandrier/ par ta bouche avide/ m'a ramenés". Cf. *Tutte le poesie, op. cit.*, pp. 360-2.

[127] Cf. "A lição de Ungaretti", em *Céu, inferno, op. cit.*, p. 345.

[128] Cf. *Vita d'un uomo, op. cit.*, p. 58. "Quando encontro/ neste meu silêncio/ uma palavra/ ela está escavada na minha vida/ como um abismo". Tradução de Geraldo Holanda Cavalcanti, *Alegria, op. cit.*, p. 115.

entranha no coração humano, antes de florescer. Há um tempo de expectativa, um estado de germinação, para que a palavra se torne viva".[129]

Ungaretti referiu-se de diferentes maneiras a esses obstáculos na "liberação" do canto, assim como à penosa tarefa de buscar contorná-los: "a palavra é impotente, a palavra não conseguirá nunca dar o segredo que está em nós; mas aproxima-se dele".[130] "Sabe-se que entre a palavra e aquilo que se quer dizer há sempre uma defasagem enorme".[131] A questão é fundamental para o autor e se expõe desde o primeiro poema de sua obra em verso:

> Tra un fiore colto e l'altro donato
> l'inesprimibile nulla[132]

Na sua lírica de guerra, pela urgência e tragicidade da situação, "a expressão buscava aderir de modo absoluto àquilo que devia exprimir". "Direi portanto que buscava a aproximação menos imprecisa, a maior redução possível, daquela defasagem ineliminável."[133]

"O porto sepulto é o que de secreto permanece em nós indecifrável".[134] Definição claríssima e também impenetrável, que recorda o que o próprio Ungaretti dizia sobre Baudelaire: "Não

---

[129] Cf. "A poesia de Ungaretti", em *Vigília poética*, Belo Horizonte, Imprensa Publicações, 1968, p. 137.

[130] Cf. "Encontro com Ungaretti", em *Céu, inferno, op. cit.*, p. 360. Trata-se de entrevista que o poeta concedeu a Italo Bettarello e Alfredo Bosi em maio de 1967 (em 5 de maio daquele mesmo ano, Ungaretti recebeu o título de Doutor *Honoris Causa* da USP).

[131] Cf. *Saggi e interventi, op. cit.*, p. 837

[132] Cf. *Tutte le poesie, op. cit.*, p. 5. "Entre uma flor colhida e outra ofertada/ o inexprimível nada". Tradução de Geraldo Holanda Cavalcanti, *Alegria, op. cit.*, p. 11.

[133] Cf. *Saggi ed interventi, op. cit.*, p. 837

[134] Cf. *Tutte le poesie, op. cit.*, p. 523. "Il porto sepolto è ciò che di segreto rimane in noi indecifrabile".

digo que Baudelaire seja um escritor claro; é um escritor que ama vaguear nas suas cavernas, e é difícil sermos claros e introspectivos ao mesmo tempo".[135] Compreende-se a importância e o prestígio desse livro para a poesia moderna, não apenas em língua italiana — a sua busca de essencialidade foi capaz de revelar tanto mais uma experiência histórica calamitosa.

A escolha desse lugar — o "porto sepulto" — para designar as fontes da criação poética ajuda ainda a pensar uma outra qualidade que Ungaretti atribuía à poesia: "aquela prodigiosa faculdade concedida a alguns homens de usar os objetos do mundo como espelhos imanentes de sua vida moral".[136] Assim, ele vai alçar a um de seus símbolos maiores a descoberta arqueológica, ocorrida em 1912, de um porto submerso na sua cidade natal, Alexandria.[137]

---

[135] *Idem*, p. 507.

[136] Cf. "Verso un'arte nuova classica", em *Saggi e interventi, op. cit.*, p. 14; texto escrito em 1919 para servir de prefácio a uma segunda edição de *Porto sepulto*.

[137] Há um dado curioso que envolve intimamente Ungaretti a esse fato. O porto foi descoberto pelo engenheiro francês Gaston Jondet, que contava entre seus colaboradores com Jean-Léon Thuile; este e o irmão Henry Thuile foram amigos muito próximos de Ungaretti em Alexandria. Os dois, engenheiros que se tornariam escritores de valor, tinham no bairro do Mecs uma casa isolada, situada próxima ao mar e ao deserto. A casa abrigava uma biblioteca extraordinária que os irmãos Thuile herdaram do pai e que eles próprios continuaram a abastecer, e ali Ungaretti passou muito tempo como ele próprio declarou. Ali também ouviu falar pela primeira vez do porto submerso, que desde então passou a ter para ele uma significação muito profunda. Primeiro, porque o porto datava da era ptolomaica e revelava que Alexandria existira antes de Alexandre. Mas, principalmente, porque para Ungaretti a cidade entre o mar e o deserto representava a pura instabilidade, um lugar em que nada podia durar, e justamente esse lugar tinha guardado algo tão recuado e ainda intacto. É de se notar também a própria contiguidade entre essa descoberta e o mundo da literatura, contribuindo para soldar as associações entre poesia e segredo e entre poesia e memória, tão fundamentais em Ungaretti. O poeta se reportou várias vezes ao assunto, mas de modo mais sistemático nos "Quaderni egiziani" ("Cadernos egípcios"), de 1931,

É provável que Apollinaire e Ungaretti tenham sido os dois maiores poetas da vanguarda europeia a participarem da guerra e a incorporarem-na como experiência íntima, mas os temperamentos eram muito diversos, assim como a linguagem de cada um deles. Para retomar os termos de Apollinaire, se ele próprio era a "aventura", quase sempre expansivo, mesmo diante do horror mais clamoroso, Ungaretti foi concentrado e lacônico. Se não podemos fixar o italiano no polo da "ordem" pura e simplesmente, é preciso destacar que ele foi um dos artistas que, trabalhando a partir de *unidades mínimas de construção*, levou o *fragmento* a um grau máximo de concentração poética. Nesse sentido, não será exagero reconhecer em ambos duas tendências muito abrangentes da poesia do século XX, as vertentes surrealista e construtiva, respectivamente.

Outros poemas de Apollinaire

Mas é tempo de retomar o fio da poesia de Apollinaire.

"A trincheira" não foi a última palavra do poeta sobre a guerra, nem muito menos a melhor. Na mesma linha temática do morticínio dos jovens, "Exercice" (transcrito numa carta a Madeleine de 22 novembro de 1915 e depois incluído em *Caligramas*) é um belíssimo poema:

> Vers un village de l'arrière
> S'en allaient quatre bombardiers
> Ils étaient couverts de poussière
> Depuis la tête jusqu'aux pieds

---

incluído no volume "Il deserto e dopo" ("O deserto e depois"). Cf. Giuseppe Ungaretti, *Vita d'un uomo. Viaggi e lezioni* (Milão, Mondadori, 2000, pp. 74-6). Fundamental a respeito é também o livro de François Livi, *Ungaretti, Pea e altri: lettere agli amici "egiziani". Carteggi inediti com Jean-Léon e Henri Thuile* (Nápoles, Edizioni Scientifiche Italiane, 1988).

> Ils regardaient la vaste plaine
> En parlant entre eux du passé
> Et ne se retournaient qu'à peine
> Quand un obus avait toussé
>
> Tous quatre de la classe seize
> Parlaient d'antan non d'avenir
> Ainsi se prolongeait l'ascèse
> Qui les exerçait à mourir[138]

O poema alude com pungente ironia à morte inevitável a que estão destinados quatro soldados da artilharia da "classe seize".[139] O seu feitio mais tradicional, em quadras e versos octossilábicos com rimas alternadas, mostra o repertório amplo de Apollinaire em termos formais, ao mesmo tempo inventor mas também receptivo a modos mais populares da canção. Acertadamente associado à vanguarda das artes plásticas, devido a seus próprios escritos a respeito e à cumplicidade com os amigos pintores, em especial com Picasso, Apollinaire é também bastante musical — "J'aime beaucoup mes vers, je les fait en chantant" ("Amo muito meus versos, eu os faço cantando"), escreveu certa vez a Madeleine.[140] O poema

---

[138] Cf. *Oeuvres poétiques*, op. cit., p. 273. "Para uma aldeia da retaguarda/ Se dirigiam quatro bombardeiros/ Estavam cobertos de poeira/ Da cabeça aos pés// Observavam a vasta planície/ Falando entre si do passado/ E apenas se voltavam um pouco/ Quando um obus tossia// Todos os quatro da classe de dezesseis/ Falavam do passado não do futuro/ Assim se prolongava a ascese/ Que os exercitava a morrer".

[139] Isto é, daqueles a serem convocados em 1916, quando completariam vinte anos; como o poema é de 1915, talvez se pudesse pensar que o poeta forçou as coisas, por amor à rima *seize/ascèse*, num exemplo de predomínio do poético sobre o factual; parece tratar-se, porém, de uma referência concreta à antecipação das convocações dos jovens, tendo em vista a reposição das perdas de vidas humanas, já enorme àquela altura da guerra.

[140] Essa declaração está contida em uma longa carta, datada de 30 de julho de 1915, na qual Apollinaire comenta com Madeleine coisas importantes a respeito de sua própria poesia. Cf. *Lettres à Madeleine*, op. cit., p. 105.

"Exercice" evoca essa aptidão para o canto, voltado aqui para uma matéria antes trágica do que lírica — a morte de jovens, assunto central das elegias de Owen, como já foi visto. Eles caminham em direção a uma "aldeia da retaguarda", "falando entre si do passado", e só se voltam quando algum obus explode. "Cobertos de poeira da cabeça aos pés", tudo nos quatro não apenas antecipa a morte como é um "exercício" para ela, como vem insinuado pelo uso do imperfeito narrativo, e pela insistência no intervalo entre "front" e "retaguarda", entre "futuro" e "passado". Tão jovens, eles não têm grande lastro de passado, mas tampouco têm futuro, já que expostos à morte iminente. Ideia análoga retorna no poema "Bleuet" ("Azulado", de *Il y a*), dirigido a um "jovem de vinte anos que presenciou coisas terríveis", onde se lê numa disposição caligramática, impossível de ser transcrita aqui: "Tu as vu la mort en face plus de cent fois tu ne sais pas ce que c'est la vie" ("Viste a morte de frente mais de cem vezes não sabes o que é a vida").

Prosseguindo na sequência cronológica das cartas a Madeleine, cerca de um mês depois de "A trincheira", o poeta afirma que "gostaria de escrever um longo poema sobre a guerra". Dias depois: "Estou fazendo um poema 'Du coton dans les oreilles'" ("Algodão nos ouvidos"). E a 11 de fevereiro de 1916: "eu te envio o longo poema que enfim terminei".

O poema, impossível de ser transcrito aqui pela utilização de recursos visuais os mais heterogêneos, foi depois publicado com muitas alterações em *Caligramas*.[141] Claude Debon, grande estudiosa do livro, considera-o um dos mais complexos da coletânea. Não se trata de aderir cegamente ao prestígio das vanguardas nem de elogiar o poema pelo seu experimentalismo mais saliente, mas

---

[141] O poema mereceu recentemente uma interessantíssima edição fac-similar, que confirma o empenho de Apollinaire em sua elaboração. O caderno em que o poeta trabalhava o poema era sugestivamente intitulado "carnet de tir" ("caderno de tiro"), que evoca a declaração jocosa "J'ai tant aimé les arts que je suis artilleur" ("Amei tanto as artes que me tornei artilheiro"), não por acaso aproveitada como epígrafe pelo próprio editor. Cf. Guillaume Apollinaire, *Du coton dans les oreilles (carnet de tir)* (Paris, IMEC Éditeur, 2008, estudo introdutório de Jean-Jacques Lebel).

sim de compreender a necessidade de ele ter sido composto dessa forma e não de outra. O fato é que "Du coton dans les oreilles" contém uma mescla notável de tons, a qual provavelmente corresponde à visão mais autêntica que Apollinaire tinha da guerra, em que o trágico convive com o burlesco, o irônico com o elegíaco, o grosseiro com o delicado etc. A guerra como algo multifacetado parecia exigir do poeta uma forma igualmente inclusiva, daí o poema ter sido concebido como uma espécie de anotação gráfica de um evento polifônico.

Ao término desse percurso, cabe ao menos a menção a "Océan de terre" ("Oceano de terra"), igualmente escrito nas trincheiras e um dos mais inventivos e perturbadores poemas de guerra de Apollinaire, não por acaso dedicado a Giorgio de Chirico, então no auge de sua fase "metafísica":

> J'ai bati une maison au milieu de l'Océan
> Ses fenêtres sont des fleuves qui s'écoulent de mes yeux
> Des poulpes grouillent partout où se tiennent les murailles
> Entendez battre leur triple coeur et leur bec cogner aux vitres
>   Maison humide
>   Maison ardente
>   Saison rapide
>   Saison qui chante
>   Les avions pondent des oeufs
>   Attention on va jeter l'ancre
> Attention à l'encre que l'on jette
> Il serait bon que vous vinssiez du ciel
> Le chèvrefeuille du ciel grimpe
> Les poulpes terrestres palpitent
> Et puis nous sommes tant et tant à être nos propres fossoyeurs
> Pâles poulpes des vagues crayeuses ô poulpes aux becs pâles
> Autour de la maison il y a cet océan que tu connais
> Et qui ne repose jamais[142]

---

[142] Cf. *Oeuvres poétiques, op. cit.*, p. 268. "Eu construí uma casa no

O poema é interpretado pela crítica francesa de diferentes modos. Ora a casa acossada pelos polvos é uma alegoria da própria poesia circundada pelo terror; ora essa mesma casa é a trincheira, úmida e lamacenta, exposta ao fogo dos bombardeios; ora o poema buscaria figurar o eu poético utilizando uma máscara contra gases. Nesse último caso, o eu lembraria um polvo se movimentando, entre seus iguais, no terreno arenoso e esbranquiçado da região de Champagne transfigurado em oceano (de terra...). A "tinta" por ele lançada evocaria sua condição de artista criador em meio à penúria da guerra, o que poderia significar a retomada de um de seus primeiros poemas publicados, justamente intitulado "Le poulpe" ("O polvo"), cujo verso final afirma: "Ce monstre inhumain, c'est moi même" ("Esse monstro inumano, sou eu mesmo"). Seja como for, é sempre o trabalho "sem repouso" e lamentável da guerra, em que os soldados afundados nas trincheiras são seus próprios coveiros.

Carlos Drummond de Andrade, leitor e tradutor de Apollinaire,[143] homenageou o poeta francês em conhecida passagem: "Me perco em Apollinaire". Não podia haver poema mais adequado para essa homenagem do que "Consideração do poema", não por acaso escolhido por Drummond para a abertura de *A*

meio do oceano/ Suas janelas são rios que correm de meus olhos/ Polvos agitam-se por toda a parte onde ficam as muralhas/ Ouçam pulsarem seus tríplices corações e seus bicos baterem na vidraça/ Casa úmida/ Casa ardente/ Estação rápida/ Estação que canta/ Os aviões põem ovos/ Atenção vamos lançar âncoras/ Atenção à tinta que lançamos/ Seria bom que vocês viessem do céu/ A madressilva do céu sobe/ Os polvos terrestres palpitam/ E depois nós somos tantos e tantos a sermos nossos próprios coveiros/ Pálidos polvos de ondas arenosas ó polvos de bicos pálidos/ Em torno da casa há esse oceano que tu conheces/ E que não repousa nunca".

[143] Drummond traduziu dois poemas centrais de Apollinaire, presentes nos dois livros mais importantes do poeta francês, *Álcoois* e *Caligramas*, respectivamente os longos e difíceis poemas, "La maison des morts" ("A casa dos mortos") e "Les collines" ("As colinas"). Cf. Carlos Drummond de Andrade, *Poesia traduzida* (São Paulo/Rio de Janeiro, Cosac Naify/7 Letras, 2011, pp. 48-89).

rosa do povo. O poema, com suas formulações incisivas e internacionalistas ("é tudo meu"; "é toda a minha vida que joguei"; "ser explosivo sem fronteiras"), é um canto de profunda confiança nas possibilidades da poesia moderna. Ao "sentimento do mundo" deve corresponder um sentimento da forma, esta necessariamente dilatada e aberta às contradições do real. Apollinaire se empenhou a fundo na forja dessa forma e teve um papel histórico e estético hoje cada vez mais realçado. Nessa trajetória muito empenhada, a sua experiência de soldado foi um momento dramático e nada isento de ambivalências.

Aprofundando tais ambivalências, que ressoam diretamente nas questões conceituais da poesia de circunstância, é possível destacar duas tendências, dois modos de ver a relação entre a arte (a poesia) moderna e a Primeira Guerra Mundial (e também a Segunda, compondo conforme Hobsbawm a "Guerra dos 31 anos", 1914-1945).

Uma tendência busca associar intimamente as duas esferas, argumentando que elas representam manifestações da mesma crise. O historiador lituano Modris Eksteins inicia seu livro de 1989, *Rites of spring* (*A sagração da primavera*), assinalando a proximidade fortuita entre um cemitério de automóveis e o cemitério de Verdun, onde ocorreu uma das mais encarniçadas batalhas da Primeira Guerra Mundial. O propósito do autor é justamente desmascarar essa aparente casualidade e demonstrar como os valores principais do século XX — o fascínio pela "velocidade" e pelo "novo", se definem na Guerra de 1914. Desse modo, o assunto do livro é a renovação, mas é também a morte, e tal ambivalência estaria na raiz de nossa época. Não por acaso, também, o título do livro foi inspirado na obra homônima de Stravinsky, estreada com grande escândalo em Paris em 1913, com coreografia de Nijinsky. Assim, na própria arte moderna já estaria inscrita a ambiguidade: para que a "primavera" surja é preciso que haja o "sacrifício" (nome da segunda parte da obra) ou uma "vítima" (o primeiro título pensado pelo próprio Stravinsky). "A vanguarda tem para nós um eco positivo, as tropas de assalto, uma conotação assustadora. Este livro sugere que talvez haja entre esses dois termos uma relação fraterna que vai além de suas origens militares." Nesse mesmo espírito, outras citações de Eksteins: "Para Robert Graves, a visão de fragmentos de cérebro humano espalhados no boné de um camarada tornou-se 'uma invenção poética'"; "Jacques Émile Blanche dizia que os reides aéreos sobre Paris lembravam-lhe especificamente *Le sacre* de Stravinsky". Outro autor, Stephen Kern, em seu livro *The culture of time and space* (1983), se vale de uma expressão de Gertrude Stein, "The cubist war", para argumentar como a experiência da guerra moderna tinha inúmeras afinidades com as inovações propostas pelos artistas. Paul Virilio, teórico da "dromologia", também associa, a seu modo, guerra e arte modernas, especialmente o cinema.

Uma outra tendência sustenta, ao contrário, que a arte e a poesia modernas se caracterizam por um profundo desligamento, não apenas da guerra mas de qualquer referência mais imediata, e que o seu fazer é antes ensimesmado, razoavelmente autônomo em relação ao que está a seu redor. Para retomar uma terminologia hoje em desuso, a "série literária" teria um moto próprio, não necessariamente redutível à "série histórico-social", malgrado as inevitáveis permeabilidades entre ambas. O que se postula aqui é a valorização da arte pelo que ela tem de mais intrínseco ou imanente. Nessa linha, o próprio nome "poesia de guerra" é no limite inaceitável, por ser demasiado restritivo; por vezes, prefere-se a formulação "poesia *na* guerra", para, por assim dizer, isentar a arte de um vínculo tão direto.

A primeira daquelas direções descuida de pelo menos um aspecto essencial, a capacidade da arte de resistir às ideias dominantes de uma época. Pelos seus argumentos, a arte está implicada de modo inextricável com a ideologia, o que é mais do que discutível. A Primeira Guerra Mundial, apesar de todas as novidades tecnológicas, cultivou os nacionalismos e a intolerância como qualquer guerra do passado, na direção oposta, seja dito com ênfase, do cosmopolitismo e do impulso libertário das vanguardas artísticas.

A segunda, por sua vez, desvaloriza uma proposta nuclear das vanguardas, que foi a de aproximar, o máximo possível, arte e vida. Ora, um evento de proporções extraordinárias como a

Guerra de 1914 não podia ser, simplesmente, "afastado" do campo artístico. A poesia, arte que acompanha o homem desde tempos imemoriais, sobretudo nas experiências extremadas deste, das mais felizes às mais trágicas, nunca precisou se "defender" dos acontecimentos para ser mais ela mesma...

A obra de Apollinaire problematiza as duas tendências, ao realizar uma poesia ao mesmo tempo concentrada em seus próprios princípios e inteiramente receptiva ao acontecimento histórico, ao qual respondeu de modo frontal e autêntico, por isso mesmo não a salvo de polêmicas.

Mário de Andrade
e o primeiro esboço de poesia de guerra

No Brasil, quando a violência da Primeira Guerra Mundial atingiu diretamente o país, com o torpedeamento de um navio mercante na costa francesa por um submarino alemão, em abril de 1917, levando poucos dias depois à ruptura de nossas relações diplomáticas com a aliança germânica, um jovem poeta levantou timidamente a voz em um livro que ambicionava, no entanto, traduzir uma indignação geral. O seu título revelava também o envolvimento total com a guerra: *Há uma gota de sangue em cada poema*. Muito tempo depois, Manuel Bandeira, que naquele mesmo ano de 1917 publicava seu primeiro livro, *A cinza das horas*, se valeria de uma fórmula paradoxal para avaliar o pequeno volume do amigo Mário de Andrade: "ruim esquisito".[144] De fato, ele está cheio de contradições. Procurando compreendê-lo em seu próprio tempo, o livro revela, além do discernimento no que diz respeito à percepção da magnitude do fato histórico, um desejo de atualização evidente, ao responder com prontidão aos acontecimentos — virtudes marcantes no Mário de Andrade maduro. Lido, porém, da perspectiva do modernismo, de que o próprio Mário

---

[144] Cf. "Itinerário de Pasárgada", em *Poesia e prosa*, vol. II (Rio de Janeiro, Aguilar, 1958, p. 57).

seria um iniciador e protagonista maior, o livro é inconsistente. O choque é forte entre uma atitude "modernista" e uma linguagem ainda convencional. Como índice desse intervalo, considerem-se as menções a dois pintores, Jean-Baptiste Corot (1796-1875) e Jean-François Millet (1814-1875) — nos poemas "Exaltação da paz" e "Os carnívoros", respectivamente —, grandes artistas, porém representantes de uma "estética passadista" em relação ao que o livro pretende alcançar. Na mesma linha, lembremo-nos de que no final daquele ano de 1917 (os poemas "foram compostos todos em abril"), ocorreria a exposição de Anita Malfatti, que representou um momento importante na "atualização estética" do autor. Essas ambivalências estão inscritas na história da publicação, a começar do pseudônimo adotado que quer revelar o que esconde muito timidamente (*Mário* Sobral). Ao inseri-lo depois na *Obra imatura*, o autor escolheu uma saída também conflituosa, uma espécie de afirmação negativa ou de recusa que inclui. A rigor, o livro nem consta da trajetória poética de Mário de Andrade, se considerarmos o estudo mais brilhante a respeito, de João Luiz Lafetá.[145]

Eis que a acepção mais restritiva de "poesia de circunstância" ganha corpo aqui. O livro é menor, sem dúvida, mas tem interesse na investigação de nosso assunto naquilo mesmo em que fracassa: a ausência de uma adequação entre linguagem e experiência histórica. Não se trata de exigir o que nunca poderia ter ocorrido no caso do poeta brasileiro — uma poesia de participação direta nos acontecimentos, como a dos autores acima referidos que foram, ainda que temporariamente, soldados. Trata-se de ponderar acerca daquele intervalo que irá justo ser superado pela renovação estética entre nós, e de cuja superação irá se beneficiar a poesia brasileira relativa à Segunda Guerra Mundial, vinte anos depois.

---

[145] "Pequena introdução às máscaras", em *Figuração da intimidade* (São Paulo, Martins Fontes, 1986, pp. 1-33); republicado como "A poesia de Mário de Andrade", em *A dimensão da noite e outros ensaios*, organização de Antonio Arnoni Prado (São Paulo, Duas Cidades/Editora 34, 2004, pp. 296-336).

Nesse caso, as ideias de Modris Eksteins, Paul Fussell e outros historiadores parecem se justificar: a guerra foi um acontecimento inaugural do século XX, trazendo consigo uma crise radical de perspectivas e de linguagens, produzindo uma espécie de obsolescência retórica de modo a exigir formas novas de expressão.

Assim, os onze poemas de Mário de Andrade divisam alguns dos motivos essenciais da poesia de guerra de tantos autores da época, mas a partir de uma linguagem quase sempre demasiado ornamental. Enumerando tais motivos de acordo com sua sequência: o clamor pela paz; a junção entre guerra e paisagem; o idílio amoroso entre inimigos, no caso uma enfermeira francesa e um ferido alemão; o obus, como o artefato mais letal da guerra de trincheira; o contraste entre a natureza e as máquinas de guerra; o soldado agonizante; a crítica à sede de glória e ao expansionismo, representados pela figura de Guilherme II; a luta entre civilização e barbárie, com os exemplos do bombardeio da catedral de Reims e do incêndio da biblioteca de Louvain; a "geração toda destruída" dos jovens.

Pode-se dizer que Mário de Andrade compartilhava com Wilfred Owen a visão cristã (malgrado as diferenças entre o anglicanismo do primeiro e o catolicismo de congregado mariano do então jovem poeta paulistano) e uma concepção de poesia como música, tributária do simbolismo francês e seus desdobramentos.[146] Em algumas passagens, observam-se imagens surpreendentes e um virtuosismo fônico, prenunciando o poeta futuro:

> Abriam-se inda no ar alguns obuses,
> Como flocos de paina;

---

[146] Telê Porto Ancona Lopez detalha as leituras de Mário naquele momento em dois ensaios sobre o livro: "A estreia poética de Mário de Andrade", em *Mariodeandradiando* (São Paulo, Hucitec, 1996, pp. 3-15), e o posfácio à mais recente edição, "Uma estreia retomada", em Mário de Andrade, *Obra imatura* (Rio de Janeiro, Agir, 2009, pp. 63-78). A estudiosa nos informa das leituras que podem estar na raiz da criação de seu primeiro livro de poesia, especialmente Antonio Nobre, Émile Verhaeren e Jules Romains, além de Heinrich Heine.

E, ao barulhar bramante do barulho,
Tetos tombavam, e brotavam luzes;
Onde fora Lovaina...
[...]

"Inverno" talvez seja o melhor poema da série. Ele se afasta do imediatamente documental e, sobretudo, reduz muito a postulação de uma bondade cristã bastante ingênua, disseminada por todo o livro, incapaz de representar qualquer antídoto contra a natureza tecnicamente devastadora daquela guerra.

O trabalho estético ganha o primeiro plano graças à articulação muito trabalhada entre o som (da ventania) e a imagem (do inverno inóspito):

O vento reza um cantochão...

Meio-dia. Um crepúsculo indeciso
gira, desde manhã, na paisagem funesta...
De noite tempestuou
chuva e neve e granizo...
Agora, calma e paz. Somente o vento
continua com seu oou...

Destacando-se na brancura,
os últimos pinheiros da floresta,
ao vendaval pesado e lasso,
como que vão partir em debandada:
parece cada qual, com a cabeça dobrada,
uma interrogação arrojada no espaço.

O vento rosna um fabordão...

Qual um mármore plano de moimento,
silenciou o caminho. É a sepultura,
profana, sem unção,

onde, com a última violeta,
jaz a franca alegria do verão...

Há ventania, mas
há solidão e paz.
Ninguém. Os derradeiros pios
voaram de manhãzinha; mas em breve
sepultaram-se sob a neve,
Mudos e frios.
Tudo alvo... apenas a tristeza preta,
e o vento com seus roncos...
Ninguém.
— Alguém!
Olha, junto dos troncos,
um reflexo de baioneta!...[147]

 O poema constrói por dentro uma paisagem nefasta, como se fosse imanente a esta a carga negativa, dada pelo vento (personagem da poesia de Mário de todos os tempos), aqui sinistro e ameaçador, e pela completa desolação invernal. Auxilia ainda nessa elaboração de uma atmosfera fúnebre, embora seja meio-dia, o contraste da "brancura" e do "alvo" do gelo com a mancha dos pinheiros vergados, outro sinal ominoso, e a "tristeza preta", que tudo envolve. Dessa forma, o final do poema surpreende pela aparição súbita da baioneta, mas esta também vem apenas confirmar a violência todo o tempo anunciada, ao menos sugerida. Se não se podia esperar, ao menos nesse momento da trajetória de Mário, uma técnica como a de Rimbaud no célebre soneto "Le dormeur du val", no qual o leitor é duramente golpeado com a imagem final dos "dois buracos vermelhos" no jovem soldado deitado no vale, há em "Inverno" um esforço de composição que o destaca dos demais textos.

[147] Em Mário de Andrade, *Obra imatura* (Rio de Janeiro, Agir, 2009, pp. 38-9).

A POESIA EUROPEIA E A SEGUNDA GUERRA MUNDIAL: UM BREVE EXCURSO

Ainda que compondo uma unidade com a Primeira Guerra Mundial, a Guerra de 1939 se destaca como um momento particular de barbárie. Como afirma Barbara Ehrenreich, "a Segunda Guerra Mundial foi, de várias formas, uma continuação da Primeira, eclodindo a partir dos agravos surgidos na guerra anterior e com algumas alianças e formas de guerrear idênticas. [...] Assim, as duas podem ser vistas como uma sequência — uma 'guerra dupla' que não conseguia encontrar jeito de acabar". Mas a diferença mais profunda é que a Segunda Guerra Mundial foi uma "guerra total": "Na Primeira Guerra tomaram-se alguns cuidados para não atingir civis, que acabaram somando 15% das vítimas. Na Segunda, a destruição (e uso) dos civis foi uma política intencional de ambos os lados." [...] "Por isso, o número de civis mortos na Segunda Guerra, incluindo as vítimas do Holocausto, chegou a 65% do total".[148]

Por essas particularidades, a poesia europeia da Segunda Guerra Mundial foi também bastante diversa. Os poetas-soldados escassearam. Nada do entusiasmo que acompanhou a eclosão da Guerra de 1914, abraçada em seu início como passagem necessária para a transformação do mundo. Esta foi a perspectiva primeira dos três poetas aqui discutidos e de praticamente todos os demais. É claro que já a partir de 1915 os ânimos tinham virado do avesso,[149] mas a guerra continuaria por muito tempo ainda,

---

[148] Cf. Barbara Ehrenreich, *Ritos de sangue: um estudo sobre as origens da guerra* (Rio de Janeiro, Record, 2000, p. 213). Tradução de Beatriz Horta.

[149] Como exemplo dessa mudança radical de ânimo, leiam-se esses dois trechos de carta do grande pintor Franz Marc à sua mulher: "Eu me sinto de tal forma à vontade aqui que é como se eu tivesse sempre sido soldado" (carta de 2 de setembro de 1914); "Minha querida, bom e feliz ano novo! O mundo, velho de muitos milênios, vem de se enriquecer com seu mais sangrento ano. É terrível pensar nisso; e tudo isso por NADA, pela vontade de uma inteligência pérfida, em razão da incapacidade de se fazer COMPREENDER humanamente por seu próximo! E isso na Europa!!" (1 de janeiro de

com sua lógica interna — o aperfeiçoamento crescente de técnicas de extermínio e um número exorbitante de mortos, numa escala até então inaudita. O trauma, não apenas europeu, foi incomensurável. Mais do que término efetivo do conflito, o armistício parecia ser antes o estancamento de uma hemorragia já intolerável. Mas essa tragédia imensa foi ainda diminuta em face do que iria ocorrer na Guerra de 1939, agora em escala de fato planetária.

Le loriot entra dans la capitale de l'aube.
L'épée de son chant ferma le lit triste.
Tout à jamais prit fin.[150]

O nome do pássaro, que dá título ao poema de René Char, "Loriot", é duplamente importante, pelo que designa (cor dourada) e pela origem provençal (*auriol*). A Provença é a região natal do poeta, à qual ele sempre foi profundamente ligado e da qual retirou muito da seiva de sua lírica. O pássaro dourado que canta na alvorada, eis uma abertura radiante, afirmativa, reforçada ain-

1916). Marc morreria no front de Verdun em 4 de março daquele ano. Cf. *Lettres du front* (Châtillon, Fourbis, 1996, pp. 12 e 150).

[150] Cf. *Fureur et mystère* (Paris, Gallimard, 1996, p. 33). "O pássaro dourado entrou na capital da aurora./ A espada de seu canto fechou o leito triste./ Tudo acabou para sempre". Em português, o equivalente do francês "Loriot" é "Papa-figos" — o nome científico de ambos, na nomenclatura de Lineu, é *Oriolus oriolus*. Preferi traduzir por "pássaro dourado" incentivado pelo texto do grande compositor francês Olivier Messiaen, ele próprio um ornitólogo amador: "[...] Le Loriot, le bel oiseau jaune d'or aux ailes noires, siffle dans les chênes [...] Le soleil semble être l'émanation dorée du chant du Loriot" (O Papa-figos, o belo pássaro amarelo-ouro, assobia nos carvalhos [...] O sol parece ser a emanação dourada do canto do Papa-Figos). O texto acompanha o *Catalogue d'oiseaux* (Catálogo de pássaros), peças para piano solo, que Messiaen compôs inspirado livremente em cantos de pássaros. Olivier Messiaen também padeceu durante a guerra: foi detido em 1940 num campo de prisioneiros para soldados franceses, e lá compôs, e estreou, uma das obras mais célebres do século XX: o *Quatuor pour la fin du Temps* (Quarteto para o fim do Tempo), para piano, violino, violoncelo e clarineta, agrupando os instrumentistas disponíveis no campo.

da pelo cantante do verso, em que final e começo, pássaro e manhã, se interpenetram: *Le loriot/capitale de l'aube*. Caso fossemos diretamente para o terceiro verso, o choque seria completo, pois nada parecia preparar a conclusão sombria e peremptória. É o segundo verso que efetua essa estranha transição do luminoso para o funesto, ao associar o canto à espada, ao atribuir-lhe uma ação de fechamento e ao associá-lo à tristeza. Acompanha essa guinada de atmosfera uma diminuição progressiva dos versos (12, 9 e 6 sílabas), como se o canto inicialmente amplo, tão sugestivo na imagem aberta da "capital da aurora", se cerrasse muito rápido. Como sempre na obra de Char, nada é unívoco, mas a data (3 de setembro de 1939) que o poeta fez questão de vincular ao poema tem aqui significação interna. Trata-se do dia em que a França declarou guerra à Alemanha, e a desolação do verso final, que turva tudo o que o antecede, dá a medida da mudança de perspectiva afirmada acima, isto é, de como os poetas receberam o anúncio da Segunda Guerra Mundial inteiramente conscientes da barbárie que dela adviria.[151]

---

[151] Outro exemplo análogo muito importante é o poema de W. H. Auden, em que a data é também o título: "1 de setembro de 1939", dia da invasão da Polônia e início da guerra. Eis os cinco primeiros dos 88 versos: "I sit in one of the dives/ On Fifty-Second Street/ Uncertain and afraid/ As the clever hopes expire/ of a low dishonest decade" ("Sento-me num bar/ Da Rua 52/ Incerto e temeroso/ Enquanto expiram as ardilosas esperanças/ De uma baixa e desonesta década"). Auden renegou esse poema a partir de 1950, ao considerá-lo "infectado por uma incurável desonestidade". Ele se referia em especial àquele que seria ironicamente o seu verso mais famoso, e de longe o mais citado de toda a sua obra: "We must love one another or die" ("Nós precisamos amar uns aos outros ou morrer"). Joseph Brodsky propõe talvez a leitura mais adequada do verso (e segundo ele a que o próprio Auden tinha em mente): "Nós precisamos amar uns aos outros ou matar". O poema, embora descartado pelo próprio autor, é considerado unanimemente pela crítica inglesa como o primeiro e mais profundo "epitáfio" da década de 1930. Auden já estava nos Estados Unidos desde o início de 1939, época também em que se aproximou do catolicismo, do qual este poema se acha de alguma forma impregnado ao se voltar para as "causas morais da guerra" ou para a culpa de cada um de nós no conflito. Há tradução brasileira de João

Os poetas-soldados da Guerra de 1914 deram lugar agora a dois tipos principais: o poeta-exilado e o poeta-resistente. Entre aqueles do primeiro tipo, o mais importante foi decerto Bertolt Brecht, que escreveu centenas de poemas em seu atribulado exílio, iniciado logo após a ascensão de Hitler ao poder. Os poetas que ficaram na Europa tiveram de passar pela experiência de viver sob a ocupação nazista (auxiliada por colaboradores locais) e muitos deles tomaram parte nos movimentos de resistência em seus países, seja como combatentes diretos seja como opositores clandestinos. Os exemplos são numerosos, citemos apenas alguns deles. René Char atuou na Provença com o codinome de Capitão Alexandre,[152] pegou em armas, matou, viu companheiros sendo mortos ou executados, decidiu não publicar durante o período, mas nunca deixou de escrever, e seus poemas e fragmentos (que compõem "Folhas de Hipnos", uma espécie de diário de guerra) seriam reunidos depois em *Fureur et mystère* (1947), um dos grandes livros da poesia francesa do século. Paul Éluard e Louis Aragon tiveram atuação destacada, primeiro como "poetas da resistência", mas também no âmbito das publicações clandestinas e nas discussões sobre o papel da poesia durante aquele "rendez-vous allemand".[153] Robert Desnos, menos afortunado, foi preso em Paris em fevereiro de 1944, enviado para Auschwitz, e depois transferido para o campo de Buchenwald. À medida que os aliados avançavam a oeste, teve início a chamada "marcha da morte", na qual os prisioneiros foram forçados a caminhar em direção ao leste. Desnos che-

Moura Jr., em W. H. Auden, *Poemas* (São Paulo, Companhia das Letras, 1986, pp. 86-91).

[152] No início da guerra, René Char foi convocado e se juntou ao regimento de artilharia em Nîmes, o mesmo em que servira Apollinaire 25 anos antes. Foi preso pelos alemães, enquanto cobria a retirada de seus homens, fugiu, e, após a derrota acachapante do exército francês, se encaminhou para sua região natal, onde atuou no "Exército Secreto" e depois nas "Forças Francesas Combatentes".

[153] Paul Éluard publicou em 1945 um livro intitulado *Au rendez-vous allemand* (*No encontro alemão*), que reuniu alguns de seus poemas mais diretamente relacionados à ocupação.

gou ao famoso campo de Terezin, nos arredores de Praga, que recebeu a partir de abril de 1945 inúmeros deportados dos campos alemães; apenas teve tempo de saber da rendição nazista, morreu doente e exaurido em 8 de junho, um mês depois do término da guerra na Europa. Salvatore Quasimodo estava em Milão em 1943 e escreveu poemas impressionantes sobre o bombardeio da cidade e o sofrimento de seus habitantes, que seriam publicados em *Giorno dopo giorno* (*Dia após dia*) em 1947. Giuseppe Ungaretti, então professor na Universidade de São Paulo, retornou à Itália no final de 1942, após a declaração de guerra do Brasil aos países do Eixo; entre 1943-44, escreveu os poemas da série "Roma occupata", depois incluídos em *Il dolore*, publicado em 1947.

Mesmo em território europeu, as experiências podiam ser muito desiguais. Czeslaw Milosz ao comentar a poesia da "desditosa" Polônia entre 1939 e 1945, relata a situação terrível do país ocupado pelos nazistas, transformado de início em laboratório de extermínio, seguido da destruição sistemática de Varsóvia, "quadra por quadra", durante o famoso Levante de 1944, antecedido pelo Levante do Gueto no ano anterior. Após a derrota nazista pelo Exército Vermelho, nova calamidade, com a perseguição ou o assassinato dos principais líderes ou intelectuais poloneses (que haviam sobrevivido aos alemães) pelo regime stalinista que se impôs a partir de então. Tratava-se de escrever poesia a partir de ruínas e do completo desconcerto diante das farsas ideológicas, e isso desde o Pacto de Não-Agressão de 23 de agosto de 1939 entre a União Soviética e a Alemanha hitlerista.

Pode-se dizer, portanto, que se deu na Polônia um encontro do poeta europeu com o inferno do século XX, e não com o primeiro, mas com um círculo muito profundo do inferno. O que confere à situação características como que laboratoriais, ou seja, permite examinar o que acontece com a poesia moderna em determinadas condições.[154]

[154] Cf. Czeslaw Milosz, "Ruínas e poesia", em *O testemunho da poesia*

Dessa perspectiva, Milosz comenta com brevidade e agudeza as poesias de Tadeusz Rózewicz, Anna Swirszczynska, Miron Bialoszewski, Zbigniew Herbert e Alexander Wat, mostrando como eles se distanciam dos "seus colegas ocidentais" (ainda apegados a modelos típicos do século XIX, "quando a civilização parecia algo garantido"), ao terem de situar o "ato poético" diante do "pano de fundo do século XX", que ele define como "a fragilidade de tudo aquilo que chamamos civilização ou cultura".

Vale lembrar ainda o exemplo da Espanha, onde a ditadura franquista permaneceu no poder apesar da derrota do nazifascismo na Europa, levando ao exílio os seus principais poetas. Apenas para registro (e sem contar os que foram assassinados ou não sobreviveram ao cárcere, durante ou depois da guerra civil, como Federico García Lorca e Miguel Hernández), morreram no desterro Antonio Machado, Juan Ramón Jimenez, Pedro Salinas, Luís Cernuda e Emílio Prados, só para citar alguns.

De qualquer modo, os poetas europeus que escreveram durante a Segunda Guerra Mundial estiveram envolvidos no conflito de um modo distinto dos poetas-soldados da Primeira Guerra. Do ponto de vista deste trabalho, o seu "grau de implicação" nos acontecimentos, embora naturalmente profundo, se deu de modo mais mediado, como oposição refletida no âmbito sobretudo estético. A pergunta do poeta brasileiro — "Posso, sem armas, revoltar-me?" — também era feita por muitos de seus pares europeus. Em consequência, observa-se entre 1939-1945 uma distância menor entre a nossa poesia e a europeia, mesmo porque a expansão planetária da guerra tornava o mundo todo sitiado, e todos de alguma forma implicados.

(Curitiba, Editora UFPR, 2012, pp. 111-33). Tradução de Marcelo Paiva de Souza.

2

Carlos Drummond de Andrade

2.1. DO "SENTIMENTO DO MUNDO"

Antecedentes: a província

No conto "Um escritor nasce e morre",[1] de Carlos Drummond de Andrade, o disfarce ficcional é o mais tênue possível, e de um modo certamente deliberado vários elementos de sua biografia efetiva saltam aos olhos.

A cidade natal do narrador-escritor chama-se Turmalinas, "em que a hematita [na primeira edição, era "minério de ferro"...] calçava as ruas, dando às almas uma rigidez triste"; há referência ao "Pico do Amor", que existe de fato em Itabira; na história, o narrador ganhou uma assinatura da revista *O Tico-Tico*, onde o Drummond menino conheceu a versão infantil de Robinson Crusoé, que foi sua "primeira reminiscência de sentido literário";[2] no "internato", o narrador foi redator da "Aurora Ginasial", quando se sabe que no internato em Nova Friburgo Drummond foi colaborador da "Aurora Colegial"; as primeiras publicações do narrador foram em algumas das mesmas revistas em que o jovem Drummond publicou — *Para Todos* e *Careta*. Não falta mesmo o gracejo com esse vínculo especular entre o narrador e o poeta (e

---

[1] Carlos Drummond de Andrade, *Obra completa* (Rio de Janeiro, Aguilar, 1967, pp. 512-6).

[2] Idem, *Tempo, vida, poesia* (Rio de Janeiro, Record, 1987, p. 14).

também com o autor de ambos), quando o primeiro recorre ao segundo para dizer que o seu próprio sorriso é "gauche". Há ainda referências, mais encobertas e quase sempre sarcásticas, ao ambiente cultural de Belo Horizonte nos anos 20 e início dos anos 30, nas quais o narrador apresenta, ridicularizando, as opções ideológicas do período. O texto conclui com a morte do narrador-protagonista ("Estou morto, bem morto"), talvez consequência de sua crescente solidão e que pode ser associada à insolubilidade das posições adotadas pelo escritor até então.

Trata-se, portanto, de uma confissão pela ficção, ou da exposição de si pela mediação de um narrador, mas ainda assim confissão e exposição claras.

Mais de um estudioso recorreu a esse conto, tomando-o como uma espécie de documento dos anos de formação de Drummond, inicialmente em Itabira, depois em Belo Horizonte. Incluído de modo definitivo em *Contos de aprendiz* (1951), o conto foi publicado pela primeira vez em 1939.[3] É contemporâneo, portanto, de *Sentimento do mundo*, e apresenta em algumas passagens um tom bastante próximo ao da autêntica retratação efetuada pelo escritor em seu terceiro livro de poemas.

Se neste o poeta pede "humildemente" perdão pelo que ele considerava a sua soberba anterior ("Só *agora* descubro/ como é triste ignorar certas coisas" [...]// "*Outrora* escutei os anjos [...] Nunca escutei voz de gente./ Em verdade sou muito pobre.// "*Outrora* viajei [...]");[4] no conto, o narrador observa com severa autocrítica:

---

[3] Originalmente, na *Revista do Brasil*, em outubro de 1939. Depois, Drummond o incluiu no setor "Quase histórias" de *Confissões de Minas* (a atual edição da Cosac Naify reproduz essa primeira versão), em 1945. A partir de 1951 foi definitivamente incorporado aos *Contos de aprendiz*.

[4] Ver, nessa direção, a leitura do poema "Mundo grande", feita por Ricardo da Silveira Lobo Sternberg, "Out of the quarrel with ourselves", em Sérgio Pachá e Frederick G. Williams (orgs.), *Drummond and his generation* (Santa Barbara, University of California/Bandanna Books, 1986, pp. 118-27).

Escrevia realmente para quê, escrevia por quê? Eu não tinha projetos. Não tinha esperanças. A forma redonda ou quadrada do mundo me era indiferente [...]. A maior ou menor gordura dos homens não me preocupavam, sua maior ou menor fome não me preocupavam [...] mas nada disso contaminava os meus escritos. E dessa incontaminação brotara, mesmo, certa vaidade. "Artista puro", murmurava dentro de mim a vozinha orgulhosa.[5]

Como afirmou José Guilherme Merquior: "o 'sentimento do mundo' é também um sentimento de culpa, de onde uma certa tendência à autocrítica".[6]

Assim, o título do conto, pelo menos em sua segunda parte, se explicaria pelo esgotamento de uma posição de escritor e, paralelamente, pela inviabilidade da literatura tal como fora por ele concebida e praticada até aquele instante.

Há outros desdobramentos possíveis. Pense-se, por exemplo, na "Autobiografia para uma revista" (1941), na qual Drummond revê a sua obra poética e fornece um esquema de compreensão para a sua trajetória, o qual foi aceito, mais ou menos indistintamente, pela grande maioria dos críticos: "Penso ter resolvido as contradições elementares da minha poesia num terceiro volume, *Sentimento do mundo* (1940)". John Gledson, na mesma linha, considera "Um escritor nasce e morre" "a melhor descrição do crescente desespero, que afinal trouxe a mudança de *Sentimento do mundo*".[7]

---

[5] Carlos Drummond de Andrade, *op. cit.*, p. 514.

[6] José Guilherme Merquior, *Verso universo em Drummond* (Rio de Janeiro, José Olympio, 1976, p. 39); John Gledson também identifica em poemas importantes do livro o tema "do intelectual com problemas de consciência". Cf. *Poesia e poética de Carlos Drummond de Andrade* (São Paulo, Duas Cidades, 1981, p. 129).

[7] Cf. John Gledson, *op. cit.*, p. 111.

Desse conto sofrido e divertido, interessa-me uma passagem muito específica, mas que talvez possa propiciar uma abordagem adequada da poesia drummondiana produzida durante a Segunda Guerra Mundial:

> A aula era de geografia, e a professora traçava no quadro negro nomes de países distantes. As cidades vinham surgindo na ponte dos nomes, e Paris era uma torre ao lado de uma ponte e de um rio, a Inglaterra não se enxergava bem no nevoeiro, um esquimó, um condor surgiam misteriosamente, trazendo países inteiros. Então nasci. De repente nasci, isto é, senti necessidade de escrever.[8]

O exercício inaugural do fictício escritor foi o relato de uma viagem de "Turmalinas ao Polo Norte" — "Talvez a mais curta narração do gênero. Dez linhas, inclusive o naufrágio e a viagem ao vulcão". Não se trata de pretender que as coisas tenham se processado exatamente assim na realidade, nem que o menino Carlos Drummond de Andrade tenha sido despertado para a escrita naquela situação precisa, mas há aqui uma verdade no plano da criação poética que merece ser avaliada.[9]

---

[8] Cf. Carlos Drummond de Andrade, *op. cit.*, p. 512.

[9] José Maria Cançado refere-se a esse "episódio" do seguinte modo: "Naqueles dias de 1912 ele tinha desencabulado pela primeira vez, numa redação escolar do terceiro ano primário. Nela, ele amarrava uma viagem ao Polo Norte — dez linhas, incluindo a descrição de um naufrágio e de uma visita ao vulcão — que lhe deixaram com o "rosto ardendo" e lhe deram a aprovação da professora. Ele confessaria depois que essa sensação de "rosto ardendo" ao escrever nunca o abandonou, e que ele mesmo, Drummond, tinha "nascido ali", naquele momento, junto com a nova realidade que as suas dez linhas tinham lançado no ar". Cf. *Os sapatos de Orfeu* (São Paulo, Scritta Editorial, 1993, p. 38). O próprio Drummond declarou: "Já então a professora Dona Balbina [no conto é Dona Emerenciana], no grupo escolar que me honro de ter frequentado (nada melhor que a escola pública daquele tempo, democrática e levada a sério), identificara em mim não sei que embrião

A situação descrita no conto tem caráter épico: a abertura para o vasto, descortinado de uma sala de aula da pequena cidade e alimentado pela imaginação infantil. É bastante diverso do chamamento cósmico que tivera Murilo Mendes, naquela mesma época, com a passagem do cometa Halley, mas com toda certeza estamos diante de disponibilidades análogas: o desejo de superar a circunstância imediata e restritiva. Esse menino do conto poderia ser comparado ainda àquele do início do célebre poema de Baudelaire, "Le voyage": "Pour l'enfant amoureux de cartes et d'estampes,/ L'univers est égal à son vaste appétit", sobretudo se pensarmos na imagem mais ampla da "viagem", tão importante em Drummond e portadora de sentidos e vetores os mais variados.

Mas no conto a ênfase recai sobre as relações entre as palavras e os lugares geográficos ("as cidades vinham surgindo na ponte dos nomes"), de modo que o "nascimento" da escrita é concomitante ao conhecimento do mundo. Como não pensar, nesse contexto, que "sentimento do mundo" seja uma tradução exata daquela emoção originária?

Se a abertura para o "mundo grande" foi capaz de engendrar a necessidade de escrever, a própria escrita impregnou-se de uma vocação transitiva em sentido abrangente. Não se trata, como é óbvio, de postular a comunicabilidade da poesia de Drummond, que é fundamentalmente difícil, mas de especular sobre as "inquietudes" nela atuantes.

Aqui já se instala uma das maiores: a da superação do provincianismo, não pela exclusão, mas pela sua transformação em lugar de conhecimento, de onde se efetua o trânsito para o grande, ou se torna possível comunicar pontos afastados e realidades heterogêneas. No retrato dos profetas de Congonhas, Drummond enfatiza essa qualidade:

> No seio de uma gente que está ilhada entre cones
> de hematita, e contudo mantém com o Universo uma

de bossa literária, e fiquei com fama de possível literato futuro". Cf. *Tempo, vida, poesia, op. cit.*, p. 18.

larga e filosófica intercomunicação, preocupando-se, como nenhuma outra, com as dores do mundo, no desejo de interpretá-las e leni-las. [...] São mineiros esses profetas [...] mineiros na visão ampla da terra.[10]

Outro tema central em Drummond — o do amor (que ele também definiu como um modo de conhecimento) — apresenta essa mesma necessidade de sair de si, e as motivações desse gesto de extroversão, nele quase sempre retorcido, variam do erotismo mais direto ao "amor filosófico" entre os homens.

Essas relações são responsáveis por um sistema de imagens, pelo qual unidades de dimensões e importâncias diferentes são associadas. Por vezes, elas se organizam numa gradação evidente, como a que aparece em "O medo": "eles povoam a cidade./ Depois da cidade, o mundo./ Depois do mundo, as estrelas", mas quase sempre aparecem de modo descontínuo.

Para Joaquim Francisco Coelho, Itabira representava para Drummond o seu "lugar cósmico".[11] Isso parece verdade, mesmo quando a cidade natal vem representada por unidades menores, mas que contêm sempre uma necessidade de acoplamento: as ruas; as casas; o "casarão azul" da infância, figurado tantas vezes como um corpo; o próprio corpo e algumas de suas partes (as pernas, os olhos, o bigode, os "obscenos gestos avulsos"...). As relações são tensas e difíceis, já que nesses lugares, as coisas, com as quais se convive, também deixam o seu rastro e participam da história de uma vida, de várias vidas, como "resíduos" ou "embrulho" que se carrega. Alguns exemplos de *A rosa do povo*: "Dentro de mim há janelas em febre" ("Idade madura"); "A casa tem muitas gavetas/ e papéis, escadas compridas" ("Retrato de família"); "No

---

[10] Carlos Drummond de Andrade, *op. cit.*, p. 646. O texto chama-se "Colóquio das estátuas" e pertence ao livro *Passeios na ilha* (Rio de Janeiro, Organização Simões, 1952).

[11] Cf. Joaquim Francisco Coelho, *Terra e família na poesia de Carlos Drummond de Andrade* (Belém, Universidade Federal do Pará, 1973). A afirmação é central para o crítico e está difundida por todo o livro.

país dos Andrades, onde o chão/ é forrado pelo cobertor vermelho de meu pai" ("No país dos Andrades").

No poema "América",[12] essa intersecção entre o minúsculo e o amplo, entre a simples pulsão corporal e o amor genérico é tema central:

> Uma rua começa em Itabira, que vai dar no meu coração [...]
> Uma rua começa em Itabira, que vai dar em qualquer ponto
> [da terra.

O poema traz também a recuperação daquela experiência infantil, que o poeta maduro iria celebrar em tempos de guerra:

> Passa também uma escola — o mapa —, o mundo de todas
> [as cores.
> Sei que há países roxos, ilhas brancas, promontórios azuis.
> A terra é mais colorida do que redonda, os nomes
> [gravam-se em amarelo, em vermelho, em preto,
> [no fundo cinza da infância.
> América, muitas vezes viajei nas tuas tintas.
> Sempre me perdia, não era fácil voltar.
> O navio estava na sala.
> Como rodava!

O QUADRO GERAL

"América" foi escrito em uma época em que Carlos Drummond de Andrade, por força da "guerra total" — e dos conflitos e alianças dela decorrentes —, teve de recuperar aquele sentimento planetário experimentado na infância. Os acontecimentos traduziram-se para ele em uma segunda lição de geografia, tão absorvente quanto a primeira e evidentemente mais dramática.

---

[12] Cf. *Poesia 1930-62* (São Paulo, Cosac Naify, 2012, pp. 461-9).

George Orwell, em suas transmissões radiofônicas de 1941-1943, afirmava: "Para acompanhar o curso dos acontecimentos desta guerra, é, mais do que nunca, necessário consultar um atlas e, sobretudo, não esquecer de que a terra é redonda".[13] Hobsbawn é mais direto: "A Segunda Guerra Mundial foi uma aula de geografia do mundo".[14] Essa dimensão extensiva do conflito dramatizou ainda mais a clivagem ideológica da década anterior (profunda, mas regionalizada); e produziu uma situação *sui generis*, na qual todos os povos estavam expostos às "misérias da guerra", que se desencadeariam com uma fúria assombrosa e sem precedentes.

Essa internacionalização proporcionou ainda, como era de se esperar, um vínculo flagrante entre os homens, uma espécie de pulsação comum. O conceito de "humanidade" ganhou concretude raras vezes atingida, e isso num momento em que a desagregação da própria humanidade se processava em escala também inaudita. Portanto, era natural que as experiências e as visões de intelectuais e escritores dos mais diversos lugares fossem razoavelmente compartilhadas.

Albert Camus, por exemplo, afirmava:

> Essa foi a grande lição desses anos terríveis: o mal praticado a um estudante de Praga dizia respeito também a um operário do subúrbio parisiense; o sangue derramado às margens de um rio da Europa central podia estimular um agricultor do Texas a derramar o seu em uma terra dele desconhecida, nas Ardenas. Nós estávamos todos implicados em uma mesma tragédia.[15]

---

[13] Cf. *Chroniques du temps de la guerre (1941-1943)* (Paris, Éditions Gérard Lebovici, 1988, p. 199).

[14] Cf. *A era dos extremos: o breve século XX (1914-1991)* (São Paulo, Companhia das Letras, 1996, p. 32). Tradução de Marcos Santarrita.

[15] "La crise de l'homme", em *Nouvelle Revue Française*, janeiro 1996, pp. 8-28. Trata-se de uma conferência dada por Camus na Universidade de

Cecília Meireles também formulou com precisão esse envolvimento planetário, numa declaração que reitera, a seu modo, o "sentimento do mundo":

> Como esta, na verdade foi — segundo seu próprio objetivo — uma guerra total, aos mais longínquos pontos do mundo propagou seus efeitos. Estamos numa era em que as notícias correm com velocidade quase absoluta, e na verdade todos estivemos presentes, todos fomos testemunhas e participantes do cataclisma.[16]

No Brasil a guerra foi acompanhada com enorme interesse, desde muito antes da entrada do país no conflito. Leiam-se, como pequena amostra, os seguintes trechos de Marques Rebelo, cujos dois volumes finais da trilogia *O espelho partido*[17] podem ser considerados o melhor "diário" escrito por um escritor ou um intelectual brasileiro durante a Segunda Guerra Mundial: "Mas o mundo tornou-se menor. Um gemido londrino é ouvido no Brasil, uma ferida em peito maquis faz escorrer sangue em rua carioca".[18]

Esta guerra não é um assunto como a de 1914. É o jogo do nosso destino — o mundo tornou-se uma coisa só, coisa que precisa ser liberada e expurgada. Enchendo-nos de receio ou de esperança, de fervor ou desespero, pelo jornal, pelo rádio, pelo cinema, acompanhamos a sua marcha com a alma em riste.[19]

Columbia em 1946. O original francês nunca foi encontrado. O trecho acima foi lido na primeira divulgação em francês do texto, traduzido por Jean--Marie Laclavetine da revista americana *Twice a Year*, que o publicou naquele mesmo ano de 1946.

[16] Cf. *Obra em prosa* (Rio de Janeiro, Nova Fronteira, 1998, p. 164, vol. 1). A crônica foi escrita em 2/6/1945 — isto é, logo após o encerramento da guerra.

[17] A trilogia é composta pelos seguintes volumes: *O trapicheiro* (1936-1938), *A mudança* (1939-1941) e *A guerra está em nós* (1942-1944).

[18] Cf. *A mudança* (Rio de Janeiro, Nova Fronteira, 1984, p. 306).

[19] Cf. *A mudança, op. cit.*, p. 312.

Em estudo precisamente sobre a "visão de mundo" e a "concepção dos homens" no Drummond do final dos anos 1930 e início dos anos 40, Roger Bastide fez a seguinte observação:

> O rádio liga os continentes, os chineses que morrem de fome arrebentam no Brasil, o sangue dos soldados que tombam na Rússia provoca manchas sombrias na terra de Botafogo, a bomba atirada sobre Roterdã explode em plena Sabará.[20]

Em *A chave do tamanho* (1942), Monteiro Lobato desenvolvia a mesma ideia no âmbito da literatura infantil:

> O rosto de Dona Benta sombreou. Sempre que punha o pensamento na guerra ficava tão triste que Narizinho corria a sentar-se em seu colo para animá-la.
> — Não fique assim, vovó. A coisa foi em Londres, muito longe daqui.
> — Não há tal, minha filha. A humanidade forma um corpo só. Cada país é um membro deste corpo, como cada dedo, cada unha, cada braço ou perna faz parte de nosso corpo. Uma bomba que cai numa casa em Londres e mata uma vovó de lá, como eu, ou fere uma netinha, como você, ou deixa aleijado um Pedrinho de lá, me dói tanto como se caísse aqui.[21]

Enfim, vale transcrever o trecho de uma crônica de Genolino Amado, significativamente intitulada "A rua e a sorte do mundo". O interesse dela está em que o "sentimento do mundo" apa-

---

[20] Cf. *Poetas do Brasil*, organização e notas de Augusto Massi (São Paulo, Edusp/Duas Cidades, 1997, p. 97).

[21] Cf. *A chave do tamanho* (São Paulo, Brasiliense, 1973, p. 10). A respeito, cabe mencionar a dissertação de mestrado de Ana Amélia Vianna Gouvêa, *O poço e a chave*, defendida em 2002 na Universidade Federal de Minas Gerais.

rece agora não mais em intelectuais e escritores, mas no homem comum:

> Quando saí de casa, o zelador do edifício de apartamentos discutia com o peixeiro, à porta da rua, os problemas estratégicos da invasão. O ônibus que me levou à cidade quase foi de encontro a um poste porque o motorista se distraíra em aceso debate com o trocador sobre o tempo que ainda falta para a tomada de Paris. O ascensorista de O Jornal deixou-me num andar errado, tão absorvido que estava na conversa com o estafeta do telégrafo em torno da esperada ofensiva russa. Ao trazer-me o café, o contínuo também me trouxe a sua confiança absoluta no comando de Montgomery. Em menos de uma hora, todas as questões palpitantes do mundo em guerra foram desfilando na atenção emocionada da mais humilde gente da cidade.[22]

Outros trechos análogos poderiam ser citados, mas estes são suficientes para demonstrar como a expressão "sentimento do mundo", sendo uma fórmula íntima de Drummond, também podia traduzir com exatidão um espírito coletivo disseminado ao longo dos anos 1930, que se intensifica especialmente durante a Segunda Guerra Mundial.

Podemos supor, portanto, que o "menino antigo", desde sempre fascinado pelo "mundo grande", devia repassar em sua cabeça os lugares mais distantes, cada um deles cenário de tragédias e de esperanças.

Vários recantos, até então absolutamente desconhecidos, se destacaram. Quem antes teria ouvido falar da pequena Lídice, no interior da Boêmia? A história é exemplar e merece uma digressão mais longa. A aldeia foi inteiramente destruída em 10 de junho de 1942, em represália pelo atentado a um dos braços direitos de

---

[22] *Revista do Brasil*, nº 2, julho de 1944 (Rio de Janeiro, O Cruzeiro, pp. 2-3).

Hitler, Reinhard Heydrich — alcunhado de "o protetor da Boêmia" e um dos artífices da "solução final". Supostamente, dois jovens originários de Lídice (e que tinham fugido para a Inglaterra, onde se tornaram pilotos da RAF) teriam sido os responsáveis pelo atentado.[23] Foi o bastante para "provar" o envolvimento do local e efetuar uma punição inesquecível, concebida logo após o pomposo funeral de Heydrich em Berlim.

Como se tratava de uma ação "pedagógica", os próprios nazistas se incumbiram de tornar públicos termos da punição e da destruição da aldeia, num comunicado tétrico transmitido para todo o mundo:

> Os adultos do sexo masculino foram fuzilados, as mulheres enviadas a campos de concentração e as crianças confiadas às autoridades competentes. As construções da localidade foram arrasadas e a sua denominação foi pura e simplesmente riscada do mapa.[24]

Os "adultos do sexo masculino", isto é, aqueles com mais de dezesseis anos, eram 173; as mulheres, cerca de duzentas; as "autoridades competentes", no caso, decidiam ou não sobre a possibilidade de "germanização" das mais de cem crianças...

---

[23] Na verdade, o serviço secreto alemão sempre soube que Joseph Horák e Joseph Stribrný, os dois jovens em questão, nunca poderiam ter participado do atentado contra Heydrich, mas alguém precisava ser punido... O mais trágico é que os verdadeiros responsáveis pelo atentado (Valcík, Gabcík e Jan Kubis) foram em seguida localizados e mortos (Kubis suicidou-se). Uma outra aldeia (Lezáky) foi arrasada, conforme outro comunicado alemão: "Todos os adultos foram executados por fuzilamento, sendo a seguir a aldeia arrasada. Os seus habitantes (34 homens e mulheres) ocultaram os paraquedistas implicados no assassinato do *SS-Obergruppenführer* Heydrich". Além da destruição da aldeia, *todos* os parentes de Kubis e Valcík foram presos e mandados para campos de concentração.

[24] *Apud* Orwell, *op. cit.*, p. 224. Sobre o assunto, ver também, de John Bradley, *Lídice, o sacrifício de uma aldeia* (Rio de Janeiro, Renes, 1976). Tradução de Edmond Jorge.

Tudo foi metodicamente planejado. Após a execução, a aldeia de Lídice foi destruída, obliterada, de modo a tornar impossível a sua identificação. Com esse propósito, os antigos caminhos foram encobertos, o curso de um riacho foi desviado, foram criadas áreas de pastagem e de cultivo para apagar marcos anteriores. A reação do mundo foi imediata. Criou-se um movimento internacional denominado "Lídice viverá"; foram realizados os filmes *A aldeia silenciosa* (1943), protagonizado por mineiros ingleses, e *Os carrascos também morrem* (1943), sobre a resistência tcheca, com direção de Fritz Lang e a colaboração de Bertolt Brecht, que escreveu a "Canção de Lídice"; o importante compositor tcheco Bohuslav Martinu compôs a peça sinfônica *Memorial para Lídice*,[25] cuja primeira execução, pela orquestra da BBC, foi transmitida para todo o mundo no primeiro aniversário da destruição; várias cidades foram rebatizadas: no Brasil, em 1944, o nome Lídice foi dado ao povoado de Santo Antônio do Capivari, no município de Rio Claro, no Estado do Rio de Janeiro; a partir de 1945, nos Estados Unidos, 10 de junho foi decretado o "dia de Lídice"...

Marques Rebelo deixou dois testemunhos sobre o fato:

> Mas Lídice tornar-se-á um símbolo, que o mundo não vive sem símbolos. [...]
> Lídice! Exatamente há dois anos a pequena aldeia tcheca foi arrasada pelos nazistas duma maneira que Átila não faria melhor — tijolo ou vida, nada ficou de pé. E será inaugurada, no Estado do Rio, a Lídice brasileira, pérola que se junta ao colar de Lídices que se vai en-

---

[25] A composição de Martinu, com duração de pouco menos de dez minutos, tornou-se uma peça antológica da produção musical (imensa) relativa às duas guerras mundiais. Há nela uma passagem, próxima do final, em que são reproduzidas as célebres quatro notas iniciais da *Quinta Sinfonia* de Beethoven — três breves e uma longa, as quais coincidiam com o "V" da vitória em código Morse, que era uma espécie de vinheta das transmissões radiofônicas da BBC durante a guerra.

fiando no mundo — há Lídices nos Estados Unidos, no México, em Cuba, na União Sul-Africana, no Canadá... Haverá discursos e haverá demagogia. Não importa — acima de tudo haverá amor! Que posso mandar eu, se impossível é a minha presença? Uma rosa! Rosa branca, anônima, sem espinhos, de imarcescível perfume — rosa de meu Trapicheiro![26]

Assim como não se diferenciavam alvos civis de alvos militares, também a guerra se alastrou para a periferia, sem dúvida para lugares maiores e mais conhecidos do que Lídice, mas de importância até então secundária: Hiroshima, Dresden, El Alamein, Guadalcanal, Stalingrado. Essa última cidade, durante cerca de seis meses, ocupou todos os noticiários do mundo. Uma cidade industrial de importância doméstica tornou-se simplesmente o centro da "guerra total";[27] mesmo depois da famosa batalha ali encetada, Stalingrado permaneceria como símbolo de resistência e, sobretudo, como o momento de reviravolta da guerra.

O fascínio que Stalingrado exerceu sobre todos deveu-se ao fato de ali a guerra ter atingido uma violência encarniçada e, si-

[26] Cf. *A guerra está em nós* (São Paulo, Martins, 1968, pp. 106 e 368-9, respectivamente). No segundo trecho de Marques Rebelo, é de se notar a utilização de uma expressão retirada da "Carta a Stalingrado" de Drummond: "o colar de cidades". O poema de Drummond, como ainda será discutido, foi lido em folhas volantes muito antes da sua publicação no livro *A rosa do povo*, em 1945.

[27] A propósito, cabe lembrar o escritor russo Vassili Grossman: "Cada época tem uma cidade que a representa no mundo e que abriga a sua alma e a sua vontade. Stalingrado foi essa cidade durante um certo tempo da Segunda Guerra Mundial. Ela concentrou todo o pensamento e a paixão do gênero humano. Era a capital da guerra mundial", em *Vie et destin* (Paris, L'Âge d'Homme, 2007, p. 750). Na mesma linha, Alexander Werth inicia sua reportagem sobre a batalha de Stalingrado, publicada já em 1946, da seguinte maneira: "Durante cinco meses e meio — da segunda metade de agosto de 1942 até o início de fevereiro de 1943 —, esse quadradinho que indica Stalingrado no mapa passaria a ser o centro do universo". Cf. *Stalingrado 1942* (São Paulo, Editora Contexto, 2015, p. 9).

multaneamente, ter sofrido uma espécie de paralisia. Um exército imbatível nas táticas de deslocamento encontrou-se detido, forçado muitas vezes à luta corpo a corpo, e, em seguida, derrotado. O depoimento de um oficial alemão traduz em termos militares essa retenção e, ao mesmo tempo, concentração da guerra:

> A época das operações em grande escala está definitivamente encerrada; das vastas amplidões das estepes, a luta agora deslocou-se para as ravinas irregulares dos montes do Volga e para a zona industrial de Stalingrado, espalhando-se por terreno desigual, áspero e esburacado, coberto de edifícios de ferro, de pedra e de concreto. O quilômetro, como medida de distância, foi substituído pelo centímetro. No quartel-general, o mapa da luta passou a ser a planta da cidade.[28]

Essa retração da guerra planetária para o espaço circunscrito de uma cidade era uma fórmula de síntese que não escapou ao poeta. Quando Drummond escreveu "Carta a Stalingrado" e outros poemas sobre a guerra, uma série de intersecções, das quais esboçamos acima um resumo, estavam dadas. A sua poesia, desde *Sentimento do mundo*, já se transformara muito, inclusive com a extensão cada vez maior dos poemas. A experiência da guerra cristalizou ainda mais o que nele era uma aptidão antiga e interiorizada para a poesia como expressão do "vasto mundo". O poeta de Itabira, com fôlego e confiança redobrados, podia cantar outra cidade, aquela onde se decidia a sorte do mundo, cidade que, a seu modo, também era "férrea", fosse apenas pela "fria vontade de resistir".

Itabira e Stalingrado podiam então ser aproximadas[29] — uma, como fonte da intimidade, mas porosa ao universal; outra,

---

[28] *Apud* Alan Clark, "Stalingrado", em *História do século XX* (São Paulo, Editora Abril, 1968, vol. 5, pp. 2.045-6). A declaração é do general Doerr.

[29] Affonso Romano de Sant'Anna, de outra perspectiva, também apro-

como núcleo da luta coletiva e do tempo presente, mas redutível ao sonho individual. Desse modo, podiam ser também comunicantes, mais do que nunca, a poesia e a história. Houve aqui um cruzamento de afeto e de posicionamento ideológico, e a poesia social ou a "poesia de guerra" tornou-se necessária. Como declarou Carpeaux,

> A poesia de Drummond exprime um conflito dentro da própria atitude poética: transformar uma arte toda pessoal, a mais pessoal de todas, em expressão duma época coletivista. Ou, para falar em termos pessoais: guardar, no turbilhão do coletivismo, a dignidade humana. A sua e a de nós todos.[30]

Stalingrado: a intersecção

"Carta a Stalingrado"

Stalingrado...
Depois de Madri e de Londres, ainda há grandes cidades!
O mundo não acabou, pois que entre as ruínas
outros homens surgem, a face negra de pó e de pólvora,
e o hálito selvagem da liberdade
dilata os seus peitos, Stalingrado,
seus peitos que estalam e caem
enquanto outros, vingadores, se elevam.

A poesia fugiu dos livros, agora está nos jornais.
Os telegramas de Moscou repetem Homero.

---

xima as duas cidades. Cf. *Carlos Drummond de Andrade: análise da obra* (Rio de Janeiro, Nova Fronteira, 1980, p. 100).

[30] Cf. Otto Maria Carpeaux, "Fragmento sobre Carlos Drummond de Andrade", em *Origens e fins* (Rio de Janeiro, Casa do Estudante do Brasil, 1943, p. 336).

Mas Homero é velho.
Os telegramas cantam um mundo novo
que nós, na escuridão, ignorávamos.
Fomos encontrá-lo em ti, cidade destruída,
na paz de tuas ruas mortas mas não conformadas,
no teu arquejo de vida mais forte que o estouro das bombas,
na tua fria vontade de resistir.

Saber que resistes.
Que enquanto dormimos, comemos e trabalhamos, resistes.
Que quando abrirmos o jornal pela manhã teu nome
       [(em ouro oculto) estará firme no alto da página.
Terá custado milhares de homens, tanques e aviões,
                [mas valeu a pena.
Saber que vigias, Stalingrado,
sobre nossas cabeças, nossas prevenções e nossos confusos
              [pensamentos distantes
dá um enorme alento à alma desesperada
e ao coração que duvida.

Stalingrado, miserável monte de escombros, entretanto
                [resplandecente!
As belas cidades do mundo contemplam-te em pasmo
                [e silêncio.
Débeis em face do teu pavoroso poder,
mesquinhas no seu esplendor de mármores salvos e rios
              [não profanados,
as pobres e prudentes cidades, outrora gloriosas,
              [entregues sem luta,
aprendem contigo o gesto de fogo.
Também elas podem esperar.

Stalingrado, quantas esperanças!
Que flores, que cristais e músicas o teu nome nos derrama!
Que felicidade brota de tuas casas!

De umas apenas resta a escada cheia de corpos;
de outras o cano de gás, a torneira, uma bacia de criança.
Não há mais livros para ler nem teatros funcionando
                        [nem trabalho nas fábricas,
todos morreram, estropiaram-se, os últimos defendem
                        [pedaços negros de parede,
mas a vida em ti é prodigiosa e pulula como insetos ao sol,
ó minha louca Stalingrado!

A tamanha distância procuro, indago, cheiro destroços
                        [sangrentos,
apalpo as formas desmanteladas de teu corpo,
caminho solitariamente em tuas ruas onde há mãos soltas
                        [e relógios partidos,
sinto-te como uma criatura humana, e que és tu, Stalingrado,
                        [senão isto?
Uma criatura que não quer morrer e combate,
contra o céu, a água, o metal a criatura combate,
contra milhões de braços e engenhos mecânicos a criatura
                        [combate,
contra o frio, a fome, a noite, contra a morte a criatura
                        [combate,
e vence.

As cidades podem vencer, Stalingrado!
Penso na vitória das cidades, que por enquanto é apenas
                        [uma fumaça subindo do Volga.
Penso no colar de cidades, que se amarão e se defenderão
                        [contra tudo.
Em teu chão calcinado onde apodrecem cadáveres,
a grande Cidade de amanhã erguerá a sua Ordem.[31]

---

[31] Cf. Carlos Drummond de Andrade, *Poesia 1930-62*, *op. cit.*, pp. 472-5.

"Carta a Stalingrado" é um poema da ordem do sublime. Nenhuma sombra de ironia vem ofuscar o canto, que é pleno de certezas, arrebatado e quer arrebatar. Essa não é, longe disso, a dicção drummondiana típica, o mais das vezes impiedosamente autocrítica e mesclada. Para citar apenas exemplos de *A rosa do povo*: "Nos áureos tempos/ que eram de cobre"; "Que riqueza! sem préstimo, é verdade"; "Que se dissipou, não era poesia./ Que se partiu, cristal não era"; "Nem mesmo sinto falta/ do que me completa e é quase sempre melancólico"; "A neblina gelou-me até os nervos e as tias" etc. Se recorrêssemos a passagens de outros livros, o contraste seria ainda mais intenso.[32]

É certo que há, na base do poema, uma tensão alarmante entre a representação da "cidade destruída" e a visão positivada, que insiste, com uma confiança peremptória, em anunciar um mundo novo em meio ao "miserável monte de escombros". Mas essa tensão não se resolve, obviamente, pelo distanciamento irônico e sim pelas possibilidades agregadoras da linguagem mítica.

A "Carta" é um canto à resistência heroica, em que existe a presença marcante de um padrão arquetípico: a fecundidade brota da terra devastada, assim como a integração plena ("o colar de cidades") surge da fragmentação mais poderosa ("as formas desmanteladas do teu corpo"). Observa-se aqui o tão antigo quanto prestigioso vínculo entre morte e renascimento, com a inevitável presença do combate sacrificial regenerador, visível na imagem final da "fumaça subindo do Volga", associada à "vitória das cidades"; claríssimo também no verso de tom proselitista (embora grave):[33] "Terá custado milhares de vidas, tanques e aviões, mas

---

[32] Provavelmente, o maior exemplo do sarcasmo drummondiano não foi editado em livro. Trata-se do poema "Convite ao suicídio", publicado na revista *Verde* em 1927. Ele foi dedicado a Mário de Andrade, "que ficou como quem comeu e não gostou", rejeitando "tanto sarcasmo ironia desengano e perversidade juntos!". Sobre o assunto, ver John Gledson, "Drummond's poetics career and the influence of Mário de Andrade", em *Drummond and his generation, op. cit.*, pp. 177-89.

[33] Na batalha de Stalingrado, o 6º Exército alemão foi inteiramente destruído: morreram mais de 150.000 soldados e outros 90.000 foram feitos

valeu a pena", em que o acúmulo das perdas realça tanto mais a prenda da vitória. O mundo em guerra experimentava, como declarou o próprio Drummond, a "transformação pelo fogo". O poema conserva, em seu horizonte utópico e ideológico, um substrato mítico — mais precisamente, apocalíptico. Por aderir à esfera do mito, a elevação de estilo era esperada e mesmo inevitável. Mas o poema é uma "carta", o que poderia implicar, por outro lado, uma dimensão mais familiar e cotidiana, uma busca de contato que se faz geralmente em tom menor.

Esse tom menor ocorre em outros momentos da poesia de Drummond, nos quais ele também busca expressar um elogio irrestrito, como nos poemas que homenageiam Manuel Bandeira, Mário de Andrade e Charlie Chaplin.[34] Uma das manifestações mais claras da "humildade" drummondiana, nessa fase entre *Sentimento do mundo* e *A rosa do povo*, foi a do exercício da admiração.

A "composição que se chamou Carlos Drummond de Andrade"[35] era vista pelo próprio como a resultante do diálogo que manteve com outros artistas, com os objetos, com as cidades, com as ideias, com a família, de modo que, para tal "composição" ser

prisioneiros, dos quais apenas 5.000 sobreviveram; do lado soviético, morreram cerca de 200.000 soldados. Perto de 36.000 imóveis da cidade foram completamente arruinados pelos fogos de artilharia e bombardeios. Estima-se a morte de 40.000 civis só nos bombardeios de 23 de agosto a 6 de setembro de 1942, que deram início à longa batalha.

[34] Respectivamente, "Ode no cinquentenário do poeta brasileiro"; "Mário de Andrade desce aos infernos" e "Canto ao homem do povo Charlie Chaplin"; o primeiro pertence a *Sentimento do mundo*; os dois seguintes a *A rosa do povo*.

[35] Cito trecho de "Os últimos dias", antepenúltimo poema de *A rosa do povo*: "E a matéria se veja acabar: adeus composição/ que um dia se chamou Carlos Drummond de Andrade". Sobre o poema, John Gledson faz o seguinte comentário: "Poderíamos pensar que este seria o momento apropriado de fechar o livro. Mas *A rosa do povo* termina com duas odes a outros artistas: a Mário de Andrade e a Charlie Chaplin. Este final de livro é sinal de modéstia, reconhecimento de que outros podem realizar melhor aquilo que tenta fazer". Em John Gledson, *op. cit.*, p. 199.

íntegra, era necessária a inclusão de tudo. Essa concepção acarretou um evidente alargamento do campo poético, culminado em *A rosa do povo*. Mas também trouxe consigo inúmeros problemas de ordem estética, como já revela a colocação, logo no início do livro, de dois poemas que refletem sobre o próprio fazer poético. Há ainda uma comoção de intensidade desusada em Drummond, poeta sobretudo da "paixão medida" e do recuo reflexivo, nos quais ele deu o melhor de si.

Mas a "Carta a Stalingrado" é o que nos ocupa agora — sublime e em tom maior. Discutir a decisão do poeta de escrever uma "carta" (e não, por exemplo, já diretamente um "canto" ou um "hino")[36] talvez permita compreender o alcance mais geral do poema.

Identificado a uma carta, ele segue determinado padrão: uma data, a concentração sobre eventos precisos, a revelação do estado de ânimo do remetente, a necessidade de transmitir algo ao destinatário e, neste caso sobretudo, pontuar simultaneamente a distância física e o desejo de aproximação. Todos esses elementos poderiam ser sintetizados na *contemporaneidade* pretendida pelo poema, no qual, mais do que nunca, o "tempo presente" é o foco. A carta está atrelada aos acontecimentos, os quais têm de ser comentados sem distância, e comunicados de tal forma que façam interagir, do modo mais direto possível, remetente e destinatário, criando uma espécie de intimidade entre eles.

Por esse fato, o "novo" é tão enfatizado, sobretudo no segundo segmento do poema. É saudado entusiasticamente o deslocamento da poesia para os jornais e para os telegramas (para a própria "carta" que lemos...), isto é, para a *transmissão* das últimas "notícias", e então só havia as da guerra. Outro índice do "novo" está em afirmar a superação, pelos acontecimentos, de toda matéria épica convencional assim como da mentalidade que a anima-

---

[36] O título da primeira publicação era "Poema de Stalingrado" (*O Unitário*, Fortaleza, 27/6/1943). A mudança particulariza, isto é, fornece uma medida mais precisa do tom e do sentimento envolvidos.

va, representada por Homero: "Mas Homero é velho./ Os telegramas cantam um mundo novo".[37]

Aqui, o assunto não é venerável pelo seu distanciamento no tempo, mas sim pela sua presença imediata, com a consequente possibilidade de convocar o poeta para participar diretamente de um conflito de proporções extraordinárias, do qual poderia (ou deveria) surgir uma nova humanidade. Existia na época, ao lado de um sentimento profundamente trágico, a convicção de se estar vivendo um momento único na história,[38] e uma convicção dessa ordem teria de implicar também a concentração da poesia sobre a circunstância imediata. Já não cabia o olhar estável e ordenador, capaz de, após dissipadas há muito as fumaças do conflito, fornecer dele um contorno claro e equilibrado. A virtude aqui seria de outra natureza: "É preciso tirar da boca urgente/ o canto rápido, ziguezagueante, rouco".[39] A propósito, Stalingrado não é elogiada por ser "prudente", atributo das cidades "entregues sem luta", mas pela desmesura: "ó minha louca Stalingrado!".

Drummond escreveu apenas cinco poemas vinculados direta e exclusivamente à guerra, embora, a meu ver, a experiência do

[37] Trata-se de uma variante do *topos* "elogio dos contemporâneos". Cf. Ernst Robert Curtius, *Literatura Europeia e Idade Média Latina* (Brasília, INL, 1979, pp. 172-3). Entre outros exemplos citados por Curtius: "Poderíamos referir as guerras e os feitos de Páris, Pirro e Eneias, que muitos poetas relataram com louvores. Mas de que servirão os feitos dos pagãos, que já empalideceram pela sua grande antiguidade? Cantemos antes as novas guerras do príncipe Rodrigo".

[38] A propósito, a seguinte passagem de Drummond: "Este livro começa em 1932, quando Hitler era candidato (derrotado) a presidente da república e termina em 1943, com o mundo submetido a um processo de transformação pelo fogo. Os que tiveram a sorte de viver em tal período serão bem mesquinhos se se embriagarem com a vaidade do espectador de um drama exemplar [...]. As páginas foram-se escrevendo mais para contar ou consolar o indivíduo das Minas Gerais, e dizem bem pouco das relações do indivíduo com o formidável período histórico em que lhe é dado viver". Trata-se do prefácio a *Confissões de Minas*, op. cit., p. 519.

[39] Versos de "Mário de Andrade desce aos infernos", penúltimo poema de *A rosa do povo*.

conflito tenha se instalado na própria raiz da sua concepção de poesia na época, crítica e internacionalista (ou, adaptando a formulação de "Consideração do poema", "explosiva e sem fronteiras"). São eles: "Notícias", "Carta a Stalingrado", "Telegrama de Moscou", "Visão 1944" e "Com o russo em Berlim".

Já nos títulos, alguns aspectos se impõem: a presença das cidades e a importância dada à transmissão dos fatos e às datas (um outro aspecto: a onipresença da então União Soviética será discutido depois). Mais do que isso, no livro os poemas estão agrupados numa sequência evidente, que deve corresponder à ordem em que foram escritos, fato nada usual em Drummond.

Em "Notícias", há o apelo da "cidade enigmática", muito provavelmente Stalingrado, ainda no calor da batalha; o adjetivo "enigmática" já antecipa um dos temas da "Carta": a perplexidade do sujeito diante da inesperada capacidade de resistir da cidade. A "Carta" foi escrita durante os combates em Stalingrado, quando a "fumaça" da batalha ainda pairava, mas já anunciando a vitória. O "Telegrama de Moscou" comunica o projeto de reconstrução da "antiga cidade", transformada agora em autêntico símbolo. Ora, a batalha de Stalingrado, assunto dos três poemas mencionados, começou em 23 de agosto de 1942 e terminou em 2 de fevereiro de 1943. O poema seguinte já contém a data no título, "Visão 1944"; o último é de 1945, com a iminente tomada de Berlim — a "cidade atroz" — pelo exército soviético, a qual representou, ao lado da outra vitória aliada na frente ocidental, o fim da guerra na Europa. Nesse último poema lê-se:

> Eu esperei na China e em todo canto,
> em Paris, em Tobruc e nas Ardenas
> para chegar, de um ponto em Stalingrado,
> com o russo em Berlim.

Portanto, os poemas formam um *calendário*[40] da guerra, mostrando que esta, no seu desenrolar cronológico, era vista pelo

---

[40] Esse calendário já tinha seus antecedentes, como no poema "Rua do

poeta como a "nova" matéria épica por excelência. Podem ser poucos os poemas, mas estendem-se por um espaço largo de tempo, na verdade o espaço de tempo em que foi escrito todo o livro *A rosa do povo*. Nesse calendário, a data de composição da "Carta a Stalingrado" é assunto complexo e merece pormenorização. O poema teve três publicações em periódicos, antes de figurar em *A rosa do povo*, editado em fins de 1945. A primeira foi no jornal *O Unitário*, em Fortaleza, em 27 de junho de 1943, sem indicação de data de composição. A segunda publicação foi no jornal *O Estado do Pará*, em 9 de abril 1944, em que surge a data de 1943 no final do poema. Trata-se da data de composição ou apenas da primeira publicação? Finalmente, saiu na *Revista Acadêmica*, n° 65, em abril de 1945, com a data de 12 de outubro de 1942.[41] É provável que esta data tenha sido aquela em que o poeta terminou a escrita do poema. Data, aliás, razoavelmente precoce para celebrar a vitória, que só viria com a rendição incondicional do 6° Exército alemão, ocorrida em 2 de fevereiro de 1943, embora talvez já estivesse selada desde final de novembro com o cerco aos alemães dentro da cidade. Para se ter uma ideia, o importante romance de Alexander Kluge, *Stalingrado: descrição de uma batalha* (1964),[42] fundado na cronologia mais estrita, inicia-se na terça-feira 10 de novembro de 1942 (um mês após o provável término do poema de Drummond, que no entanto já celebrava a vitória) e se encerra na quarta-feira, 3 de fevereiro de 1943. O livro de Kluge foi por ele próprio caracterizado como "unicamente documental", e é constituído pela montagem de trechos de documentos de origem variada (notas oficiais do governo nazista; artigos de jor-

---

olhar" (de *José*), que trata, de modo oblíquo, da França ocupada; sem contar imagens esparsas sobre a guerra, presentes desde *Sentimento do mundo*.

[41] Utilizo as informações de Júlio Castañon Guimarães em sua edição crítica da poesia de Drummond, *Poesia 1930-62* (São Paulo, Cosac Naify, 2012, pp. 28 e 472).

[42] Lido na edição francesa: *Stalingrad: description d'une bataille*, Paris, Gallimard, 1966.

nal; manual de instruções para a guerra no inverno; depoimentos de oficiais e soldados; comunicados médicos etc.). Essa data escolhida por Kluge não foi aleatória, e corresponde ao momento da grande contraofensiva russa para cercar o exército alemão dentro de Stalingrado, plano conhecido como Operação Urano.

Na verdade, toda essa preocupação se justifica, pois a análise que empreenderemos da "Carta", partindo de sua construção imanente, vai revelar que existe no poema uma espécie de imitação do processo da batalha, só que, nesse caso, tal processo não corresponde a um evento já terminado, mas ainda em curso, para o qual concorre às vezes mais o desejo do que a observação realista, embora o poema traga coisas surpreendentemente concretas para quem estava "a tamanha distância", como a nuvem de fumaça e a descrição dos destroços, que pressupõem também a leitura de reportagens sobre a batalha (a poesia não estava nos jornais?).

A propósito, cabe citar algumas passagens da imprensa da época, especialmente manchetes de *O Jornal* e do *Correio da Manhã*, do Rio de Janeiro, que o poeta devia acompanhar diariamente. Em 8 de setembro de 1942: "Destruídos os principais salientes alemães contra Stalingrado", e uma passagem da matéria: "Após quinze dias de luta heroica, emergiu agora um raio de esperança de que a resistência russa possa derrotar os alemães"; em 23 de setembro, "Rechaçados os alemães nas ruas de Stalingrado", e na matéria, "Luta a baioneta e coronha de fuzil, entre escombros"; em 2 de outubro, "Stalingrado continua resistindo"; em 3 de outubro, "A épica resistência de Stalingrado"; em 7 de outubro, "Tenaz e firme a resistência em Stalingrado"; 9 de outubro, "Os alemães desistem de tomar Stalingrado"; 13 de outubro, "Os alemães preparam a retirada de Stalingrado para as linhas de inverno", em primeiro plano em caixa alta e negrito, e, num segundo plano, "O eixo já se convenceu da derrota". Mas outras manchetes posteriores mostram as reviravoltas da batalha, pelo menos o seu processo difícil: em 18 de outubro, "Auxiliados por forças eslovenas, rumenas, húngaras e italianas os alemães desfecham o maior ataque contra Stalingrado"; já no dia 21 de outubro, "Rechaçados os nazistas com 70% de baixas".

Deve ter sido igualmente importante para Drummond o poema de Pablo Neruda, lido na cidade do México em 30 de setembro de 1942 no Sindicato Mexicano dos Eletricistas, e no dia seguinte afixado em cartazes nas ruas da cidade: "Canto a Stalingrado".[43] Mas o poema não fala de vitória, e sim de resistência, além de clamar de modo indignado pela abertura da Segunda Frente que viria aliviar a União Soviética da pressão nazista e acelerar o fim do conflito.

De todo modo, cabe voltar à "Carta a Stalingrado" e mostrar como ela trabalha aquela "nova" matéria. O núcleo propriamente épico do poema é a batalha de Stalingrado, e consiste na exposição da obstinada resistência da cidade e de sua dramática vitória. Mas esse núcleo se espraia pelo menos em duas direções. Uma, ainda de caráter épico, que relaciona a vitória de Stalingrado aos destinos da humanidade como um todo; outra, já de caráter lírico, em que a batalha é vista a partir das suas ressonâncias no "eu".

O elogio caloroso do "eu" ao "tu", do poeta à cidade, abarca essas três dimensões. Num primeiro plano, são elogiados os feitos de que a cidade é capaz — a carta pertence, nesse plano, ao gênero apodíctico ou ao panegírico; num segundo, o "eu" comunica à cidade as transformações que aqueles feitos exerceram sobre todos e sobre ele em particular (já que há uma passagem do "nós" para o "eu") — a carta aqui é de gratidão, solidariedade, compaixão, e mesmo, no seu momento mais intenso, de amor; num terceiro plano, a vitória da cidade passa a representar a possibilidade da instauração de uma nova "Ordem" internacional — a carta agora é de adesão ideológica, misturada à utopia mais ardorosa e já muito próxima do mito.

É da maior importância observar que cada um desses três planos contém um *processo* particular, isto é, uma espécie de cres-

---

[43] Cf. "Canto a Stalingrado", em *Tercera residencia (1935-1945)* (Buenos Aires, Losada, 1947, pp. 101-4). Neruda escreveu pouco depois o "Nuevo canto de amor a Stalingrado", *op. cit.*, pp. 107-11.

cimento gradual. Naturalmente, os três processos convergem para um centro comum, representado, no poema, pelo encerramento triunfal e universalizante. O primeiro processo diz respeito ao andamento da própria batalha; o segundo, ao andamento da guerra como um todo e às definições das lutas ideológicas nela implicadas; o terceiro, a um movimento de abertura do eu em direção à cidade e ao que ela representa.

Quanto ao primeiro plano, ele é o mais paradoxal e dramático que se possa imaginar. O processo da batalha foi o de um autêntico sacrifício, em que a vitória só pôde surgir depois da máxima devastação. A dor e a glória estão indissoluvelmente ligadas. A carta é, ao mesmo tempo, necrológio e canto de vida — um canto louco, à altura da "louca" Stalingrado.

No que se refere ao segundo plano, a vitória de Stalingrado representou também a vitória de uma concepção de mundo, agredida (e parcialmente vencida) desde os anos 1930 pelo nazifascismo (daí a presença de Madri como outra "grande cidade", Madri que fora o último foco de resistência ao exército franquista — então derrotada e agora resgatada por Stalingrado). O movimento aqui é análogo, mas de amplitude maior: da resistência à vitória, e desta à abertura para a "vida futura".

Já o terceiro plano define transformações nítidas na esfera do sujeito. Da "escuridão" à claridade; das "prevenções" à adesão franca; dos "pensamentos distantes" à proximidade; da "confusão", do "desespero" e da "dúvida" à esperança mais eufórica e à certeza. Temos, portanto, uma gradação na posição do eu, a qual está inscrita na gradação da própria batalha e da guerra em geral. Aqui caberia citar outra vez Marques Rebelo:

> A guerra enfada, mas é uma realidade que nos atinge, nos altera, nos equaciona. Temos, portanto, que consignar os seus principais eventos como verdadeiros passos da nossa vida.[44]

---

[44] Marques Rebelo, *A guerra está em nós*, op. cit., p. 41.

O final desses três processos tinha de ser, portanto, glorioso e convergente. A vitória da "cidade destruída", capaz de propiciar a renovação tanto do eu quanto do mundo.

Para acompanhar como essas interpenetrações ocorrem na "Carta a Stalingrado", é preciso analisar alguns aspectos da sua estrutura. A marca mais evidente é o uso intenso de técnicas de repetição. Os exemplos seriam muitos, mas basta citar alguns dos mais significativos, como na terceira parte, em que, pelo uso das anáforas, o poeta cria um paralelismo entre a resistência da cidade e a vida cotidiana daqueles que se acham, como ele, distantes dos acontecimentos:

> Saber que resistes [...]
> Saber que vigias [...]
> Que enquanto dormimos [...]
> Que quando abrirmos [...]

O resultado é muito revelador, pois a rotina mais trivial ("dormimos, comemos e trabalhamos", "abrirmos o jornal pela manhã"), ao ser relacionada à batalha, acaba ganhando ela própria uma tonalidade heroica. Isto é, o cotidiano passa a ser um lugar possível de resistência (e resistência necessária, pois havia também um front interno contra a ditadura do Estado Novo). É esse ainda o sentido do nome Stalingrado estar "firme no alto da página", transmitindo um aprendizado de solidez ao indivíduo que oscila em meio às prevenções, ao desespero e à dúvida. Stalingrado no "alto da página" recorda também o início do poema que lemos, em que o nome da cidade aparece isolado no primeiro verso, numa outra amostra da "atualidade jornalística", para onde teria migrado a poesia (além, é claro, de ser próprio do gênero epistolar, no qual o nome do destinatário antecede todo o resto).

É justamente sobre o nome "Stalingrado", como era de se esperar, que incide a repetição mais ostensiva — oito vezes, sempre no vocativo; sem contar os apostos, como "cidade destruída" e "miserável monte de escombros"; também na sexta parte do poema, quando a personificação da cidade atinge o ápice e Stalingrado é "sentida" pelo eu como uma "criatura" — palavra que aparece cinco vezes em cinco versos consecutivos, quatro delas associadas ao verbo "combater". Nesse último caso é perceptível outra necessidade estrutural da repetição: reproduzir o processo tenaz da guerra de resistência. Sempre nessa parte, as repetições provocam grande efeito, pois estão conjugadas à enumeração dos obstáculos que a cidade teve que superar:

> Uma criatura que não quer morrer e combate,
> contra o céu, a água, o metal, a criatura combate,
> contra milhões de braços e engenhos mecânicos a criatura
> [combate,
> contra o frio, a fome, a noite, contra a morte a criatura
> [combate

O acúmulo de obstáculos, tanto militares como naturais, exige o esforço renovado e prolongado da guerra, e a expressão poética atinge aqui uma potencialização quase "fanática".[45] A síntese máxima de todo o trecho está no segmento do último verso citado — "contra a morte a criatura combate", que estabelece uma repetição dentro da repetição. Mas o efeito maior dessa passagem ainda está por vir, já que a essa autêntica bateria de palavras sucede o verso mais curto do poema, que retém aquele processo cumulativo:

> e vence.

Tudo aqui parece ter atingido o clímax, mesmo porque se chegou ao final vitorioso da batalha. Mas o poema prossegue, pois a vitória de Stalingrado não pode ser encarada como algo circuns-

---

[45] Aproveito a formulação de Vossler, a propósito da *Canção de Rolando*, em *Formas poéticas de los pueblos románicos* (Buenos Aires, Losada, 1960, p. 324). "As repetições são prova de emoção e se propõem transmiti-la, tendem à sugestão. Uma épica do tipo de *Roland* é uma forma poética fundamentalmente fanática".

crito e avulso, nem ideológica nem geograficamente, já que traz consigo a promessa de uma nova humanidade. O verso que prepara esse fechamento generalizante vem carregado de júbilo e também de pasmo:

> As cidades podem vencer, Stalingrado!

Este verso está conectado ao anterior por outra técnica de repetição menos visível, mas também absolutamente essencial para a visão de conjunto do poema. Trata-se de um processo de encadeamento que permite a divisão do poema em quatro partes distintas. A última palavra do verso final da segunda parte: "Na tua fria vontade de *resistir*" é retomada no verso inicial da parte imediatamente seguinte: "Saber que *resistes*". De modo simétrico, ocorrem outras duas repetições dessa natureza: a última palavra do verso final da quarta parte ("Também elas podem *esperar*") é reiterada no verso inicial da quinta ("Stalingrado, quantas *esperanças!*"); finalmente, há a repetição que discutimos acima. Esquematicamente, teríamos:

parte 2 ("resistir") > parte 3 ("resistes")
parte 4 ("esperar") > parte 5 ("esperanças")
partes 6 ("vence") > parte 7 ("vencer")

Com exceção da parte 1, que funciona como preâmbulo à carta, todos os outros blocos acham-se interligados por esse procedimento. Não se trata de uma repetição espalhada por todo o poema e nem da reprodução idêntica de versos (como a técnica do *leixa-pren*, por exemplo);[46] trata-se antes de uma variante invertida da anadiplose, e consiste na repetição das palavras-chave (com

---

[46] *Leixa-pren*, do galego-português, "deixa-prende", isto é, larga e retoma. Segundo Segismundo Spina, trata-se de "processo métrico que consiste na subordinação de uma estrofe à anterior, isto é, o trovador inicia uma estrofe reproduzindo o último verso da estrofe anterior, ou simplesmente repetindo no início da estrofe uma palavra ou expressões da estrofe antece-

algumas alterações) na última posição de cada verso: *resistir/resistes*; *esperar/esperanças*; *vence/vencer*.[47]

Mas essa repetição, ainda que restrita, é suficiente para organizar o andamento mais geral do poema, tanto no plano do ritmo como no plano das ideias. Ritmicamente, ela informa quatro grandes movimentos, de modo a produzir um encadeamento, simultaneamente, de conservação e de avanço. Isto é, para o poema instaurar um novo movimento, ele precisa apoiar-se no anterior. Desse modo, estamos diante de um crescimento processual que se resolve no encerramento triunfal.[48] Nunca será demais frisar — e é isso que confere ao poema sua maior dramaticidade — que aquilo que cresce em Stalingrado são as ruínas e a morte, e é desse crescimento da destruição que poderá ser erigida a "Cidade do amanhã". Essa contradição, se assim pode ser chamada, era experimentada por todos na época. Rubem Braga, em uma de suas

dente, até o fim da cantiga." Cf. Segismundo Spina, *Apresentação da lírica trovadoresca* (Rio de Janeiro, Acadêmica, 1956, p. 405).

[47] Procedimento semelhante ocorre em outros poemas de *A rosa do povo*. Eis alguns exemplos análogos aos de "Carta a Stalingrado", isto é, em que há uma conexão entre estrofes. "O medo": "ventava, fazia frio em São Paulo// Fazia frio em São Paulo..."; "Estátuas sábias, adeus.// Adeus: vamos para a frente". "Nosso tempo": "São tão fortes as coisas.// Mas eu não sou as coisas e me revolto"; "e continuamos.// "E continuamos". "Movimento da espada": "e o sol brilha sempre.// Sobre minha mesa, sobre minha cova, como brilha o sol!". "O elefante": "mas faminto e tocante.// Mas faminto de seres". "Mário de Andrade desce aos infernos": "a rosa do povo aberta...// A rosa do povo despetala-se". É um procedimento que revela confiança na integridade do poema, capaz de cercar o seu objeto de um modo progressivo e abrangente. Essa confiança aparece mesmo em poemas de fatura muito diversa, como "Áporo", no qual a imagem do percurso é essencial, inclusive com a presença de um encerramento luminoso.

[48] Não seria despropositado aproximar a estrutura do poema a uma peça musical em quatro movimentos; como estamos no âmbito russo da guerra, o nome de Dimitri Shostakovich (1906-1975) surge quase espontaneamente, com as suas grandes construções sinfônicas do período, da qual a mais popular é a *Sétima Sinfonia*, dedicada a Leningrado, mas que tem na *Oitava* provavelmente a sua melhor e mais trágica realização.

crônicas como correspondente de guerra na Itália, deixou registrado o seguinte desabafo:

> Agora é tocar a guerra — e quem quer que possa fazer qualquer coisa para tocar a guerra mais depressa [...] para apressar a destruição, para aumentar aos montes a colheita de mortes — será um patife se não ajudar.[49]

Ideologicamente, aquele procedimento de articulação define três grandes temas da "Carta": a "resistência", a "esperança" e a "vitória". O encadeamento do poema, nos termos de conservação/avanço já citados, demonstra o quanto essas três dimensões estão interligadas. Num primeiro momento, cada um dos temas poderia ser associado a cada uma das três dimensões da carta: a "resistência", a Stalingrado; a "esperança", ao "eu" ("nós"); a "vitória", à humanidade. Mas outras relações são possíveis. A "Carta" também ambiciona narrar o andamento da batalha. Inicialmente, a agressão nazista e a resistência que parecia vã, embora tenaz. O verso "tua *fria* vontade de resistir" parece se referir a isso, e se contrapõe ao "gesto de *fogo*", já diretamente vinculado ao tema da "esperança", que surge no meio da batalha (e no meio do poema), e que se confirma na vitória final, com as imagens da *"fumaça"* e do *"chão calcinado"*. Essa sequência, de resto, coincide com as visões historiográficas da própria batalha, que sustentam que esta passou por três fases distintas: o avanço avassalador do exército alemão, a resistência (de início incerta quanto às suas possibilidades) e, finalmente, a esperança crescente na vitória e a sua confirmação depois do cerco do exército alemão nas ruas de Stalingrado. Curiosamente, esses três movimentos correspondem também ao andamento da própria Segunda Guerra Mundial (embora o poeta, é claro, não pudesse ainda sabê-lo): a sequência de vitórias das forças do Eixo, na época da "guerra relâmpago" (e aqui já um primeiro obstáculo oferecido pela Inglaterra em 1940 — daí Lon-

---

[49] Cf. "A menina Silvana", em *Crônicas de guerra: com a FEB na Itália* (Rio de Janeiro, Editora do Autor, 1964, p. 253).

dres representar, no poema, outra "grande cidade");[50] a resistência determinada dos aliados naquela "bissetriz" da guerra, com as vitórias em El Alamein e Stalingrado, que acenderam as esperanças de todos; a ofensiva em três frentes (leste, oeste e Mediterrâneo), o cerco da Alemanha nazista e a sua rendição.

Quem sabe não teria havido, ainda, por parte do poeta, a ambição maior de fazer um poema dialético, precisamente ao louvar a cidade que seria a guardiã de uma concepção marxista da história. Nesses termos, teríamos a ofensiva fascista (mundial); a resistência, alimentada pela esperança em uma nova humanidade, de que Stalingrado era uma metonímia; a promessa, com a vitória, da implantação dessa nova "Ordem". Nesse sentido o poema pode ser lido como uma carta calorosa de natureza ideológica.

Já foi assinalada a enorme presença da União Soviética nos poemas de guerra escritos por Drummond. É sabido que naquele período, ele declarou a sua "viva inclinação pela esquerda" e manteve até 1946 um diálogo próximo com o Partido Comunista Brasileiro.

Como desconsiderar, a propósito, que Stalingrado trazia em seu nome aquele que deveria ser "o guia de todos os povos"? A polarização ideológica do período certamente conduzia a associar o elogio a Stalingrado a um elogio puro e simples a Stálin...

---

[50] Essa visão de Londres era compartilhada por muitos. Leia-se a seguinte estrofe do longo poema de Philippe Soupault, "Ode à Londres": "Ici Londres Parla Londra London calling/ Et voici la ville qui reprend sa place à l'horizon/ Elle est seule au centre du monde/ Elle est celle qui domine le tumulte/ éclairée par les incendies et la plus haute flamme du courage/ Londres Londres Londres toujours Londres/ Cette nuit Londres est bombardée pour la centième fois" (Aqui Londres Parla Londra London calling/ E eis a cidade que retoma seu lugar no horizonte/ Ela está sozinha no centro do mundo/ Ela é aquela que domina o tumulto/ iluminada pelos incêndios e a mais alta chama da coragem/ Londres Londres sempre Londres/ Esta noite Londres é bombardeada pela centésima vez). O poema foi publicado originalmente em 1943, com o título "Ode à Londres bombardée" (Ode a Londres bombardeada), na revista *Fontaine*, na Argélia. Cf. Philippe Soupault, *Odes* (Lyon, Éditions Jacques-Marie Laffont et Associés, 1981, pp. 17-23).

Além do mais, como explicar — a não ser em termos de posicionamento ideológico — que aquele "calendário" da guerra, estabelecido pelos poemas de Drummond sobre o conflito, tenha iniciado justamente com a batalha de Stalingrado?

É preciso relembrar ainda o papel da censura na época, que fez com que vários poemas de Drummond, quase todos depois publicados em *A rosa do povo*, circulassem em cópias clandestinas (entre eles "Carta a Stalingrado"), fato que deve ter também dramatizado a "ilegalidade" do poeta, paralela à ilegalidade do próprio Partido Comunista.

De fato, é inequívoca a presença de um ideário de esquerda em Drummond, por vezes bastante próximo da ideologia comunista oficial, que se mostrava na época a alternativa mais clara. Mas, a meu ver, o que criou raízes fundas em sua obra foi antes a experiência mais ampla da guerra e não tanto a ideologia em si. Para fundamentar essa afirmação, é preciso evocar uma série de fatos.

A vitória em Stalingrado representou a primeira derrota significativa da Alemanha nazista e foi saudada efusivamente em todo o mundo por segmentos os mais diferentes. Leia-se, como exemplo, essa declaração de Afonso Arinos de Melo Franco: a "admiração pela épica resistência russa não implica em adesão aos seus princípios governativos".[51] Após Stalingrado, mesmo o observador mais distanciado sabia que a guerra na Europa tinha chegado a um ponto de inflexão.

Associar, portanto, o elogio a Stalingrado a um elogio ao stalinismo seria capcioso e vulgar e não há nada, no poema, que sustente essa associação.

Para se ter uma medida da distância do poema de Drummond em relação à retórica da época, vale a pena abrir um intervalo e apresentar dois poemas em que Stalingrado também está em pauta.

"Cântico de Stalingrado", de Clóvis Assumpção, busca reunir delicadeza e exaltação bélica — nos termos convencionais do poema, "lírio" e "aço":

[51] Cf. Afonso Arinos de Melo Franco, "Em face da guerra", em *Portulano* (São Paulo, Martins Editora, 1945, p. 44).

O sangue dos homens russos
está correndo em Stalingrado;
o sangue das mulheres russas
está correndo em Stalingrado,
subindo pelos portais,
inundando o interior das casas,
entrando pelas nossas bocas
e avermelhando as nossas peles.
As lágrimas correm dos olhos das estátuas
e Stalingrado não desce.

Os operários, os barqueiros, os estudantes
estão lutando em Stalingrado,
estão crescendo em Stalingrado.

[...]

Eu sinto Stalingrado
como poeta lírico
e como cidadão do mundo
porque Stalingrado é aço e é lírio.

[...]

E porque de lá saem milhares de mãos
para apertarem todas as mãos do mundo;
porque de lá saem estrelas de cinco pontas
para cada mão esquerda
de cada homem do mundo
de cada mulher do mundo.[52]

[52] Cf. *Lanterna Verde*, n° 8, pp. 86-8. Na verdade, há uma sequência de poemas do autor, dispostos cronologicamente: "1939", "1940", "1941", "1942", "1943"; em seguida, e último da série, o "Cântico a Stalingrado". Outro poema que poderia ser citado é o de Augusto Freire Belém, "Hino a Stalingrado", publicado em *Leitura*, n° 29, p. 12.

Rossine Camargo Guarnieri em seu longo "Canto de esperança em louvor de Stalingrado" radicaliza a dimensão ideológica da batalha, mas a epígrafe escolhida é retirada da bíblia: "Em verdade, em verdade vos digo, que o trigo que for lançado na terra e não morrer, ficará estéril; mas, se morrer, dará seu fruto". Imagem análoga encerra o poema:[53]

> A Juventude Soviética — como o trigo — vai morrer...
> (Que a Vida me dê forças
> para ajudar a Colheita.)

Essa associação entre Stalingrado e a Bíblia, num poema de orientação comunista ortodoxa, não deve surpreender, pois o caráter apocalíptico da batalha permitia, por assim dizer, a analogia. Leiamos a abertura:

> Sopra um tufão de morte
> sobre as planícies do mundo:
> o ódio trucida os homens no Vale de Sinear.
> A cabeça de João Batista
> ainda goteja na fortaleza de Macheronte,
> e o trigo chora a mágoa de não ser pão...
> Maior que a minha ventura,
> maior que o meu infortúnio,
> maior que a minha grandeza,
> maior que a minha miséria:
> Stálin...
>   Stálin...
>   Stálin...
>   STALINGRADO!

---

[53] Cf. *3 poemas* ("Poema para Luiz Carlos Prestes", "Louvação ao Partido Comunista do Brasil", "Canto de esperança em louvor de Stalingrado") (S/l, Editora do Partido Comunista do Brasil, s/d, pp. 17-24).

Aqui a começa a Bíblia novamente.
(Chamai depressa o camarada Maiakóvski para escrever esta epopeia.)

Ao longo do poema, símbolos e personalidades da sociedade soviética são acumulados: o "sarcófago de Lênin na Praça Vermelha", a fábrica "Outubro Vermelho" em Stalingrado, o general Zhukov, Górki — "filhos queridos" da "Mãe Rússia". Esta última imagem é o centro da segunda parte: "pátria da doce esperança", "Mãe dos sonhos de Fraternidade Humana". E como contraponto, crimes e injustiças que precisam ser vingados, por exemplo, a execução de Sacco e Vanzetti e o bombardeio de Guernica.

O corte do nome da cidade, de modo a destacar o nome de Stálin, já dá uma medida da proposta do autor. Stalingrado, a cidade que representa a "pátria que é realmente o mundo", é também a cidade de Stálin, que passa a representar, consequentemente, o grande líder da revolução mundial. Desse modo, o poema propõe-se a fazer uma grande alegoria de Stalingrado como a "sementeira" de um mundo renovado, do qual Stálin seria o grande forjador, epíteto que parece ser o mais adequado para traduzir o que dele diz o poeta, candidamente:

Bate, Joseph!
Bate com força! Bate com os teus punhos fechados,
bate com o teu coração de aço,
bate com os teus pés.
Bate na fronte,
bate na face,
bate no corpo,
bate nos restos da alma deste mundo podre!

O "mundo podre", transfigurado pelo poder da "foice e do martelo", é o núcleo óbvio do poema. Novamente as repetições, das quais temos dois exemplos acima, são procedimento central e recorrente, como já ocorrera na "Carta" de Drummond. Mas nesta as repetições efetuavam alguns vínculos efetivamente complexos. Se nela a musicalidade tendia também ao *fortissimo*, ela era capaz de adentrar-se na intimidade e na dor miúda; já no poema de Rossine Camargo Guarnieri existe a monotonia do grandioso e do monumental. Nas passagens em que o poeta procura intervir de modo pessoal, ele não consegue nunca desvencilhar-se do encômio ou do proselitismo:

> (Tenho meu filho nos braços, Joseph,
> vivendo desta esperança:
> o mundo que ele deseja
> depende de tua mão!...)

No caso de Drummond, os dois versos em que o nome da cidade é mencionado — "O seu nome (em ouro oculto) estará firme no alto da página" e "Que alegria o seu nome nos derrama" — dizem respeito à importância essencial atribuída pelo poema aos noticiários da época, que repetiam exaustivamente o nome Stalingrado, a ponto de ele ter se tornado o-nome-em-si da resistência.[54] Mesmo hoje, quando o nome da cidade já nem mais existe (foi mudado para Volgogrado), nem muito menos qualquer apreço por Stálin, o nome Stalingrado conserva a aura então conquistada.

Novamente a leitura de Marques Rebelo é instrutiva a respeito:

---

[54] Ver, nesse sentido, a observação de Emanuel de Morais: "Para os que apenas conhecem a guerra sem motivação, esse canto heroico poderá parecer uma incompreensível concessão do poeta. A atual execração ideológica desse tipo de heroísmo poderá levar a se considerarem desmerecedoras, pouco poéticas, as imagens. Mas, em verdade, não o são. Cada casa de Stalingrado, cada homem, constituem o símbolo representativo, em qualquer época, da resistência contra o poder brutal dos todo-poderosos que pensam poder sufocar os direitos e as liberdades pela violência das armas. Em qualquer cidade do mundo onde se manifeste a bestialidade das forças anti-humanas, comunista, nazifascista ou que outro nome se lhes dê, haverá lugar para semelhante cantar." *Drummond rima Itabira mundo* (Rio de Janeiro, José Olympio, 1972, p. 216).

> Sensação é Stalingrado, nome que está em todas as bocas, esperança que palpita em cada alma.
> [...]
> Sempre Stalingrado no alto do noticiário e das preocupações, cidade que antes para nós nem existia e agora é como se defendêssemos o Rio, esta rua, a nossa casa, o futuro, palmo a palmo, tijolo por tijolo, com unhas e dentes.[55]

Outro ponto para o qual vale chamar a atenção é o de que a batalha de Stalingrado teve início praticamente no mesmo dia em que o Brasil declarou guerra ao Eixo, a 22 de agosto de 1942. O envolvimento do país exasperou as contradições internas, proporcionando uma circunstância riquíssima para a inserção ideológica dos artistas e intelectuais brasileiros. Por um momento, os nossos problemas identificavam-se com os problemas do mundo. Cantar a vitória dos aliados em qualquer parte (e a União Soviética tornara-se um aliado natural do Brasil) era cantar a vitória também brasileira, inclusive a interna contra a ditadura. Era uma situação bastante diversa da reflexão sobre a "realidade brasileira" dos anos 1930, em que os problemas regionais dominavam a cena. O posicionamento do escritor e do intelectual brasileiro ganhou com isso um contorno novo: falar da guerra era também falar de conflitos que se achavam em casa. Por um lado, a posição do artista brasileiro foi alçada a uma dimensão internacional; por outro, a situação internacional exigia mudanças domésticas. Assim, a queda da

---

[55] *A guerra está em nós*, op. cit., pp. 134 e 138, respectivamente. O último trecho de Marques Rebelo traz uma formulação ("Sempre Stalingrado no alto do noticiário") muito próxima do verso de Drummond: "Que quando abrirmos o jornal pela manhã teu nome (em ouro oculto) estará firme no alto da página". Mas aqui, ao contrário do "colar de cidades" já comentado na nota 176, trata-se de uma coincidência, pois no momento da declaração de Rebelo (2/10/1942), Drummond ainda não havia terminado o poema. Essa coincidência tem uma explicação simples: todos acompanhavam com avidez os noticiários de guerra, e, logicamente, algumas expressões eram compartilhadas.

ditadura do Estado Novo tornou-se tão necessária quanto a queda das forças do Eixo. A propósito, eis o comentário que Drummond registrou em seu diário a 23 de agosto de 1944:

> O Governo promoveu um comício para comemorar o segundo aniversário da entrada do Brasil na guerra [...] o aniversário de uma guerra *sui generis*, do fascismo interno contra o fascismo externo.[56]

A impressão de muitos era a de que a guerra tinha precipitado uma situação de desgaste irreversível para qualquer regime autoritário. A própria União Soviética, por força das alianças que a guerra lhe impusera, deveria, após o conflito, transformar-se necessariamente. Socializar a democracia e democratizar o socialismo era decerto a utopia mais acalentada na época. O desmentido histórico foi brutal, mas não elimina a autenticidade daqueles sentimentos.[57]

---

[56] Cf. *O observador no escritório* (Rio de Janeiro, Record, 1985, pp. 14-5). A contradição foi comentada por todos: "O gracioso bailado das contradições sem protesto: guerra ao Eixo totalitário da direita e vasta programação de festejos para comemorar os cinco anos da ditadura doméstica" — Marques Rebelo, *A guerra está em nós* (*op. cit.*, p. 147); "Estranha emergência em que se viu um governo ditatorial, com tendências fascistas e cheio de quinta-colunistas, de fazer uma guerra ao lado das potências democráticas" — Rubem Braga (*op. cit.*, p. 7); "Ia-se lutar pela democracia, mas, para efetivá-lo, sair-se-ia de um país submetido à ditadura" — Boris Schnaiderman, *Guerra em surdina* (São Paulo, Brasiliense, 1984, p. 12).

[57] George Orwell, por exemplo, comentava: "Um após outro, os países do mundo inteiro estão envolvidos no conflito; não somente por motivos de ordem geográfica e econômica, mas essencialmente pelo que se chama de razões ideológicas. Eles são praticamente forçados a optar por um campo ou por outro, segundo estejam ligados ou não à ideia de democracia. É assim inevitável que a Rússia Soviética acabe, mais cedo ou mais tarde, por se juntar às democracias". E posteriormente: "O Brasil declarou guerra à Alemanha. Foi o resultado lógico dos ataques efetuados nas últimas semanas por submarinos alemães contra navios brasileiros. No início da guerra, numerosos países da América do Sul mostravam-se favoráveis à Alemanha. A reviravol-

As razões ideológicas estavam submetidas, portanto, ao andamento da guerra e sofreram um deslocamento significativo. Os termos opressão e liberdade, "forças regressivas e forças do progresso"[58] sobrepuseram-se à oposição imediata entre direita e esquerda. As novas alianças borravam qualquer contorno ideológico mais nítido. Havia antes de mais nada a certeza de quem era o inimigo, e da necessidade de vencê-lo. Em determinado momento, a Segunda Guerra Mundial tornou-se uma espécie de luta entre o mal e o bem, e a representação de uma luta dessa natureza já estava consagrada desde sempre nos relatos míticos. É preciso acrescentar que o "bem" reunia, no final da guerra, as forças mais disparatadas: a Romênia, que tinha anteriormente mandado tropas para lutar ao lado da Alemanha contra a União Soviética, a própria União Soviética, que saíra dos terríveis expurgos dos anos 1930 direto para a "Grande guerra patriótica", a França, ocupada

ta da opinião sul-americana no curso dos últimos três anos é um sinal de fracasso da política do Eixo; ela prova que, em todo o mundo, começa-se a tomar consciência da verdadeira natureza do fascismo." Cf. Orwell, *Chroniques du temps de guerre (1941-1943)*, op. cit, pp. 217 e 234, respectivamente. Thomas Mann declarou algo parecido em um de seus famosos "discursos" radiofônicos: "Que a Rússia e o Ocidente lutem hoje do mesmo lado contra ele [Hitler], o inimigo da humanidade, é apenas a expressão externa do fato interno de que o socialismo e a democracia há tempo não são mais opostos, de que seus valores buscam unificação e de que esta é a revolução que vai vencer a imundície da mentira e da violência daquilo que ele chama revolução. [...] A humanidade pode sair desta catástrofe dando um grande passo à frente em sua formação social e sua maturidade. As possibilidades estão aparecendo onde ninguém antes ousaria imaginar: a organização da sociedade dos povos, a administração da terra para o benefício de todos, a liberdade e a segurança." Cf. *Ouvintes alemães! Discursos contra Hitler (1940-1945)* (Rio de Janeiro, Zahar, 2009, p. 81), tradução de Antonio Carlos dos Santos e Renato Zwick.

[58] Álvaro Lins, num texto importante, já que pode ser tomado como exemplo da reação dos intelectuais brasileiros diante da guerra, utiliza essa denominação, corrente na época. Cf. "Discurso sobre a guerra nos espíritos", em *Jornal de crítica, 3ª série* (Rio de Janeiro, José Olympio, 1944, pp. 7-15). O texto está datado de 12 de setembro de 1942, logo após a declaração de guerra do Brasil ao Eixo, portanto.

e clamando por liberdade, mas disposta a manter as colônias na Indochina e na África, o Brasil do Estado Novo, mesmo a Itália, desde 1943, após a queda de Mussolini etc... Como alguns diziam então, foi a guerra dos "maus contra os piores".

Afirmar, para recorrer a um exemplo recuado, que a Guerra dos Trinta Anos (1618-1648) foi o resultado do conflito entre concepções de mundo (protestantes contra católicos) permanece uma verdade, mas de tal maneira genérica que, projetada sobre a carnificina da época, choca pela abstração. Do mesmo modo, encarar a Segunda Guerra Mundial como o resultado simples dos choques ideológicos entre direita e esquerda (que ela certamente também foi) assemelha-se a enxergá-la como uma grande alegoria, que paira impenetrável sobre crimes como o Holocausto, os milhões de civis bombardeados ou mortos pela fome e pelo frio etc.

Nesse sentido, a historiografia da Segunda Guerra Mundial ganhou novo alento com a desconfiança em relação às explicações sistemáticas, e com o incremento da investigação dos casos particulares. Mas a poesia sempre trabalhou com o particular, mesmo (e sobretudo) naquela época tão coletivizada.

No prefácio aos *Poemas ingleses de guerra*, traduzidos pelo amigo Abgar Renault, Drummond faz uma afirmação incisiva a respeito:

> Abgar Renault fez bem em captar essas vozes graves e límpidas, emergindo do rumor de metralhadoras, aviões de mergulho e discursos de propaganda. [...] Elas nos confortam e nos determinam. Realmente, o poeta não tem partido. Mas os partidos, como se sabe, perderam toda significação, de tal modo foram superados pelos acontecimentos. Entre estes, e resistindo à pressão de todas as forças desmoralizadoras, chamem-se fascismo ou qualquer outro nome, o poeta é um guia firme, que dá gosto seguir. Ele nos salva das pequenas e grandes confusões do momento, nos tira a perplexidade, varre de nós ao mesmo tempo o otimismo e pessimismo circunstanciais. Ensina-nos a considerar a guerra e mesmo

a dela participar, sem que nos tornemos simples instrumentos de economias em luta; e exige de nós apenas que sejamos realmente solidários com as coisas que amamos: "as coisas simples pelas quais os homens morrem".[59]

O trecho é de 1942, anterior à vitória de Stalingrado, portanto. Mas essa visão teria se alterado tanto em poucos meses? Stalingrado teria transformado Drummond no contrário exato daquilo que ele elogiava no "poeta": crítico em relação aos "otimismos circunstanciais" e refratário à adesão partidária, já que esta faria dele um "mero instrumento de economias em luta"? Ou todas essas características são menos entranhadas do que parecem à primeira vista na "Carta"?

A dimensão mais confidencial da "Carta" talvez garanta a esta o seu maior poder de convencimento. E isso por força da tensão máxima que o poeta consegue extrair do contraste entre a alegria e a esperança sentidas interiormente e a desolação objetiva da cidade que, no entanto, propiciou a ele aqueles sentimentos.

Poderíamos formular essa tensão do seguinte modo: a integridade do sujeito (remetente) foi conquistada graças à desintegração da cidade (destinatário). A motivação da carta, nessa esfera mais pessoal, é portanto a mais emocionada possível — a gratidão não pode ter medidas, como não as teve a própria cidade ao expor-se à devastação.

Algo torna esse vínculo ainda mais paradoxal: a distância entre ambos. Como pode haver uma tal comunhão de destinos (e mesmo uma comunhão de corpos, como a que está sugerida nos versos iniciais da penúltima parte) entre "criaturas" tão afastadas? Entre o poeta brasileiro e a longínqua cidade do Volga?

Compreender essa aproximação entre o "eu" e o "tu", "a tamanha distância", é também compreender o núcleo lírico da

---

[59] Cf. Abgar Renault, *Poemas ingleses de guerra* (Rio de Janeiro, Ed. Amigos de Abgar Renault, 1942, pp. 3-4). O verso citado é último do poema "Pelos mortos" (1941), de W. J. Brown.

carta. Já foi assinalada a gradação na posição do "eu" ao longo da carta. Nas primeiras partes, ele aparece coletivizado: "nós". Ali ele fala por todos — o poeta público dirige à cidade uma carta aberta. A passagem do "nós" ao "eu" ocorre num momento particularmente dramático do poema, já que a cidade — destinatário da carta — está reduzida a ruínas, e o poeta deve dirigir-se diretamente a elas. A enumeração começa pelas casas: "De umas apenas resta a escada cheia de corpos;/ de outras o cano de gás, a torneira, uma bacia de criança". Como a personificação da cidade já está embutida no próprio gênero escolhido, sem contar outros índices evidentes, a descrição é a de um corpo desventrado, cujos intestinos estão expostos: escada, cano, torneira; consequentemente, o segmento "uma bacia de criança" é tanto utensílio quanto parte real de um corpo, sobretudo dada a sua associação inevitável com os "destroços sangrentos" e as "mãos soltas", que aparecem logo adiante. Em seguida, outras "formas desmanteladas": livros, teatros, fábricas, habitantes, "todos" — tudo "estropiado", isto é, todos os elementos que poderiam ser utilizados para o elogio convencional de uma cidade — a sua arquitetura, a sua atividade cultural e artística, a sua operosidade, a sua humanidade — estão destruídos. O elogio só pode ser feito à morte total, porque nela a vida é "prodigiosa", e "pulula como insetos ao sol". O elogio da vida em meio à putrefação é o paradoxo "insano" da carta.

Depois dele, o único qualificativo adequado para Stalingrado (já preparado aliás, por contraste, pelo adjetivo "prudente" das "débeis" cidades ocupadas) só poderia ser o de "louca". É justamente aqui que o "nós" cede lugar ao "eu" e da maneira mais radical: Stalingrado passa a pertencer-lhe (não poderia haver justificativa mais íntima para escrever a carta) — "ó *minha* louca Stalingrado". A loucura da cidade passa a ser também a loucura do sujeito que deve agradecer e falar de esperança diante da visão intolerável das ruínas.

Trata-se de uma situação-limite, que prepara, no plano da quase alucinação, a passagem seguinte, em que a proximidade se torna plena e de natureza claramente erótica. A cidade que resistiu ao invasor, ao preço máximo da destruição, é acessível ao poeta.

A gradação dos verbos utilizados é evidente: procuro > indago > cheiro > apalpo > caminho > sinto. Musicalmente, ela propõe um *crescendo*. Um movimento que vai da "tamanha distância" à penetração na cidade, depois de apalpá-la.[60] Muito mais do que de gratidão, a carta aqui é de amor louco. Nesse ponto, o lírico se sobrepõe amplamente ao épico. A personificação da cidade, estrutural no poema-epistolar, atinge nessa passagem o seu paroxismo, fazendo eco ao que disse Vassili Grossman em carta ao pai pouco antes de sair de Stalingrado, onde foi correspondente durante quase toda a batalha: "A cidade tornou-se para mim uma pessoa viva".[61]

Era natural que essa dimensão lírica se desse na visão concreta da destruição, que paralisa qualquer consideração teórica ou ideológica. A descrição das ruínas[62] talvez seja o *topos* mais recorrente da literatura de guerra, e sempre amarrado ao particular,

---

[60] Iumna Maria Simon faz observação análoga sobre essa mesma passagem, em uma análise minuciosa e extensa da "Carta a Stalingrado". A sua leitura, porém, é totalmente diversa da que se pretendeu efetuar aqui. Cf. *Drummond: uma poética do risco* (São Paulo, Ática, 1978, pp. 88-108).

[61] Cf. Vassili Grossman, *Carnets de guerre. De Moscou à Berlin 1941-1945*. Paris, Calmann-Lévy, 2007, p. 310. Em seu romance *Vida e destino*, há uma formulação análoga: "Os habitantes da capital mundial da guerra sentiam que sua cidade se distinguia das outras porque ela estava ligada às fábricas e aos campos do mundo inteiro. Eles sentiam também e sobretudo que sua cidade tinha uma alma. Stalingrado tinha uma alma: e esta alma era a liberdade". Cf. *op. cit.*, p. 752.

[62] Shostakovich compôs uma das suas mais convincentes obras sobre a guerra depois da visão das ruínas de Dresden, durante uma visita à cidade em maio de 1960! A cidade, como se sabe, foi arrasada por bombardeios aliados em 1945. Trata-se do *Quarteto de cordas nº 8, Op. 110*, do qual também existe uma versão orquestral.

Outro *topos* dos mais pungentes da literatura de guerra é o da exposição das crianças à fome, ao abandono ou à morte, a que a "Carta a Stalingrado" apenas alude. Exemplo máximo é o poema de Brecht, "Cruzada das crianças 1939", que Hannah Arendt considerava o único "poema alemão da última guerra que perduraria". Cf. *Homens em tempos sombrios* (São Paulo, Companhia das Letras, 1987, p. 179).

como demonstram as duas passagens abaixo de escritores brasileiros na Itália durante a guerra:

> Da primeira vez, confrangem essas ruas de casas estripadas que mostram as vísceras de suas paredes íntimas, num despudor de ruína completa. Parecem mulheres de ventres rasgados. Nesses montes de escombros estão soterrados os reinos íntimos, as antigas ternuras, as inúteis e longas discussões domésticas.[63]
>
> Em Gênova há restos de barricada, barreiras de cimento, arranha-céus bombardeados, como é antiestético um arranha-céu sem a parede da frente, vêem-se os quartos todos, a intimidade do cotidiano, a caminha do bebê, inteirinha no meio de um montão de caliça, o relógio de cuco na parede.[64]

Na mesma direção, há uma passagem notável de Vassili Grossman, em uma de suas reportagens sobre Stalingrado. Trata-se de uma visão da cidade logo após os bombardeios alemães do final de agosto:

> Stalingrado queimou. Haveria muito o que escrever. Stalingrado queimou, queimou... Stalingrado!
> A cidade está morta. As pessoas estão em subterrâneos. Tudo está calcinado. As paredes queimadas das casas são como defuntos que morreram num calor terrível e não tiveram tempo de esfriar.
> [...]
> É como Pompeia, golpeada pela destruição um dia em que a vida transcorria em sua plenitude [...]. Crianças erram, muitas semiloucas, muitos rostos riem.

---

[63] Cf. Rubem Braga, "A procissão da guerra", *op. cit*, p. 64.
[64] Boris Schnaiderman, *op. cit.*, p. 186.

Pôr-do-sol sobre uma praça. Beleza terrível e estranha: um céu de um rosa suave aparece através das milhares e dezenas de milhares de frestas vazias e de tetos ausentes. Sentimento de serenidade como após longos tormentos. A cidade está morta, como o rosto de um defunto que padeceu uma doença dolorosa e que encontrou repouso em um sono eterno. E de novo bombardeios, bombardeios sobre uma cidade já morta.[65]

Mas a perspectiva do poeta brasileiro quer ser positiva — o canto deve ser de esperança — e a objetividade deve voltar, e com ela o necessário recuo do sujeito. Na parte final, ainda é o "eu" que persiste, mas já reflexivo, distante daquela efusão enlouquecida. Os versos anafóricos "Penso/ penso", que se sucedem ao "sinto" da passagem anterior, traçam com organicidade o encerramento triunfal, capaz de redimir o informe tanto da cidade destruída quanto do "mundo grande" despedaçado pela guerra.

É de se notar que o encerramento do poema dá a ele uma circularidade evidente: o tema das "grandes cidades" (Madri, Londres, Stalingrado) no início; em seguida, o das "débeis cidades", as "belas" e "não profanadas" (Paris, por excelência, embora não nomeada);[66] a descrição da "profanação" do corpo de Stalingrado; o final que reúne e redime todas na "grande Cidade do amanhã".

[65] Vassili Grossman, *Carnets de guerre, op. cit.*, pp. 199-200.

[66] Os dois poemas de Neruda sobre Stalingrado também mencionam a beleza ou a serenidade das cidades poupadas. No "Canto a Stalingrado", escrito em setembro de 1942, o poeta afirma que Paris, durante a Guerra Civil Espanhola, "estaba más bonita que nunca" e "Londres peinaba su césped y sus lagos de cisnes"; e enquanto "los escorpiones con crimen y veneno acuden a morder las entrañas" de Stalingrado, "Nueva York baila, Londres medita". Em "Nuevo canto de amor a Stalingrado", entre outras cidades, são citadas Paris e "Praga la Bella".

Esse final apresenta um impulso tanto mítico quanto ideológico. Entre as várias imagens do poema que confirmam essa relação, há uma particularmente significativa: a dos "relógios partidos". Ela ocorre na descrição da "cidade destruída" e apresenta dois sentidos claros e interligados: o primeiro, mais direto, como outro item na enumeração das "formas desmanteladas" da cidade; o segundo, mais essencial, como um signo da interrupção do tempo. Este último sentido também apresenta uma dupla possibilidade de leitura: a referência imediata à cidade morta; e a referência mais genérica ao encerramento de um tempo e ao início de outro, de matriz apocalíptica. A batalha de Stalingrado em particular, a guerra em geral, significariam assim o "ano zero" de uma outra humanidade.

Entre a infinidade de depoimentos sobre as duas guerras mundiais, existe um bastante singular, do polêmico escritor Ernst Jünger: "virá o tempo, em que a guerra assumirá o caráter dos quadros de crucificação pintados pelos velhos mestres".[67] Essa visão da guerra como sacrifício regenerador impregna um leque amplo de obras, mesmo escritas de posições ideológicas às vezes opostas (como as de Drummond e Jünger). Provavelmente ela responde à necessidade de dar um sentido ao derramamento coletivo de sangue. Mas esse sentido mítico também está informado pelo ideológico, e a promessa de uma nova era, instaurada pela vitória de Stalingrado, traduziu-se para Drummond em um internacionalismo socialista: "o colar de cidades que se amarão e se defenderão contra tudo".

---

[67] *Apud* Modris Eksteins, *A sagração da primavera* (Rio de Janeiro, Rocco, 1992, p. 391). A declaração é de 1921. Jünger escreveu vários livros, que se tornaram clássicos, sobre a sua experiência no front durante a guerra de 1914, dos quais os mais famosos são *Tempestades de aço* e *O bosque 125*.

2.2. VISÃO DO HORROR

A GUERRA TOTAL

Se esse internacionalismo surgia, na "Carta a Stalingrado", da concentração sobre uma cidade e uma batalha, em "Visão 1944" o poeta pretendeu abarcar o espalhamento da guerra, traçando desta um amplo panorama, similar ao que tinha feito, com outros propósitos, em "Nosso tempo", do mesmo livro. A visão de conjunto fornece um contraponto necessário ao particular da "Carta", e mostra-se capaz de revelar aspectos novos do conflito.[68]

---

[68] Dois críticos de época ressaltaram, já num primeiro momento, a importância de "Visão 1944", considerando-o um dos grandes momentos de *A rosa do povo*. Sérgio Milliet, em longa passagem de seu *Diário crítico*, na qual saúda a publicação de *A rosa do povo*, observa: "Havia um perigo, de tocaia, à espera de Carlos Drummond de Andrade: o da poesia política. E confesso que andei temeroso muito tempo de vê-lo cair na armadilha da moda [...]. Não me oponho à participação do poeta, creio somente que essa poesia precisa nascer de um impulso profundo [...]. Não pode ser de circunstâncias mas deve surgir com um caráter essencial [...]. Carlos Drummond soube evitar o perigo. Sua poesia social (e política) é tão pura e natural quanto a outra [...]. Se alguns poemas como a 'Morte do leiteiro' ficam aquém de sua expressão (embora agradem pelas soluções de ritmo e de imagens e não sejam nunca medíocres), 'Visão 1944' atinge um clímax de humanismo largo e de participação ampla somente encontrável em muitos poucos versos de Aragon ou Pierre Emmanuel". Cf. Sérgio Milliet, *Diário crítico 1946, 4º volume* (São Paulo, Martins Editora, 1947, pp. 19-24).

Álvaro Lins, por sua vez, diferencia "duas espécies de poemas" no âmbito da poesia social de Drummond: uns, "objetivamente políticos, inspirados em acontecimentos concretos", como "Carta a Stalingrado", "Telegrama de Moscou", "Com o russo em Berlim"; outros, que considera de "conteúdo social", mas "não diretamente políticos", como "Visão 1944" e "A flor e a náusea". Para ele, os primeiros, "como qualidade poética", são "bem inferiores aos outros". Mas preserva "Carta a Stalingrado", afirmando que esse poema "conserva uma certa vitalidade, decorrente de sua beleza artística e da sugestão emocional do tema". Cf. Álvaro Lins, "Larguezas de fronteira para a poesia moderna", em *Os mortos de sobrecasaca (1940-1960)* (Rio de Janeiro, 1963, p. 29).

"Visão 1944"[69]

Meus olhos são pequenos para ver
a massa de silêncio concentrada
por sobre a onda severa, piso oceânico
esperando a passagem dos soldados.

Meus olhos são pequenos para ver
luzir na sombra a foice da invasão
e os olhos no relógio, fascinados,
ou as unhas brotando em dedos frios.

Meus olhos são pequenos para ver
o general com seu capote cinza
escolhendo no mapa uma cidade
que amanhã será pó e pus no arame.
Meus olhos são pequenos para ver
a bateria de rádio prevenindo
vultos a rastejar na praia obscura
aonde chegam pedaços de navios.

Meus olhos são pequenos para ver
o transporte de caixas de comida,
de roupas, de remédios, de bandagens
para um porto da Itália onde se morre.

Meus olhos são pequenos para ver
o corpo pegajento das mulheres
que foram lindas, beijo cancelado
na produção de tanques e granadas.

[69] Carlos Drummond de Andrade, *Poesia 1930-62* (São Paulo, Cosac Naify, 2012, pp. 483-7).

Meus olhos são pequenos para ver
a distância da casa na Alemanha
a uma ponte na Rússia, onde retratos,
cartas, dedos de pé boiam em sangue.

Meus olhos são pequenos para ver
uma casa sem fogo e sem janela
sem meninos em roda, sem talher,
sem cadeira, lampião, catre, assoalho.

Meus olhos são pequenos para ver
os milhares de casas invisíveis
na planície de neve onde se erguia
uma cidade, o amor e uma canção.

Meus olhos são pequenos para ver
as fábricas tiradas do lugar,
levadas para longe, num tapete,
funcionando com fúria e com carinho.

Meus olhos são pequenos para ver
na blusa do aviador esse botão
que balança no corpo, fita o espelho
e se desfolhará no céu de outono.

Meus olhos são pequenos para ver
o deslizar do peixe sob as minas,
e sua convivência silenciosa
com os que afundam, corpos repartidos.

Meus olhos são pequenos para ver
os coqueiros rasgados e tombados
entre latas, na areia, entre formigas
incompreensíveis, feias e vorazes.

Meus olhos são pequenos para ver
a fila de judeus de roupa negra,
de barba negra, prontos a seguir
para perto do muro — e o muro é branco.

Meus olhos são pequenos para ver
essa fila de carne em qualquer parte,
de querosene, sal ou de esperança
que fugiu dos mercados deste tempo.

Meus olhos são pequenos para ver
a gente do Pará e de Quebec
sem notícias dos seus e perguntando
ao sonho, aos passarinhos, às ciganas.

Meus olhos são pequenos para ver
todos os mortos, todos os feridos,
e este sinal no queixo de uma velha
que não pôde esperar a voz dos sinos.

Meus olhos são pequenos para ver
países mutilados como troncos,
proibidos de viver, mas em que a vida
lateja subterrânea e vingadora.

Meus olhos são pequenos para ver
as mãos que se hão de erguer, os gritos roucos,
os rios desatados, e os poderes
ilimitados mais que todo exército.

Meus olhos são pequenos para ver
toda essa força aguda e martelante,
a rebentar do chão e das vidraças,
ou do ar, das ruas cheias e dos becos.

No Brasil, Lasar Segall também se ocupou com o drama da guerra. Nesta obra da série *Visões de guerra* (1940-1943), o espectador só sabe das vítimas por meio do olhar aterrado da mulher — uma variante eficaz do motivo goyesco da visão intolerável da guerra (*No se puede mirar*), que Drummond repisa no refrão deste poema.

Meus olhos são pequenos para ver
tudo que uma hora tem, quando madura,
tudo que cabe em ti, na tua palma,
ó povo! que no mundo te dispersas.

Meus olhos são pequenos para ver
atrás da guerra, atrás de outras derrotas,
essa imagem calada, que se aviva,
que ganha em cor, em forma e profusão.

Meus olhos são pequenos para ver
tuas sonhadas ruas, teus objetos,
e uma ordem consentida (puro canto,
vai pastoreando sonos e trabalhos).

Meus olhos são pequenos para ver
essa mensagem franca pelos mares,
entre coisas outrora envilecidas
e agora a todos, todas ofertadas.

Meus olhos são pequenos para ver
o mundo que se esvai em sujo e sangue,
outro mundo que brota, qual nelumbo
— mas veem, pasmam, baixam deslumbrados.

 Tudo no poema indica o planejamento geométrico: cem versos decassílabos, todos acentuados na sexta sílaba (heroicos), organizados na forma estrófica mais padronizada (a quadra), além da presença do estribilho, dado pela repetição, no início de cada um dos 25 quartetos, do verso "Meus olhos são pequenos para ver". A primeira característica notável do poema, portanto, é a de trabalhar com uma forma fixa e regular para abranger a multiplicidade da "guerra total".

 A ausência de rima dá o que pensar. Teria o poeta julgado que sua utilização acarretaria um excesso de artificialismo, ou mesmo de redundância, num poema já cheio de reiterações (metro, refrão, estrofe)? A recusa teria a ver com o próprio assunto, os "desastres da guerra", lembrando a postura de Bertolt Brecht em "Tempos ruins para a lírica": "Em minha canção uma rima/ Me pareceria quase ato de soberba"?[70] A questão ganha em importância quando se pensa em "Consideração do poema", texto que abre *A rosa do povo* com uma negação: "Não rimarei...". De todo modo, o que importa reter aqui é que a estrutura fixa e regular do poema fornece um *enquadramento* da guerra,[71] o qual, por sua vez, corresponde ao campo de visão do poeta, insistentemente demarcado no refrão. Dessa maneira, o sujeito e o seu assunto, assim como a forma que efetua a mediação entre eles, encontram-se amalgamados. O olhar do sujeito secciona o seu objeto (o amplo painel da guerra) em pequenas cenas, as quais se organizam numa forma proporcional e homogênea. Como a visão é o sentido organizador do poema, podemos afirmar, por analogia, que ele se assemelha a um "álbum de fotografias" da guerra em 1944, ou a uma sequência de imagens de tamanho uniforme — analogia plenamente sustentável até pelo menos a 18ª quadra.

Favorece ainda essa associação o fato de cada quadra ser autobastante, isto é, descrever uma *cena completa*, como se cada uma delas fosse um "quadrinho". Nesse sentido, é regular a pontuação, e cada estrofe apresenta um único ponto, sempre no final, de modo a demarcar com nitidez cada unidade do poema. Além disso, a posição do refrão no início das estrofes (e o fato de ele ser estruturado em torno do verbo "ver") exige necessariamente um complemento, de modo que cada quadra se desdobra em *enjambements* até efetuar o desenho de uma cena particular, e assim sucessivamente. O resultado final desse procedimento é a representação do vasto pela justaposição cumulativa dos detalhes.

[70] Tradução de Marcus Vinicius Mazzari, extraída de seu ensaio "'Água mole em pedra dura': sobre um motivo taoista na lírica de Brecht", em *Labirintos da aprendizagem* (São Paulo, Editora 34, p. 256).

[71] Ou uma espécie de moldura, muito diferente daquela que Murilo Mendes denominou, na mesma época e com o mesmo objetivo, de "Janela do caos".

Qual a guerra vista pelo poeta (e que ele dá a ver) nas quadras do poema? A visão é a do horror universalizado: as inúmeras frentes de batalha, "todos os mortos", "todos os feridos", os "países mutilados como troncos", o "mundo que se esvai em sujo e sangue"...

Grande parte desse horror era denominado então de "esforço de guerra". Para justificá-lo, a humanidade já tinha refinado alguns processos eficientes de coletivização: a propaganda e a produção industrial em série. Nisso a Segunda Guerra Mundial foi insuperável: no front interno, as mulheres entraram no mercado de trabalho numa escala até aquele momento inédita, tendo se mostrado particularmente aptas na indústria de precisão e na aeronáutica,[72] enquanto os homens foram transformados em autênticas peças sobressalentes.[73] Nas frentes de combate, a demanda parecia inesgotável, tanto de equipamentos quanto de soldados — os equipamentos cada vez mais apurados, os soldados cada vez mais jovens. Portanto, *tudo* era front, e os civis estavam igualmente expostos, sobretudo em regiões industriais, mas também em outras

---

[72] Cf. Guillaume Prévost, *La seconde guerre mondiale: vie et société*, Paris, Larousse, 1992, pp. 90-1. O mesmo fenômeno já ocorrera durante a Primeira Guerra Mundial. Wilfred Owen deixou escrito em 29 de outubro de 1918 (seis dias antes de sua morte no front e treze antes do armistício que poria fim à guerra de 1914): "As bombas feitas por mulheres em Birmingham estão neste momento soterrando crianças vivas." Apud Abgar Renault, *Poemas ingleses de guerra*, Belo Horizonte, 1970, p. 171.

[73] "Uniformes e anônimos, fundamentalmente não diferenciados, aqueles rapazes, transformados pelo treinamento em peças quase mecânicas, intercambiáveis, testemunham o sucesso da produção de homens em série — processo tornado possível por um espetacular crescimento demográfico e favorecido pela ascensão rápida da cultura de massa, com sua eficácia para uniformizar um país. Resultado: os soldados da Segunda Guerra Mundial eram ainda mais anônimos, ainda mais despojados de qualquer marca pessoal, do que os seus homólogos da Primeira Guerra." Cf. Paul Fussell, *Wartime: understanding and behavior in the Second World War*, Nova York, Oxford University Press, 1990, p. 66. No mesmo livro, Fussell menciona várias vezes o verso de Randal Jarrell sobre os soldados: "Você é algo de que existem milhões de exemplares".

não estratégicas em termos militares, por vezes bombardeadas ou por vingança ou para minar o "moral" do inimigo. Na Alemanha ultranacionalista, por exemplo, a produção da maquinaria de guerra transformou algumas regiões do país em núcleos "cosmopolitas", com a reunião de milhões de trabalhadores forçados,[74] originários de todas as regiões da Europa ocupada, muitos deles mortos por bombardeios aliados. Paralelamente, dava-se o fato talvez mais abjeto dessa guerra — o planejamento racional do extermínio, em particular dos judeus, mas também de ciganos, eslavos, chineses, todos, enfim, de quem a propaganda tinha apregoado a "inferioridade" ou demonizado.

"Visão 1944" é o único poema brasileiro, escrito durante o conflito, que ao menos tangencia esses aspectos, em especial o da questão judaica, e denota uma visão crítica abrangente.[75] Na "Carta a Stalingrado", a euforia, circunstancialmente explicável, impediu o poeta de enfocar algumas dessas dimensões sórdidas e inerentes à Segunda Guerra Mundial. O verso "Terá custado mi-

---

[74] Cf. Guillaume Prévost, *op. cit.*, pp. 94-101.

[75] O poema de Vinicius de Moraes, "Balada dos mortos dos campos de concentração", e o de Joaquim Cardozo, "Os anjos da paz" (dedicado "aos mortos de Lídice e Coventry/ aos mortos de Hiroshima e Nagasaki"), foram escritos depois da guerra terminada, quando os crimes nazistas foram expostos em seus detalhes à opinião pública, sobretudo durante o Julgamento de Nuremberg (20/11/1945 a 1/10/1946). Os dois poemas são dos mais veementes escritos entre nós sobre a Segunda Guerra Mundial. A balada de Vinicius de Moraes tem grande força expressiva e realiza uma descrição impressionante de uma das imagens mais tragicamente emblemáticas deste século — a dos cadáveres amontoados do holocausto. Deste, Drummond só podia ter, como quase todos em 1944, uma notícia vaga. Thomas Mann, em suas já citadas transmissões radiofônicas ao povo alemão, pela BBC, declara como o exército alemão "está loucamente empenhado no extermínio dos judeus", trazendo informações do governo polonês no exílio segundo as quais a "Gestapo teria matado ou torturado 700 mil judeus". Essa transmissão é de 27 de setembro de 1942, quando o mundo inteiro olhava para Stalingrado. Essas atrocidades eram vistas então como crimes de guerra, e só depois foram compreendidas em toda a sua extensão. Nesse sentido, não deixa de ser admirável o destaque dado por Drummond a essa questão em "Visão 1944".

lhões de vidas, tanques e aviões, mas valeu a pena", por exemplo, podia perfeitamente ser utilizado na propaganda do "esforço de guerra" (em *qualquer* frente), assim como a primeira parte do poema, em que os soldados mortos aos milhares são repostos num ritmo maquinal e voraz — "outros homens surgem/ [...] seus peitos que estalam e caem/ enquanto outros, vingadores, se elevam" —, poderia servir como justificativa para a matança em série de soldados, vistos por alguns líderes da época, Stálin entre eles, como meros números de um cálculo sombrio para alcançar a vitória.[76]

O "novo", tão enfatizado no poema anterior, é agora a invasão aliada na Normandia ("O dia D"), o envio de tropas brasileiras para a Itália, a potencialização extraordinária do esforço bélico internacional. Mas aqui a corrosão da guerra é o tema central; o conflito, já em seu quinto ano, transformou a matança em rotina. Houve uma sensível alteração da perspectiva do poeta. Passados quase dois anos do entusiasmo heroico de Stalingrado, "Visão 1944" pode ser definido como um poema que tem matizes pacifistas, na medida em que traz uma condenação abrangente da guerra. (O último poema de Drummond diretamente sobre o assunto, "Com o russo em Berlim", retomaria em grande parte o tom aguerrido da "Carta a Stalingrado", numa amostra das oscilações experimentadas então, e não apenas por ele.)

Há sem dúvida aspectos prodigiosos, como aquele em que os soldados andam sobre as águas e as fábricas são transferidas sobre tapetes. Mas essa dimensão mais espetacular, que o cinema explorou como nenhuma outra arte, é aqui antes índice da inversão trazida pelo conflito, que tudo submeteu à perversidade, sem distinção do lado em que se luta. O "general" mencionado na segunda quadra, por exemplo, não pertence a nenhum exército em particular, a facção pela qual atua importa menos, importa sobretudo

---

[76] Sobre a "indiferença" de Stálin com relação ao sacrifício de soldados durante a Segunda Guerra Mundial, ver artigo esclarecedor do historiador russo Igor Ivanovitch Dolútski. "Sob o prisma da Rússia", em *Revista USP. Dossiê 50 anos do final da Segunda Guerra* (São Paulo, Edusp, junho/agosto 1995, pp. 94-108).

que ele seja um comandante de uma guerra mortífera e intolerável; a passagem relativa à União Soviética não trata do heroísmo do Exército Vermelho, mas focaliza, compassivamente, os mortos alemães: "a distância da casa na Alemanha/ a uma ponte da Rússia, onde retratos,/ cartas, dedos de pé boiam em sangue", passagem que evoca poemas de Brecht sobre o mesmo tema.[77] A morte, a destruição e a dor são aqui onipresentes: elas ocorrem no mar, na terra, nas areias do deserto, no gelo, no ar, nas diversas estações, no front como na retaguarda. A própria natureza foi profanada, as mulheres se degradaram tanto quanto os homens ("beijo cancelado"), e a infância está ausente ("sem meninos em roda").

Diante disso tudo, o refrão "meus olhos são pequenos para ver" justifica-se plenamente, e o seu sentido mais imediato é o de declarar que o mundo em guerra excede em muito a capacidade do sujeito de "ver" (isto é, de suportar) ou, dito de outro modo, de figurá-lo em linguagem.

Nas dezessete primeiras quadras, o objeto obsessivo do olhar é esse "mosaico de misérias",[78] constituído de cenas de grande dinamismo (assim se manifestava então a "máquina do mundo"),

---

[77] Entre os muitos poemas de Brecht sobre a guerra no front soviético, pelo menos dois merecem ser citados nesse contexto. O primeiro, "Aos soldados alemães no front oriental", de 1942, em que há a seguinte passagem (traduzo da tradução francesa): "Nos atlas das escolas, nos mapas,/ O caminho até Smolensk não é maior/ Que o dedo do Führer, mas/ Nos campos de neve ele é longo/ Muito longo, demasiadamente longo"; o segundo, "Que foi que recebeu a mulher do soldado?", de 1943, do qual transcrevo a última estrofe, em tradução do próprio Carlos Drummond de Andrade (a partir de uma versão francesa): "Que foi que recebeu a mulher do soldado,/ do longínquo país dos russos?/ Da Rússia ela recebeu o seu véu de viúva,/ de um pano que não acaba, esse véu de viúva!/ Eis o que da Rússia ela recebeu". Cf. Carlos Drummond de Andrade, *Poesia traduzida* (São Paulo, Cosac Naify, 2011, p. 111).

[78] Expressão da jornalista Marguerite Higgins, que acompanhou como correspondente de guerra as operações do exército americano na Europa em 1945. Segundo suas próprias palavras, ela esperava encontrar ali um espetáculo edificante, já que se tratava da liberação da Europa do jugo nazista. "Nada da minha experiência anterior ou dos meus estudos me havia prepa-

carregadas de ações ainda em curso (quando há repouso e silêncio, é porque a destruição já passou, como nas casas abandonadas ou "invisíveis", e nos mortos). Significativa, nesse sentido, é a enorme presença de gerúndios — o tempo verbal mais adequado para expressar tais eventos: "esperando", "brotando", "escolhendo", "prevenindo", "funcionando", "perguntando"; gerúndio que está subentendido em outras passagens: gêneros de toda espécie sendo transportados, armamentos sendo produzidos, pedaços de corpos boiando, peixes deslizando entre os mortos submarinos, os homens seguindo em filas de alimento ou em filas de morte etc.

Goya e *Os desastres da guerra*

Na leitura de um poema tão apegado ao visual ou ao pictórico, é tentadora a aproximação com as artes plásticas, que têm longa e nobre tradição na representação da guerra, tanto em sua suposta glória como em seus horrores. E isso desde obras monumentais, a óleo, como o tríptico de Paolo Uccello sobre a *Batalha de San Romano*, executado em meados do século XV, ou *Guernica*, de Pablo Picasso, até obras de menor porte e em técnicas despojadas, afeitas ao registro mais imediato. O poema de Drummond se aproxima mais dessa segunda tendência: busca a exposição das "misérias" ou dos "desastres" da Segunda Guerra Mundial pelo acúmulo de pequenas estampas.

Para o gosto pacifista moderno,[79] talvez o primeiro trabalho a ser mencionado seja a série de dezoito gravuras de Jacques Cal-

---

rado para aquele mosaico de misérias: cidades arruinadas, pútridas; cadáveres por toda a parte, alguns mutilados ou aos pedaços." *Apud* Paul Fussell, *op. cit.*, p. 12.

[79] Nesse sentido, o homem moderno é herdeiro da mentalidade iluminista. Leia-se a respeito a afirmação de Celso Lafer: "No plano filosófico, a valoração positiva da paz tem a sua fundamentação na *Aufklärung* do século XVIII — nas luzes da razão propiciada pela Ilustração. Esta encontra no *Projeto de Paz Perpétua* de Kant um foco irradiador dos mais significati-

lot (1592-1635), composta em 1633, com o título *Les misères et les malheurs de la guerre*[80] — no caso, a devastadora Guerra dos Trinta Anos. Detalhe importante, cada uma das águas-fortes é acompanhada de um pequeno poema em três dísticos com rimas emparelhadas. Por exemplo, na prancha em que se expõe a destruição de uma aldeia, observam-se algumas casas, um estábulo e uma igreja em chamas, alguns corpos estendidos de camponeses mortos, outros caminhando em fila atados entre si, soldados levando consigo animais e outros butins.

Aqueles que Marte entretém com seus atos malévolos
Tratam assim a pobre gente do campo

Eles os aprisionam e queimam suas aldeias
E mesmo o gado devastam

Sem que o medo das Leis nem o senso do dever
Nem prantos e gritos possam comovê-los.[81]

A obra de Jacques Callot era certamente conhecida por Francisco de Goya y Lucientes (1746-1828) quando este começou a realizar, quase duzentos anos depois, aquela que talvez seja a mais

---

vos". Cf. "Visões de guerra 1940-43 de Lasar Segall", em *Visões de guerra* (São Paulo, Imprensa Oficial do Estado de São Paulo/Museu Lasar Segall/Centro de Cultura Judaica, 2012, p. 114).

[80] A reprodução da série encontra-se em *Callot's etchings* (Nova York, Dover Publications, 1974). Callot realizou diversos outros trabalhos sobre temas militares, também no seu tempo uma autêntica obsessão: *Combat à la Barrière, Le siège de Breda, Le siège de La Rochelle, Exercices militaires*, entre outros.

[81] No original, "Ceux que Mars entretient de ses actes méchans/ Accommodent ainsi les pauvres gens des champs// Ils les font prisonniers ils brulent leurs villages,/ Et sur le bestail mesme exercent des ravages,// Sans que la peur des Loix non plus que le devoir/ Ny les pleurs et les cris les puissent emouvoir". Cf. *op. cit.*, figura 271.

Ceux que Mars entretient de ses actes meschans   Ils les font prisonniers
Accommodent ainsi les pauures gens des champs   Et sur le bestail mesme

Nas águas-fortes da série *As misérias e as infelicidades da guerra*, publicada em 1633, Jacques Callot (1592-1635) gravou cenas atrozes da Guerra dos Trinta Anos, que devastou a Europa entre 1618 e 1648.

famosa condenação da guerra nas artes plásticas: a série de águas-fortes *Los desastres de la guerra*, publicada postumamente em 1863.[82] Otto Maria Carpeaux não hesitou em afirmar que Goya é "o maior de todos os mestres a demonstrar que a guerra é a guerra".[83] Em relação a Goya, os elogios são unânimes e sempre superlativos, como os de Robert Hughes:

> [*Los desastres* são] o maior manifesto antibélico da história da arte. Goya foi o primeiro pintor da história a expor a verdade sóbria sobre o conflito humano: que o homem mata e volta a matar, e que sua matança obedece a ímpetos encravados tão profundamente em sua psique quanto todo impulso de piedade, fraternidade ou misericórdia.[84]

[82] *Los desastres de la guerra/The disasters of war*, Nova York, Dover Publications, 1967. Essa edição tem 83 gravuras; a primeira, de 1863, apenas oitenta; enquanto o exemplar único dedicado ao amigo Bermudez, e que hoje se encontra na Biblioteca Nacional de Madri, conta 85. Famosíssimos também são os quadros a óleo: *2 de maio de 1808 em Madri: a luta* e *3 de maio de 1808 em Madri: as execuções*. É preciso mencionar ainda a *Luta com bastão*, em que dois homens, enterrados até o joelho, empunhando porretes, batem-se furiosamente; é uma das pinturas realizadas na famosa Quinta del Sordo, e pode ser vista como uma horripilante alegoria da guerra. Cf. Francisco Javier Sanchez Canton, *Goya et ses peintures noires à la Quinta del Sordo* (Paris, Robert Laffont, 1963).

[83] "Os *Desastres*, quase sempre em hora noturna, expõem o homem em luta de vida e morte contra o homem; o espaço todo um único campo de batalha; feridos agonizantes, torturados, mortos, enforcados; o desespero das mulheres violentadas e das crianças abandonadas; a fome e a miséria. Cf. "Guerra é guerra", em *Gazeta Mercantil*, 25 de abril de 1997. O breve texto é apresentado por Felipe Fortuna, que informa que ele iria servir de prefácio a "um livro de ilustrações sobre o tema da guerra que Jaguar e Fortuna imaginaram lançar no ano de 1965, como uma crítica ao golpe militar do ano anterior".

[84] Robert Hughes, *Goya* (São Paulo, Companhia das Letras, 2007, respectivamente, pp. 356 e 340).

O caráter inovador das gravuras de Goya é outro ponto de concordância entre os críticos. Tzvetan Todorov, por exemplo, afirma:

> Quiçá pela primeira vez na história da pintura a guerra aparece despojada de todo brilho, de toda sedução; é a encenação de um massacre imundo, e não de um espetáculo heroico. Não há em Goya a menor tentação estetizante, esses corpos dilacerados, essas mulheres estupradas, esses enforcados não são belos.[85]

Otto Dix, enquanto realizava a extraordinária suíte de cinquenta águas-fortes, intitulada *A guerra* (1923-24), composta a partir de sua experiência de soldado na Primeira Guerra Mundial, declarou ter sempre em mente os *Desastres*. Observe-se, nesse sentido, a semelhança notável entre a gravura de Goya intitulada *Estragos de la guerra* e aquela de Dix, *Casa destruída por bombardeio aéreo (Tournai)*. As posições dos cadáveres em Dix, assim como a distribuição de luz, parecem quase uma citação de Goya, como se este fosse não apenas um predecessor, mas um contemporâneo.[86]

[85] Tzvetan Todorov, *Goya à sombra das luzes* (São Paulo, Companhia das Letras, 2014, p. 140).

[86] Cf. Otto Dix, *Der Krieg/The War* (Milão, 5 Continents; Péronne, Historial de la Grande Guerre, 2003, p. 115). Nessa visão "anacrônica" das gravuras de Goya, em que o homem do século XX projetou sobre elas a sua própria catástrofe, cabe lembrar a declaração do pintor e gravador Zoran Music (1909-2005), sobrevivente do campo de Dachau, que dizia "encontrar somente em Goya uma imagem do que ele mesmo tinha vivido" (cf. Tzvetan Todorov, *op. cit.*, p. 140). Vale mencionar também o poeta russo Andréi Vozniessiênski (1933-2010), autor do poema "Goya", no qual figuram os horrores da guerra observados por ele ainda menino em 1941. No curto poema, célebre pelas assonâncias e aliterações, o sujeito lírico se identifica ao pintor: "Sou Goya" ou "Eu — Goya", conforme, respectivamente, a tradução brasileira de Haroldo de Campos e Boris Schnaiderman (*Poesia russa moderna*, São Paulo, Brasiliense, 1985, p. 266), e a tradução portuguesa de Armando da Silva Carvalho e Clara Schwarz da Silva (*Antimundos*, Publica-

Ora, o que faz essa obra de Goya ser assim paradigmática para os artistas e críticos modernos?

De um ponto de vista histórico,[87] pela própria natureza da guerra que ele presenciou. Em princípio, uma guerra de indepen-

ções Dom Quixote, 1970, pp. 73-4). O prestígio de Goya estende-se aos dias atuais. O Museu do Louvre de Lens organizou uma importante exposição para lembrar o centenário da Primeira Guerra Mundial: *Os Desastres da Guerra 1800-2014*.

[87] Lukács, em sua descrição do contexto que originou o romance histórico, sublinha a especificidade das guerras napoleônicas em relação aos conflitos europeus do passado, indicando (ainda que sem insistir nisso) como elas antecipam a guerra moderna. Nesse sentido, não é de espantar a atualidade das gravuras de Goya e o modo como elas foram tomadas como autêntico paradigma pelos artistas do século XX: "Foram a Revolução Francesa, as guerras revolucionárias, a ascensão e a queda de Napoleão que fizeram da história, pela primeira vez, uma *experiência vivida pelas massas*, e mesmo em escala europeia. Entre os decênios de 1789-1814, todos os povos da Europa foram mais sacudidos do que haviam sido antes em séculos. E a sucessão rápida desses transtornos [...] reforçou o sentimento de que há uma história, que essa história é um processo ininterrupto de mudanças e que finalmente essa história tem um efeito direto sobre a vida de cada indivíduo. Essa gradação do quantitativo ao qualitativo aparece também nas diferenças entre essas guerras [napoleônicas] e todas as precedentes. As guerras dos estados absolutistas da época pré-revolucionária eram conduzidas por pequenos exércitos profissionais. E eram dirigidas de maneira a isolar o exército o mais rigorosamente possível da população civil. Isso muda de um golpe com a Revolução Francesa. Em sua luta defensiva contra a coalizão das monarquias absolutistas, a República Francesa foi obrigada a criar exércitos de massa [...]. E a vida interna de uma nação está ligada ao exército moderno de massas de uma maneira totalmente diversa do que estava antes com os exércitos absolutistas. [...] Em definitivo, a enorme expansão quantitativa da guerra tem um papel qualitativamente novo, trazendo consigo um alargamento extraordinário de horizontes. [...] Resulta disso a possibilidade concreta para os homens de compreender sua própria existência como algo historicamente condicionado, de ver na história algo que afeta profundamente suas vidas cotidianas e que lhes concerne de modo imediato". Cf. György Lukács, *Le roman historique* (Paris, Payot, 1965, pp. 22-5). Os grifos são do próprio Lukács. Ver também um estudo recente de David A. Bell, cujo título é suficientemente elucidativo: *Primeira Guerra Total: a Europa de Napoleão e o nascimento dos confrontos internacionais como os conhecemos* (Rio de Janeiro, Record, 2012).

Francisco de Goya y Lucientes (1746-1828) testemunhou a invasão do exército napoleônico na Espanha em 1808 e as calamidades que se seguiram. *Estragos da guerra*, acima, é a estampa nº 30 da série *Os desastres da guerra*, publicada em 1863.

O artista alemão Otto Dix (1891-1969) lutou em várias frentes durante a Primeira Guerra. A gravura em metal *Casa destruída por bombardeio aéreo (Tournai)* integra a série *A guerra*, de 1924.

dência contra as forças napoleônicas, o que por si só já seria desigual e devastadora: homens armados de maneira insuficiente e sem treinamento militar adequado contra 250.000 homens da *Grande Armée*. Não por acaso, a tática usada foi a da *guerrilla*[88] (a palavra foi criada justamente naquele contexto), para conduzir um combate lento e de desgaste, em que o ódio devia renovar-se a cada instante. Mas foi também uma autêntica guerra civil, entre espanhóis conservadores, agressivamente monarquistas e clericais, e aqueles ditos então *afrancesados*, partidários do ideário das Luzes — um conflito de ideologias, portanto. Algumas das gravuras mais chocantes traziam espanhóis mortos por espanhóis. Tratava-se, portanto, de uma *guerra total*, e entre os numerosos mortos expostos nas duas primeiras partes da série de gravuras, misturam-se franceses e espanhóis, militares e civis, mulheres e crianças, em execuções de todo tipo, nos combates de guerrilha, na terrível fome de 1812.

Essa guerra foi marcada por uma terrível ambivalência, na medida em que o elemento invasor (o exército napoleônico) era progressista e alinhado com as Luzes, enquanto a resistência espanhola alinhava-se às tendências mais conservadoras do país.

Nas suas gravuras, Goya não é contra esse ou aquele lado, é contra a guerra em si. Para não deixar dúvidas quanto a isso, logo na abertura o artista expõe os dois lados: na segunda gravura, espanhóis massacrados por franceses e a legenda *Con razón o sin ella* [Com ou sem razão]; na terceira, franceses massacrados por espanhóis, e a legenda *Lo mismo* [O mesmo]. Na verdade, as duas partes abandonaram a razão.

De um ponto de vista técnico, é comum frisar a novidade das gravuras de Goya em contraponto àquelas de Callot, normalmente considerado o mais importante de seus antecessores:

---

[88] "Inventam uma nova maneira de lutar, na qual o assédio, a importunação, substitui a batalha: é a pequena guerra, a *guerrilla* [...]. O primeiro exército moderno, o de Napoleão, enfrenta a primeira resistência armada organizada, a guerrilha! Não é de espantar que, no mesmo momento, apareça o primeiro grande pintor da modernidade", Todorov, *op. cit.*, p. 116.

As gravuras de Goya são incomparavelmente mais dramáticas e mais variadas em sua narrativa, mais lancinantes em seu poder documental, mais selvagemente belas e, em todos os aspectos, mais humanamente comovedoras: nada que se possa igualar a elas foi feito desde então; elas são os verdadeiros ancestrais de toda grande reportagem visual de guerra.[89]

Ricardo Anderáos argumenta como em Goya há "o extremo grau de aproximação da cena, afastando-se do tratamento panorâmico da imagem, rompendo com essa tradição e antecipando o surgimento da fotografia de guerra"; em outro momento mostra como em Goya o "observador é jogado dentro da cena", de que resulta uma "carga emocional muito mais intensa".[90]

A técnica da "imagem congelada", do "instantâneo anterior à invenção da câmera" foi na opinião de muitos estudiosos um dos procedimentos mais notáveis do artista espanhol. Anderáos propõe, por exemplo, a "estranha ligação" entre a gravura *Con razón o sin ella*, em que aparece no primeiro plano um homem no "instante exato da morte", soltando pela boca "um jorro de sangue literalmente congelado no ar" e a conhecida foto do soldado republicano fotografado por Robert Capa em setembro de 1936.[91]

Para Todorov, em contraponto, "a verdade do artista não é a do jornalista", e é "preciso renunciar a ver Goya como um precursor do repórter ou do fotógrafo de guerra". No entanto, elogia procedimentos análogos: "A economia e a potência de seus traços são impressionantes [...] as cenas são simplificadas e os personagens vistos cada vez mais de perto; seus traços exprimem apenas

---

[89] Cf. Hughes, *op. cit.*, p. 314.

[90] Cf. "A guerra desnuda: história e representações nos *Desastres* de Goya" (São Paulo, FFLCH-USP, 1994, tese de doutoramento, respectivamente pp. 98 e 100).

[91] Cf. Anderáos, *op. cit.*, p. 216.

um estado, uma atitude, um sentimento — mas com uma força aumentada".[92]

Drummond pensava em Goya enquanto lapidava as quadras de seu poema? De qualquer modo, há uma água-forte nos *Desastres* cuja legenda lembra bastante o estribilho de "Visão 1944": *No se puede mirar* [Não se pode olhar]. A gravura é das mais pungentes: um grupo de civis, homens, mulheres e crianças são encantoados num espaço fechado e suas reações são fixadas no momento imediatamente anterior à execução, supõe-se, por militares franceses dos quais podemos ver apenas as pontas das baionetas dos mosquetes, num outro procedimento goyesco exaltado pela crítica: a da utilização do extra-campo,[93] isto é, a de protagonistas da ação não aparecerem diretamente na cena, o que reforça tanto mais sua "presença". Nesse sentido, talvez seja ainda mais exemplar outra gravura que também evoca o estribilho de Drummond: *Yo lo vi* [Eu vi isso], em que novo grupo de civis espanhóis, agora mais numeroso e em campo aberto, assume uma posição de fuga para a esquerda do campo da gravura, enquanto olham em desespero para o lado oposto por onde o inimigo, ainda não visível, ataca. Nos dois casos, o impacto causado pelo terror apenas pressentido, não inteiramente descrito, é maior do que seria em uma exposição panorâmica.

Em *No se puede mirar*, o que é uma primeira explicação do título, nenhum dos personagens mira diretamente os executores; quase todos desviam o olhar, ou cobrem os rostos, com as mãos, com a roupa; os dois únicos que parecem se voltar em direção às armas têm os olhos fechados. O efeito é tamanho que mal conseguimos sustentar o olhar para a gravura. Essa é a segunda explicação para o título de Goya, e também é um dos sentidos principais do estribilho de Drummond, como já indicamos. O terceiro — e decisivo — aspecto sugerido pelo título é que o que "não se

---

[92] *Op. cit.*, respectivamente pp. 128 e 168.

[93] Cf. Philip Hofer, em Francisco Goya, *The disasters of war, op. cit.*, p. 2, e Anderáos, *op. cit.*, p. 121.

No se puede mirar, estampa nº 26 de *Os desastres da guerra*. Com seu contraste intenso de luzes e sombras, os olhos cerrados das vítimas e as pontas das baionetas que adentram a imagem pela direita, esta é uma das imagens mais perturbadoras de Goya.

Yo lo vi, estampa nº 44 de *Os desastres da guerra*. Nesta composição tensionada por vários pontos de fuga, Goya flagra o instante de estupefação e desespero da população na iminência de um ataque em que o agressor permanece invisível para o espectador.

pode mirar" é justamente o horror, que sequer é figurado, pois foi habilmente situado pelo artista fora do campo de visão.

Mas existe outro vínculo entre o poema de Drummond e as gravuras de Goya. Estas, em sua terceira parte, já quase não expõem imagens da guerra, e provavelmente foram compostas depois do conflito terminado (1808-1812), embora se vinculem intimamente às suas consequências. Elas apresentam em geral figuras alegorizantes e podem lembrar os *Caprichos* compostos muito antes (1797-99). Isso condiz, de resto, com o primeiro título de todo o conjunto, dado pelo próprio Goya: *Fatales consecuencias de la sangrienta guerra en España y otros caprichos enfáticos*. Essa terceira e última parte ganha em clareza ao ser compreendida como crítica ideológica à monarquia conservadora que voltou a assumir o poder (1814), revogando a Constituição de 1812, à qual Goya e outros intelectuais espanhóis haviam aderido e que representava uma autêntica conquista e mesmo alguma reparação depois de tantos "desastres". Mas a crítica do artista é acompanhada de um horizonte otimista, visível particularmente na gravura *Esto es lo verdadero* [Isso é o verdadeiro], em que uma figura feminina irradiante olha benevolamente um camponês enquanto se acumulam ao lado os produtos da terra.[94]

"Visão 1944" também muda muito a partir da 18ª estrofe, e essa mudança tem igualmente uma direção ideológica. O índice mais claro dessa alteração aparece na imagem do latejar da vida "subterrânea" — o poema passa a focalizar aquilo que se acha "atrás" da agitação bélica. O campo da visão objetiva desloca-se, portanto, para o que ainda é *invisível*, e a descrição do presente concreto cede lugar à antecipação do término da guerra e das possibilidades de uma outra realidade que dele adviria. Tal como vem

---

[94] "A imagem de tranquilidade e fartura de *Esto es lo verdadero* forma um contraste chocante com o resto dos *Desastres*, particularmente com as imagens que descrevem a onda de fome de 1812 em Madri. O fato de ter sido colocada no final da série tem importância capital. Após bombardear o observador com o caos da guerra, Goya representa a Constituição de 1812 indicando o caminho de paz e prosperidade." Cf. Anderáos, *op. cit.*, p. 167.

expresso na penúltima estrofe, o presente passa a ser o "outrora" e o que há de vir é o que "agora" ganha vigência.

Nessa segunda parte do poema, predominam tempos verbais do futuro: as mãos e os gritos roucos que "se hão de erguer", os rios e os poderes ilimitados que serão "desatados", a força aguda e martelante "a rebentar". O sujeito dessa transformação é claramente o "povo" (que pode ser acompanhado nas formas pronominais do "tu"), a quem o poeta passa a dirigir-se diretamente. A expectativa é a de que o final do conflito precipitaria o "madurar" do povo para a conquista do poder, daí o progressivo "avivar-se" da sua imagem ainda "calada" e oculta "atrás da guerra, atrás de outras derrotas"; a sua presença a "ganhar" em cor, em forma e profusão. As "ruas e objetos" "sonhados" pelo povo aparecem como expressão do desejo individual do poeta, numa aproximação buscada, como se sabe, em todo o livro *A rosa do povo*.

A imagem da quadra final — a dissolução de um mundo e a emergência de outro — traz precisamente uma das variações mais promissoras (e belas...) dessa "rosa": o "nelumbo". Essa quadra permite também sublinhar outro aspecto importante do poema — ao lado da ênfase no sentido da visão, o poeta disseminou uma musicalidade igualmente marcante. Observem-se dessa perspectiva as aliterações presentes na primeira quadra, a partir da recorrência do fonema /s/, por exemplo. Na estrofe final essa sonoridade atinge o ápice, com a tônica das palavras-chave incidindo sobre o mesmo som: *mun*do, *su*jo, *mun*do, n*elum*bo, des*lum*brados — esta é também a última palavra do poema, e palavra forte, "positiva", atributo final do olhar, que ressignifica, retroativamente, a pequenez afirmada de modo insistente: é claro que o deslumbre é aqui não dirigido aos desastres mas ao porvir.

Uma renovada leitura do refrão faz-se portanto obrigatória: os olhos são pequenos para ver não mais o terror, mas já uma espécie de festa, igualmente excessiva e transbordante, cujo agente é o povo. Afinal, se podia existir aquela coletivização forçada e macabra, por que não seria possível uma outra, realizada em termos diferentes? A guerra era uma caricatura da socialização: os destinos das pessoas e dos povos estavam interligados, mas pelo terror; a produção e a partilha de bens eram submetidas a regras coletivas, mas para o ataque e a defesa. Uma inversão de sinais traria uma socialização já com vistas ao bem estar coletivo, da qual, de acordo com a perspectiva ideológica assumida então por Drummond, o grande artífice seria o povo.

O título "Visão" abrange essas duas direções do olhar: o presente e o futuro, a primeira, como *testemunho ocular* (como se as dezessete quadras iniciais fossem instantâneos documentais da guerra);[95] a segunda, como *visionário*, como se as oito quadras finais antecipassem o desenlace do conflito e a sua resolução pela tomada do poder pelo povo.

BRECHT E A *CARTILHA DE GUERRA*

Esse enredo ideológico do poema permite associá-lo também a um projeto de Bertolt Brecht, que parece ainda mais próximo de Drummond, não apenas pela contemporaneidade entre ambos e suas afinidades políticas, mas sobretudo por questões formais, uma vez que se trata de dois trabalhos poéticos — ainda que o termo "trabalho poético" não defina inteiramente o *Kriegsfibel* (*Cartilha de guerra*)[96] de Brecht, publicado pela primeira vez em 1955, porém concebido e elaborado ao longo de décadas, a rigor desde a tomada do poder pelos nazistas em 1933.

Brecht recortou fotos da guerra ou a ela relacionadas e juntou a cada uma delas uma quadra rimada. As quadras não são autônomas em relação às imagens correspondentes, dependem destas

---

[95] Iumna Maria Simon se refere ao poema "Visão 1944" como um "documentário dos acontecimentos mundiais de 1944". Cf. *op. cit.*, p. 106.

[96] *Kriegsfibel* (Berlim, Eulenspiegel Verlag, 1977). Consultei as edições inglesa e italiana, respectivamente, *War primer* (Londres, Libris, 1998, tradução de John Willett) e *L'abicí della guerra* (Milão, Einaudi, 2002, tradução de Roberto Fertonani). As edições alemã e italiana apresentam 69 fotoepigramas, a edição inglesa, 85. Os poemas, também em número de 69, foram publicados isoladamente na Bertolt Brecht *Gesammelte Werke, Band 10, Gedichte 3* (Frankfurt, Suhrkamp Verlag, 1976, pp. 1.035-948).

para serem inteiramente compreendidas, mas também não são legendas neutras, antes propõem comentários provocativos e desmascaradores, sempre irônicos, às vezes pungentes mesmo evitando todo sentimentalismo.

Essa tensão entre "a escrita e a imagem" evoca as conversas frequentes entre Brecht e Walter Benjamin, em meados da década de 1930, das quais resultariam trabalhos importantes de ambos. Benjamin argumenta como a fotografia e a fotoreportagem, então em grande voga, encobriam as assimetrias sociais com a divisa "o mundo é belo". Como sua "verdadeira face é o reclame", a "contrapartida legítima", seria "o desmascaramento ou a construção". E acrescenta, citando o próprio Brecht: "Com efeito, a situação se complica pelo fato de que menos que nunca a simples *reprodução da realidade* consegue dizer algo sobre a realidade. Uma fotografia das fábricas Krupp ou da AEG não diz quase nada sobre essas instituições. A verdadeira realidade transformou-se na realidade funcional. As relações humanas, reificadas — numa fábrica por exemplo —, não mais se manifestam. É preciso, pois, construir alguma coisa. Algo de artificial, de fabricado". Benjamin especifica algo dessa construção: "Aqui deve intervir a legenda, introduzida pela fotografia para favorecer a literalização de todas as relações da vida e sem a qual qualquer construção fotográfica corre o risco de permanecer vaga e aproximativa".[97]

Em outro texto, após reiterar que determinada prática da fotografia "conseguia transformar a própria miséria em objeto de fruição, ao captá-la segundo os modismos mais aperfeiçoados" (o que tem a ver com a "estetização da política", a que seria necessário responder com a "politização da arte"), Benjamin insiste na necessidade de superar "a barreira entre a escrita e a imagem":

> Temos que exigir dos fotógrafos a capacidade de colocar em suas imagens legendas explicativas que as li-

---

[97] Cf. Walter Benjamin, "Pequena história da fotografia", em *Magia e técnica, arte e política* (São Paulo, Brasiliense, 1993, pp. 106-7). Tradução de Sergio Paulo Rouanet.

berem da moda e lhes confiram um valor de uso revolucionário. Mas só poderemos formular convincentemente essa exigência quando nós, escritores, começarmos a fotografar. Também aqui, para o autor como produtor o progresso técnico é um fundamento do seu progresso político. Em outros termos: somente a superação daquelas esferas compartimentalizadas de competência no processo da produção intelectual, que a concepção burguesa considera fundamentais, transforma essa produção em algo de politicamente válido.[98]

Benjamin associa esse tipo de intervenção ao procedimento da montagem, citando o exemplo de John Heartfield (Helmut Herzfeld), em suas fotomontagens, às quais se poderia acrescentar o livro de imagens que este compôs com Tucholsky (*Deutschland, Deutschland überalles*, 1929). Igualmente importante nessa linhagem seria o trabalho de Ernst Friedrich, *Krieg dem Kriegen* (*Guerra à guerra*), de 1924. A montagem seria equivalente também ao "princípio da interrupção", do teatro épico, "pois o material montado interrompe o contexto no qual é montado".[99] É preciso acrescentar ainda que algumas das imagens escolhidas por Brecht já traziam uma legenda das revistas ou jornais de origem, contra as quais vêm se chocar as quadras do poeta.

As quadras recordam algo do laconismo[100] expressivo das gravuras de Goya, mas dizem respeito a um projeto amplo de

---

[98] Cf. "O autor como produtor", *op. cit.*, pp. 128-30.

[99] *Idem*, p. 133.

[100] O compositor Hans Eisler, amigo e colaborador de Brecht, musicou quatorze quadras da *Cartilha de guerra*, que são um primor de brevidade e ironia. Uma delas, com a duração de apenas vinte segundos, feita a partir do fotoepigrama reproduzido na página 181 parodia as fanfarras militares dos "destruidores de cidades", aludidas na quadra de Brecht: "Das sind die Städte, wo wir unser 'Heil!'/ Den Weltzerstörern einst entgegenröhrten./ Und unsre Städte sind auch nur ein Teil/ Von all den Städten, welche wir zerstörten". Cf. Bertolt Brecht, *Gesammelte Werke, Band 10, Gedichte 3* (Frankfurt,

Brecht, o da "faxina linguística"[101] ou da busca da expressão lapidar,[102] mais aptas à intervenção imediata e inspiradas nos epigramas clássicos. Em seu *Diário de trabalho*, Brecht fala dos "admiráveis epigramas" de Meleagro, sua "maravilhosa concretude"; mais adiante elogia "a concisão do estilo clássico"; uma outra declaração envolve diretamente as quadras: "Atualmente, tudo que posso escrever são esses pequenos epigramas, a princípio estrofes de oito versos, e agora só de quatro versos".[103]

Ao associar esses breves textos, escritos em "basic German",[104] a imagens extraídas sobretudo das reportagens fotográficas, tão prestigiosas na década de 1930 (por exemplo, da revis-

Suhrkamp Verlag, 1976, p. 1.047). A tradução, na legenda da imagem, é de Marcus Vinicius Mazzari.

[101] "A faxina linguística em que me meti com os Epigramas finlandeses", em *Diário de trabalho I (1938-1941)* (Rio de Janeiro, Rocco, 2002, p. 111). Tradução de Reinaldo Guarany e José Laurenio de Melo.

[102] Walter Benjamin, comentando "A cartilha de guerra alemã", uma outra série de poemas, pertencente ao livro *Poemas de Svendborg*, afirma: "Ela está escrita em estilo lapidar. A palavra vem do latim *lapis*, a pedra, e designa o estilo que se desenvolveu para inscrições. A sua característica principal era a brevidade. Por um lado, ela foi condicionada pelo esforço de gravar a palavra na pedra e, por outro, pela consciência de que é conveniente ser breve quando se fala para uma série de gerações". Benjamin assinala particularmente a "contradição", explorada por Brecht, que existe no fato de o epigrama clássico, que aspira ao imorredouro, ser voltado agora para a fragilidade e a "pressa alada" dos que lutam contra a barbárie. "Como se fundamenta o estilo lapidar desses poemas? [...]. Suas inscrições não são feitas como as dos romanos para a pedra, mas sim como as dos militantes na clandestinidade para paliçadas." *Apud* Marcus Vinicius Mazzari, "Lírica e dialética na amizade entre Walter Benjamin e Bertolt Brecht", em *Literatura e Sociedade* (São Paulo, Departamento de Teoria Literária e Literatura Comparada/USP, n° 16, 2012, p. 78).

[103] Cf. *op. cit.*, pp. 95, 104 e 109.

[104] Em dezembro de 1944, após listar os seus "Poemas do exílio", Brecht anota: "Em última análise, os poemas estão escritos numa espécie de *basic German*". Cf. *Diário de trabalho II (1941-1947)* (Rio de Janeiro, Rocco, 2005, p. 256). Tradução de Reinaldo Guarany e José Laurenio de Melo.

ta *Berliner Illustrierte* ou da americana *Life*, a fonte principal das fotos que o poeta recortou), Brecht criou um gênero híbrido que ele próprio denominou de *fotoepigrama*:[105]

> Trabalho numa nova série de fotoepigramas. Quando examino os antigos, que em parte datam do início da guerra, me convenço de que quase não há o que cortar (politicamente nada), prova da validade do meu ponto de vista, dado o aspecto extremamente mutável da guerra. São agora cerca de 60 quadras e, junto com *Terror e miséria do Terceiro Reich*, os volumes de poesia e talvez *Cinco dificuldades ao escrever a verdade*, a obra oferece um satisfatório registro literário dos meus anos de exílio.[106]

Uma das montagens mais agudas de toda a *Cartilha de Guerra* é decerto a de justapor uma forma poética tradicional a fotografias do mundo contemporâneo em guerra, de modo que mui-

---

[105] "Durante seus anos de exílio, Brecht coletou recortes de imagens e artigos sobre guerra e política de vários jornais e revistas. Ele agrupou esse material em torno de alguns temas, acrescentou estrofes de quatro versos a cada imagem, criando assim um trabalho de montagem que recorda os emblemas barrocos, as fotomontagens de John Heartfield e de seu próprio *Diário de trabalho*. Essa *Cartilha de guerra* consiste num total de 69 'Fotogramas' ou 'Fotoepigramas', como Brecht os denominou. [...] A *Cartilha de guerra* é a versão brechtiana de uma história ilustrada da Segunda Guerra Mundial, com comentários de uma perspectiva marxista, começando com a ascensão de Hitler ao poder, sua preparação para a guerra, o começo e a expansão desta, a derrota, a advertência contra a recorrência da guerra e o fascismo". Karl-Heinz Schoeps. "'Und als der Krieg im vierten Lenz...': Brecht and the two world wars", em Reinhold Grimm e Jost Hermand (orgs.), *1914/1939. German reflections of the Two World Wars*, Madison, The University of Wisconsin Press, 1992, pp. 37-69. Sobre o livro, ver ainda os estudos de John Willett, na edição inglesa supracitada, pp. I-XXIII, e o de Michele Serra na edição italiana, pp. V-X.

[106] Cf. *Diário de trabalho II (1941-1947)*, *op. cit.*, p. 230. A data é 20/6/1944.

Para esta foto extraída de um jornal norte-americano
não identificado, Brecht escreveu (provavelmente em 1944) a quadra:
"São essas as cidades em que o nosso 'Heil!'/ Bradamos outrora
aos destruidores de cidades/ E nossas cidades são também apenas
uma parte/ De todas as cidades que destruímos".

tas vezes cabe à forma antiga o poder de desmascaramento do quadro atual, mesmo porque a escolha do epigrama recupera também a sua função na antiguidade: inscrições gravadas pelos gregos antigos no mármore dos sepulcros. Como argumenta Georges Didi-Huberman, em livro fundamental a respeito do *Kriegsfibel*, trata-se de um "estilo funerário por excelência",[107] adequado para dar a ver os horrores da guerra, com a sua coleção de cadáveres e de verdugos.

Assim, a quadra que acompanha a foto de uma casa arrasada em Berlim, em cujas ruínas caminha uma senhora procurando algo ou alguém:

Não procures mais, mulher: não mais os encontrarás!
Mas também não vás, mulher, culpar o destino!
As obscuras forças que te esfolam, mulher,
Têm nome, endereço e rosto.[108]

Ou aquela antológica, que comenta a imagem de vários capacetes alemães caídos no chão:

Vede esses chapéus dos vencidos! E
Não foi quando por fim o arrancaram de nossas cabeças
Que soou a hora de nossa amarga derrota.
Foi quando nós os pusemos submissos.[109]

---

[107] Cf. Georges Didi-Huberman, *Cuando las imágines toman posición* (Madri, A. Machado Libros, 2013, p. 41).

[108] Cf. Bertolt Brecht, *Gesammelte Werke, Band 10, Gedichte 3* (*op. cit.*, p. 1.038). No original: "Such nicht mehr, Frau: du wirst sie nicht mehr finden!/ Doch auch das Schicksal, Frau, beschuldige nicht!/ Die dunklen Mächte, Frau, die dich da schinden/ Sie haben Name, Anschrift und Gesicht". Tradução de Marcus Vinicius Mazzari.

[109] *Idem*, p. 1.045. No original: "Seht diese Hüte von Besiegten! Und/ Nicht als man sie vom Kopf uns schlug zuletzt/ War unsrer bittern Niederlage Stund./ Sie war, als wir sie folgsam aufgesetzt". Tradução de M. V. M.

Página de revista sueca de outubro de 1940 que mostra uma casa em Berlim arrasada por ataque aéreo. A legenda menciona os bombardeios britânicos lançados no verão daquele ano sobre Hamburgo, Bremen e outras grandes cidades alemãs de importância industrial e militar. Os raides aéreos a Berlim se iniciaram na noite de 10 para 11 de setembro.

O que trazem os 69 fotoepigramas da edição definitiva? Eles apresentam uma organização cronológica discreta e se iniciam por uma fotografia (provavelmente de 1936) de Hitler diante dos microfones, numa espécie de êxtase:

> Como alguém que já o percorreu dormindo,
> Conheço o caminho distinguido pelo destino,
> Caminho estreito, que conduz ao abismo:
> Eu o encontro dormindo. Vós me acompanhais?[110]

E se encerram com outra imagem do ditador discursando (em torno de 1944), agora abertamente furioso:

> Isso aí quase chegou a governar o mundo.
> Os povos o dominaram. Todavia
> Eu não quero que triunfeis tão cedo:
> O ventre de onde isso saiu ainda está fértil.[111]

Entre ambos, mais personagens da Alemanha nazista e de outros países em guerra; imagens da indústria bélica e de engenhos militares; bombardeios e cidades em ruínas; soldados e civis, mulheres e crianças — prisioneiros, feridos e mortos; as variadas frentes da guerra (e a correspondente variedade humana das pessoas envolvidas no conflito), algumas "curiosidades" (crianças inglesas pobres tentando ganhar algum dinheiro, se expondo durante o bombardeio; um anúncio de igrejas motorizadas etc.). Em síntese, um amplo painel da guerra, outro mosaico de calamidades, aná-

---

[110] *Idem*, p. 1.035. No original: "Wie einer, der ihn schon im Schlafe ritt/ Weiss ich den Weg, vom Schicksal auserkürt/ Den schmalen Weg, der in den Abgrund führt:/ Ich finde ihn im Schlafe. Kommt ihr mit?" Tradução de M. V. M.

[111] *Idem*, p. 1.048. No original: "Das da hätt einmal fast die Welt regiert./ Die Völker wurden seiner Herr. Jedoch/ Ich wollte, dass ihr nicht schon triumphiert:/Der Schoss ist fruchtbar noch, aus dem das Kroch." Tradução de M. V. M.

A foto reportagem alcançou grande prestígio na década de 1930. Brecht se valeu desse recurso para, através da palavra, justapor uma dimensão reflexiva ao caráter documental da fotografia e intervir politicamente.

logo ao que Drummond buscou realizar em seu poema, com os recursos exclusivos da palavra. Não por acaso, quando Brecht cogitou a primeira publicação em 1949, já na então República Democrática Alemã, recebeu um veto oficial, em virtude da tendência "genericamente pacifista" do conjunto, que ameaçava enfraquecer a imagem da "guerra antifascista" como se fosse a "guerra em si".[112]

Georges Didi-Huberman, em estudo inteiramente dedicado ao *Kriegsfibel* (que ele comenta sempre vinculado ao *Diário de trabalho*, também este recheado de recortes e imagens), caracteriza o livro de um modo que já nos é familiar, a partir do sentimento do mundo drummondiano — um "*Atlas* fotográfico", e o descreve do seguinte modo:

> Sua estrutura geral parece seguir o desenvolvimento cronológico da Segunda Guerra Mundial — Guerra da Espanha, guerra de conquista da Europa, denúncia dos principais responsáveis nazistas, extensão imperialista da guerra, contra-ofensiva dos aliados, retorno dos prisioneiros —, ainda que a montagem seja, no detalhe, muito mais complexa e sutil [...].
> Viver para matar e matar para viver: o *Kriegsfibel* é o poema em imagens desse círculo infernal.

Ao longo de seu estudo, o crítico destaca alguns núcleos e efetua leituras mais detidas de algumas imagens. Um desses núcleos, por exemplo, expõe mulheres pranteando filhos mortos, variações da *Pietà* — uma, em Singapura;[113] outra, na União Soviética; outro núcleo mostra crianças fotografadas de muitas ma-

---

[112] *Apud* Bertolt Brecht, *L'abicí della guerra*, op. cit., pp. 153-4.

[113] Cf. Bertolt Brecht, *Gesammelte Werke, Band 10, Gedichte 3* (*op. cit.*, p. 1.042). No original: "O Stimme aus dem Doppeljammerchore/ Der Opfer und der Opferer in Fron!/ Der Sohn des Himmels, Frau, braucht Singapore/ Und niemand als du selbst braucht deinen Sohn". Em tradução de Marcus Vinicius Mazzari: "Oh, voz do coro da dupla lamentação/ Das víti-

neiras: mortas, feridas, sozinhas, no trabalho, amparadas por soldados (inimigos ou do próprio país). A presença de crianças não nos deixa esquecer também o propósito pedagógico do livro, presente desde o título. Mas o que há para aprender com a guerra? Ou com essa "pedagogia da morte"?

Didi-Huberman considera *Cartilha de guerra* o livro mais benjaminiano de Brecht, no sentido de apresentar uma poderosa "crítica da violência", e nesta residiria o seu ensinamento fundamental. Nesses termos, não seria descabido evocar alguns poetas já comentados aqui: Owen e Ungaretti, para quem a poesia estava na compaixão. A propósito, em seu retrato de Brecht, Hannah Arendt afirma:

> O que trouxe Brecht de volta à realidade, e quase matou sua poesia, foi a compaixão. [...] A compaixão foi sem dúvida o sentimento mais ardente e fundamental de Brecht, e daí o fato de ser o que ele mais tentava ocultar e menos conseguia esconder. [...] [Havia nele] a incapacidade quase natural, ou, como Brecht diria, animal, de suportar a visão do sofrimento de outras pessoas [...][114]

Nesse autor tão complexo, porém, a crítica à violência se organizava em processos de composição e em modos de atuar enérgicos e diretos, sempre pensados enquanto confrontos, como também revela essa lembrança de Benjamin em uma das conversas com Brecht em 1934. Benjamin considerava que Brecht não deveria incluir algumas de suas "Canções para crianças" em seu novo livro de poemas, e ouviu o seguinte argumento:

---

mas e dos vitimadores servindo ao senhor!/ O filho do céu, mulher, precisa de Singapura/ E ninguém mais senão tu precisas de teu filho".

[114] Cf. Hannah Arendt, *Homens em tempos sombrios*, tradução de Denise Bottmann (São Paulo, Companhia das Letras, 1987, pp. 201 e 204).

Na luta contra essa gente não se pode negligenciar nada. Suas ambições não são pequenas. Seus planos valem por trinta mil anos. Uma monstruosidade. Crimes monstruosos. Nada os detém. Eles golpeiam tudo. Cada célula estremece sob seus golpes. É por isso que não devemos esquecer nenhuma. Eles mutilam a criança no seio da mãe. Nós não devemos a nenhum preço deixar as crianças de fora.[115]

Piedade e crítica veemente compõem um dos fotoepigramas mais conhecidos e pungentes:

Oh, pobre Yorick do tanque da selva!
Tua cabeça espetada aqui na lança de tração.
Tua morte nas chamas foi para o banco Domei.
Mas teus pais ainda lhe devem muito.[116]

De todas as imagens do livro, esta talvez seja a que mais pode ser associada à tradição barroca dos emblemas, que consiste na combinatória entre imagem e texto com propósitos pedagógicos moralizantes. A caveira era das imagens mais frequentes, com inscrições variadas: *Memento mori*; *Quotidie morimur*; *Sic transit gloria mundi*; *Et in arcadia ego* (Lembra-te que hás de morrer; Morremos a cada dia; Assim caminha a glória do mundo; Mesmo na arcádia existo). Assim também em Shakespeare, na famosa cena em que Hamlet medita sobre a condição humana segurando a caveira de Yorick, que havia sido o bobo da corte, tomado de piedade (*Alas, poor Yorick!*) e de horror. O rictus do Yorick da

---

[115] Cf. Walter Benjamin, "Entretiens avec Brecht", em *Essais sur Bertolt Brecht* (Paris, Maspero, 1969, p. 128).

[116] Cf. Cf. Bertolt Brecht, *Gesammelte Werke, Band 10, Gedichte 3* (*op. cit.*, p. 1.043). "O armer Yorick aus dem Dschungeltank!/ Hier steckt dein Kopf auf einem Deichselstiel/ Dein Feuertod war für die Domeibank./ Doch deine Eltern schulden ihr noch viel." Tradução de M. V. M.

Brecht produziu muitos de seus epigramas a partir de páginas da revista norte-americana *Life*. Esta imagem, particularmente terrível, da cabeça calcinada de um soldado japonês, adquire novas conotações quando associada à caveira de Yorick, objeto do monólogo de Hamlet.

guerra do Pacífico guarda uma ambivalência ainda mais aguda entre riso e dor extrema.

Mas esse deslocamento brusco e inesperado de uma imagem da guerra moderna para referências artístico-culturais de tradição elevada torna-a ainda mais chocante ao invés de sublimá-la. Na mesma direção atua o contraste entre a inscrição que acompanhava a foto (na revista *Life* de 1/2/1943) — "O crânio de um soldado japonês, cravado por tropas americanas em um tanque japonês incendiado. O fogo destruiu o resto do cadáver" —, e o epigrama brechtiano. Este, ao lado das alusões eruditas a Shakespeare e à alegoria barroca, rima "tanque" e "banco", soldando cruamente *guerra* e *negócio*,[117] semelhante ao que dizia Drummond, em "Nosso tempo":

O esplêndido negócio
[...] está dissimulado
[...] na batalha de aviões,
toma conta de tua alma e dela extrai uma porcentagem.

O final do brevíssimo monólogo brechtiano, epigrama que mescla inextricavelmente compaixão e ira, acrescenta que a dívida dos pais está longe de ser saldada *apenas* com a morte do filho, acentuando ainda mais a crueldade desse macabro troféu de guerra.

---

[117] Sobre essa relação, Adorno tem uma declaração corrosiva: "Nas notícias de ataques aéreos raramente faltam os nomes das firmas que fabricaram os aviões: Focke-Wulff, Heinkel, Lancaster [...]. Aquele antigo exagero dos liberais céticos, de que a guerra é um negócio, tornou-se realidade [...]. Cada menção elogiosa a uma grande firma na destruição das cidades contribuiu para o seu renome, graças ao qual há de conseguir as melhores encomendas por ocasião da reconstrução". Cf. Theodor W. Adorno, *Minima moralia* (São Paulo, Ática, 1992, p. 45). Tradução de Luiz Eduardo Bicca.

Mas voltemos a "Visão 1944", a seu modo também uma "lição de coisas" da guerra. Nele, a dilatação do olhar — que intenta vislumbrar, por detrás do que já existe, o que ainda está por vir — é muito significativa. Ela é um índice flagrante da presença de uma finalidade da história em Drummond, nesse poema mais próximo do que nunca (como atitude teleológica) de outro poeta brasileiro também medusado pela guerra: Murilo Mendes.

É claro que entre os dois poetas há diferenças fundamentais que ainda serão discutidas, a começar das posições ideológicas, pois enquanto um era marxista, o outro era católico. Drummond, no entanto, mesmo adotando uma visão marxista, não escapou muitas vezes de uma expectativa marcadamente utópica. Os seus prognósticos não implicavam, como em Murilo Mendes, a transcendência, mas por vezes pareciam ser sobretudo um artigo de fé. "A hora mais bela/ surge da mais triste", nos diz uma das várias afirmações de esperança espalhadas em *A rosa do povo*.

A esperança, quando não a visão abertamente utópica, deve ser encarada como uma necessidade inescapável da época, um antídoto contra o desespero que se mostrava quase fatal. Qualquer estudo sobre a poesia escrita a respeito da Segunda Guerra Mundial, deverá debruçar-se sobre esse assunto, por mais que ele ameace escapar da discussão especificamente estética ou literária.

Se essa afirmação parece forte demais para designar a poesia escrita no Brasil, país periférico no conflito, então cabe situá-la, ainda que em linhas gerais, no contexto da produção artística mais ampla do período, e depois retornar a essa discussão com mais elementos.

A poesia de guerra escrita por Drummond, assim como toda a poesia brasileira do período, difere muito da europeia ou da americana, para citar exemplos conhecidos. Seria equivocado apostar em "universais" na arte relativa à Segunda Guerra Mundial, quando do se sabe que esta afetou certas regiões e certos povos de modo muito mais dramático do que outros, e as respostas tinham de ser de natureza diferente. Nenhum artista ou poeta brasileiro passou pela experiência de viver concretamente em um país ocupado; nem pela experiência do exílio; nem a do "exílio interior"; nem a de viver em países invadidos e assolados pela fome; nem em países bombardeados; nem mesmo a experiência direta do front (salvo as exceções dos soldados da FEB ou correspondentes do conflito, como Boris Schnaiderman, Roberto de Mello e Souza e Rubem Braga, cujos depoimentos adotam a prosa); nem muito menos, cúmulo do horror, a experiência concentracionária.

Certamente, a vida cotidiana foi afetada — pelos racionamentos, pelo torpedeamento de navios mercantes brasileiros, pelas ameaças de bombardeio (logo após a declaração de guerra), com a mobilização dos civis em exercícios de blecaute e outros cuidados, sobretudo pelo envio de soldados em 1944 para a Itália, envolvendo inúmeras famílias em todo o país. Mas o Brasil teve um papel evidentemente marginal, e os seus poetas foram antes observadores do que vítimas do terror. O historiador Roney Cytrynowicz empreendeu larga e importante pesquisa sobre a perturbação da vida cotidiana (em São Paulo) durante o conflito, e já o título de seu livro — *Guerra sem guerra* — assinala a mesma dificuldade experimentada aqui: como mensurar ou avaliar as ressonâncias da guerra entre nós, distantes dos acontecimentos?[118]

A posição do poeta brasileiro foi lapidarmente expressa no verso de Murilo Mendes: "ouvinte apenas da guerra". Esta era acompanhada febrilmente pelos jornais e cinejornais, mas sobretudo pelo rádio. "Quanto tempo se perde ouvindo rádio!", exclamava Marques Rebelo. Acompanhar os noticiários era o único meio de suprir a falta de um envolvimento mais direto. Participar à distância, eis como poderia ser sintetizada essa posição (o que não significou necessariamente perda de tensão ou de dramaticidade).

---

[118] Roney Cytrynowicz, *Guerra sem guerra: a mobilização e o cotidiano em São Paulo durante a Segunda Guerra Mundial* (São Paulo, Geração Editorial/Edusp, 2000).

O poema "Visão 1944", ao incorporar em sua estrutura "fotos" da guerra, reitera essa posição fundamental dos poetas brasileiros diante do conflito. Drummond pode muito bem ter concebido um poema que trabalhasse com imagens entrevistas nos jornais da época ou figuradas a partir de leituras da literatura de guerra (ou mesmo imagens censuradas, o que então era comum, mas imaginadas a partir da audição de rádio). É de se notar, nessa mesma direção, a dominância do preto e branco, exemplar na quadra em que se faz referência aos judeus, e disseminado em várias outras; como contraste, a eclosão de uma realidade justa no pós-guerra vinha expressa, entre outras imagens, pelo "colorido" que se aviva.

Igualmente, a discussão sobre as relações (problemáticas) entre a poesia e os jornais também era essencial na época, como ainda veremos em poemas de outros autores, particularmente de Cecília Meireles. Em "Visão 1944", o poeta aproxima-se do jornalista ou do "correspondente de guerra", para fornecer em sua primeira parte um relato objetivo e imparcial do conflito. Isto é, ele se posiciona como "testemunho ocular" dos acontecimentos, dos quais a sua poesia quer ser um registro, como já foi visto.

Já foi visto também como na "Carta a Stalingrado" a distância dos acontecimentos era um aspecto fundamental, a começar da escolha do gênero. Escrever uma carta era evitar o solipcismo, ao qual a "tamanha distância" dos acontecimentos poderia conduzir. Em "Notícias" — talvez o primeiro poema de Drummond a tratar diretamente da guerra — essa questão já constituía o núcleo dramático:

> Entre mim e os mortos há o mar
> e os telegramas.
> Há anos que nenhum navio parte
> nem chega. Mas sempre os telegramas
> frios, duros, sem conforto.
>
> Na praia, e sem poder sair.
> Volto, os telegramas vêm comigo.

Não se calam, a casa é pequena
para um homem e tantas notícias.

Vejo-te no escuro, cidade enigmática.
Chamas com urgência, estou paralisado.
De ti para mim, apelos,
de mim para ti, silêncio.
Mas no escuro nos visitamos.

Escuto vocês todos, irmãos sombrios.
No pão, no couro, na superfície
macia das coisas sem raiva,
sinto vozes amigas, recados
furtivos, mensagens em código.

Os telegramas vieram no vento.
Quanto sertão, quanta renúncia atravessaram!
Todo homem sozinho devia fazer uma canoa
e remar para onde os telegramas estão chamando.[119]

 O poema é a expressão de um desconforto, ao qual somos lançados de chofre pela imagem inicial, que relaciona o "eu" e os "mortos". Há algo ou alguém que chama — a "cidade enigmática" (Stalingrado, ao que tudo indica), os "irmãos sombrios" —, mas a cujo apelo o sujeito não consegue responder. Tal chamado instaura um conflito crucial entre o dentro e o fora, o interno e o externo, no sentido mais amplo possível: o eu e o outro; o poeta brasileiro e o mundo; a poesia e a história. A raiz do desconforto é evidente: entre esses extremos há uma distância enorme, "o mar", talvez intransponível. Mas o aparentemente inatingível insiste: dele provêm "telegramas" e "sempre telegramas", solicitando uma resposta (que viria, por exemplo, com a "Carta"), os quais fazem avolumar no eu a vontade de participação (vontade resolu-

---

[119] Carlos Drummond de Andrade, *op. cit.*, pp. 459-60.

ta, pois a sua posição inicial já é a de receptividade para o que chega de fora: "na praia"). Mesmo o retorno ao espaço fechado não é suficiente para deter essa invasão ditada pelas "notícias" do mundo: "Volto, os telegramas vêm comigo./ Não se calam, a casa é pequena/ para um homem e tantas notícias".

Sabe-se o quanto Drummond fez dialogar, em seus poemas, diversos momentos de sua trajetória,[120] sobretudo nas inúmeras palinódias. A relação desse último trecho citado com outras passagens (próximas) da obra é também bastante perceptível, mas não como desmentido e sim como confirmação. Entre muitos exemplos possíveis: "Tu sabes como é grande o mundo./ [...]/ sabes como é difícil sofrer tudo isso, amontoar tudo isso/ num só peito de ho-

---

[120] O poema não deixa de ter alguma analogia com "Notícias de Espanha", publicado na imprensa no início de 1946 e depois incluído em *Novos poemas*. A aproximação é possível, pois em ambos observa-se um sujeito aflito para se comunicar com o "grande mundo", do qual se encontra afastado. Mas há uma diferença profunda entre os dois poemas, uma oposição mesmo. Em "Notícias", o sujeito se vê assaltado pelos insistentes apelos da "cidade enigmática" aos quais não consegue inicialmente responder, de modo que dele provém o "silêncio". Já em "Notícias de Espanha", é o poeta que clama por notícias, mas só recebe de volta "o seco e sujo silêncio". O poema demonstra a lealdade de Drummond à luta republicana espanhola, o que explica o tom de perplexidade indignada ao constatar que a derrota do nazi-fascismo não libertou a Espanha. Assim, ao refrão suplicante "Peço notícias de Espanha", sobrevém a verificação amarga: "Não há notícias de Espanha". Ao lado desse contraste entre os poemas, contudo, existe a imagem comum da impotência do sujeito, traduzida aqui em imobilidade: em "Notícias", enquanto não responde, afirma de si mesmo "estou paralisado"; em "Notícias de Espanha", como o canto não encontra resposta, "o poeta" se diz "imóvel dentro do verso". Seja como for, as duas "notícias" traduzem o internacionalismo do poeta tão enfatizado aqui — o seu "sentimento do mundo". O poeta encontrou uma resposta tardia no poema do catalão José Agustín Goytisolo: "Noticia a Carlos Drummond de Andrade", publicado em seu livro *Algo sucede* (1968). Sobre esse diálogo, ver o texto de Margareth dos Santos, "Un poema tirado al mar: contactos poéticos entre Carlos Drummond de Andrade y José Agustín Goytisolo", em *Revista de Filologia y Lingüística de la Universidad de Costa Rica*, vol. 38, nº 2, 2012, pp. 63-74.

mem... sem que ele estale" ("Mundo grande"), "Sou tão pequeno (sou apenas um homem)" ("América") ou "Meus olhos são pequenos para ver"...

É essa desproporção entre o diminuto, representado pelo sujeito isolado e situado num ponto afastado do centro dos acontecimentos, e a grandeza do mundo (geográfica, mas sobretudo acentuada pela magnitude do momento histórico) que acarreta a imagem final, próxima do patético. O contraste é gritante entre a maquinaria colossal da guerra e a "canoa", assim como aquele entre o homem afastado, "sozinho", e o envolvimento na pele de milhões de outros seres. A causa dessa desproporção não é tanto a culpa advinda do "sentimento do mundo", embora haja algo disso, mas a decisão verdadeira de participar diretamente dos acontecimentos, ao lado do reconhecimento inevitável da impossibilidade dessa mesma participação direta. Mas essa situação de impotência não esmorece no sujeito o ímpeto, ainda que só lhe reste uma simples "canoa" para superar "a tamanha distância"...

A ideia é sempre a de que o "mundo grande" ultrapassa as possibilidades do sujeito de conhecê-lo e interpretá-lo, e esse transbordamento da realidade parece ser ainda maior durante a guerra, como aparece em "Notícias" ou no refrão que baliza a "Visão 1944". Também a insistência nesse amiudamento não é tanto sinal de modéstia, da qual há decerto um resíduo, nem justificativa antecipada pelos eventuais fracassos, mas antes o reconhecimento sincero da precariedade do poeta e de sua poesia confrontados com as terríveis solicitações de seu tempo ("O tempo pobre, o poeta pobre/ fundem-se no mesmo impasse").

Mas Drummond sempre lidou com esse conflito entre o pequeno e o grande, desde a experiência mais recuada na província. E se os seus olhos são pequenos para ver, afinal eles "veem, pasmam, baixam deslumbrados"; e se, diante da guerra, a poesia parecia uma atividade impotente — um artefato "pobre" —, ele não deixou de exercê-la, inclusive com uma confiança incomum. E, fato talvez mais raro, mantendo quase sempre a lucidez num regime de *pathos* exaltado, o que torna *A rosa do povo* um livro de rara intensidade poética.

Foi provavelmente pensando nessa lucidez que Murilo Mendes escreveu na época a seguinte observação:

> É um poeta em pânico, para o qual os bombardeios aéreos existem de fato. Pois bem, em face de uma situação muito mais negra do que a que enfrentou, por exemplo, Castro Alves, o nosso Drummond não gesticula, não apela para a retórica. Fica firme, embora visivelmente inquieto. Protesta contra a opressão e a injustiça social, mas volta-se para um detalhe do humano imediato — que julga não menos importante que o todo. Essa capacidade de compreender o particular e o geral dá força e autenticidade à sua poesia.[121]

A necessidade do eu de dilatar-se ("meu coração cresce dez metros e explode"), de ampliar o campo da visão, com vistas a abarcar o máximo possível da "formidável época em que lhe foi dado viver"; a dificuldade de participar dessa mesma época de um ângulo periférico; os sobressaltos e as contradições advindos da experiência política como homem de esquerda, vivendo num tempo de extremismos e sob uma ditadura (apenas comparativamente amena) que declarou guerra às ditaduras; a empatia com "todos os mortos", "todos os feridos", além da indignação com o "horrível emprego do dia em todos os países de fala humana" são algumas das questões propostas pela leitura dos poemas de guerra de Drummond. São questões ideológicas, mas também de ordem estética, e exigem uma investigação que as considere nessa confluência entre arte e contexto.

"Consideração do poema" é um lugar privilegiado para a discussão sobre essas relações entre poesia e história, tendo em vista o estudo de um aspecto específico da obra de Carlos Drum-

---

[121] *Revista Panorama*, ano 1, nº 1, Belo Horizonte, ago. 1947, p. 8. O texto de Murilo Mendes já tinha sido publicado no número da *Revista Acadêmica* dedicado a Drummond em 1941.

mond de Andrade — a sua poesia de guerra. O poema será lido do modo como sempre foi pelos críticos: autorreflexivo ou metalinguístico; apenas a ênfase aqui será a de atar, tanto quanto possível, a reflexão sobre a forma à reflexão sobre o "tempo presente", ou, dito de outra maneira, o poema será lido como metalinguagem em tempo de guerra. Isto é, o que o poeta pensou sobre a poesia, em "Consideração do poema", não se deu apenas durante a guerra, mas também a partir dela. *Ao sentimento do mundo passou a corresponder um novo sentimento da forma.*

2.3. A AMPLIAÇÃO DO CANTO

Após a publicação de *Alguma poesia*, em 1930, que com seus 49 poemas vinha pôr termo, segundo o próprio Drummond, a "dez anos de lirismo desenfreado", o poeta publicou nos doze anos seguintes apenas 66 poemas (26 em *Brejo das almas*, de 1934; 28 em *Sentimento do mundo*, de 1940; e doze em *José*, de 1942). Ora, *A rosa do povo*, escrito entre 1942-1945, tem 55 poemas; ao lado da quantidade, comparativamente tão maior, muitos dos poemas são bastante longos, e essa amplitude de respiração se destaca da produção anterior, sobretudo das duas primeiras obras. Observa-se claramente em *A rosa do povo* uma dilatação do canto, que é preciso levar em conta na apreciação do livro. É possível pensar que essa abertura expansiva de sua lírica deve muito aos acontecimentos da guerra, diante dos quais Drummond atualizou o seu "sentimento do mundo".

"Consideração do poema"

Não rimarei a palavra sono
com a incorrespondente palavra outono.
Rimarei com a palavra carne
ou qualquer outra, que todas me convêm.
As palavras não nascem amarradas,
elas saltam, se beijam, se dissolvem,

no céu livre por vezes um desenho,
são puras, largas, autênticas, indevassáveis.

Uma pedra no meio do caminho
ou apenas um rastro, não importa.
Estes poetas são meus. De todo o orgulho,
de toda a precisão se incorporaram
ao fatal meu lado esquerdo. Furto a Vinicius
sua mais límpida elegia. Bebo em Murilo.
Que Neruda me dê sua gravata
chamejante. Me perco em Apollinaire. Adeus, Maiakóvski.
São todos meus irmãos, não são jornais
nem deslizar de lancha entre camélias:
é toda a minha vida que joguei.

Estes poemas são meus. É minha terra
e é ainda mais do que ela. É qualquer homem
ao meio-dia em qualquer praça. É a lanterna
em qualquer estalagem, se ainda as há.
— Há mortos? há mercados? há doenças?
É tudo meu. Ser explosivo, sem fronteiras,
por que falsa mesquinhez me rasgaria?
Que se depositem os beijos na face branca,
                    [nas principiantes rugas.
O beijo ainda é um sinal, perdido embora,
da ausência de comércio,
boiando em tempos sujos.

Poeta do finito e da matéria,
cantor sem piedade, sim, sem frágeis lágrimas,
boca tão seca, mas ardor tão casto.
Dar tudo pela presença dos longínquos,
sentir que há ecos, poucos, mas cristal,
não rocha apenas, peixes circulando
sob o navio que leva esta mensagem,
e aves de bico longo conferindo

sua derrota, e dois ou três faróis,
últimos! esperança do mar negro.
Essa viagem é mortal, e começá-la.
Saber que há tudo. E mover-se em meio
a milhões e milhões de formas raras,
secretas, duras. Eis aí meu canto.

Ele é tão baixo que sequer o escuta
ouvido rente ao chão. Mas é tão alto
que as pedras o absorvem. Está na mesa
aberta em livros, cartas e remédios.
Na parede infiltrou-se. O bonde, a rua,
o uniforme de colégio se transformam,
são ondas de carinho te envolvendo.

Como fugir ao mínimo objeto
ou recusar-se ao grande? Os temas passam,
eu sei que passarão, mas tu resistes,
e cresces como fogo, como casa,
como orvalho entre dedos,
na grama, que repousam.

Já agora te sigo a toda parte,
te desejo e te perco, estou completo,
me destino, me faço tão sublime,
tão natural e cheio de segredos,
tão firme, tão fiel... Tal uma lâmina,
o povo, meu poema, te atravessa.[122]

O título sugere uma perspectiva concentrada: é "o poema" o objeto a ser "considerado". Mas, paradoxalmente, a palavra mais adequada para definir tal perspectiva parece ser *dilatação*.
Relembrem-se as inúmeras passagens que indicam amplitude, e que tendem mesmo à hiperbóle: *qualquer* palavra; *todas* me con-

---

[122] Carlos Drummond de Andrade, *op. cit.*, pp. 302-5.

vêm; *puras, largas, autênticas, indevassáveis*; de *todo* o orgulho e de *toda* a precisão; ao *fatal* meu lado esquerdo; *mais límpida* elegia; gravata *chamejante*; são *todos* meus irmãos; é *toda* a minha vida que joguei; é a minha terra e é *ainda mais* do que ela; *qualquer* homem; *qualquer* praça; *qualquer* estalagem; é *tudo* meu; ser *explosivo*, *sem fronteiras*; boca *tão* seca, mas ardor *tão* casto; dar *tudo* pela presença dos longínquos; essa viagem é *mortal*; saber que há *tudo*; *milhões e milhões* de formas *raras, secretas, duras*; ele é *tão baixo*/ mas é *tão alto*; na parede *infiltrou-se*; o *mínimo*/ o *grande*; já agora te sigo a *toda a parte*; estou *completo*; *tão natural*; *cheio de segredos*; *tão firme*; *tão fiel*...

Como se vê, tudo parece dilatado, transbordante, sob o signo da transitividade: entre o poema e a experiência do poeta; entre o poema e poemas anteriores do próprio poeta; entre o poema e poemas de outros poetas; entre o poema e o "vasto mundo"; entre o poema e a história; entre o poema e o povo. Simultaneamente, há uma transitividade entre o poeta e outros poetas, nacionais e internacionais; entre a experiência do poeta e a história; entre a sua terra e as demais; entre o poeta e o povo. Ao se referir ao processo de composição do poema, não falta mesmo uma fusão entre o acaso e o planejamento, como revelam as imagens "no céu livre por vezes um desenho" ou "cresces como fogo, como casa/ como orvalho entre dedos,/ na grama, que repousam". Nesse último trecho, o crescimento natural ("fogo", "grama", "orvalho") ou espontâneo do poema (afinal os "dedos repousam") aparece ao lado de um projeto (a construção da "casa"). Em outras palavras, haveria outra transitividade, na criação poética, entre decisão consciente e intervenção do inconsciente.

O foco aqui não é a "poesia", termo genérico, antes uma manifestação singular dela: o "poema", mas tal manifestação singular é a mais geral possível. Do particular para o universal talvez seja, portanto, a máxima transitividade pretendida.

Trata-se de uma definição absolutamente elástica do poema. O primeiro indício claro dessa elasticidade é o uso de uma sintaxe de interpenetrações: passagens abruptas entre a criação (o canto) e o criador (o poeta), entre o singular ("é") e o plural ("são"), entre o canto e o povo, entre o sujeito e o objeto, entre os propósitos conscientes e o inconsciente etc. Como já demonstraram muitos críticos, o discernimento entre as várias categorias trabalhadas pelo poema acaba por se impor, mas o estabelecimento dessas distinções não elimina uma vibração comum, uma espécie de confluência ou de contato obrigatório entre elas. O exemplo mais comentado dessa sintaxe tentacular encontra-se no verso final, em que o leitor, num primeiro instante, hesita entre as funções de "o povo" e "meu poema".[123] Dessa maneira, "o povo" e "meu poema" rimam *de fato*, como também poderiam "rimar" "sono" e "carne". O que deve ser assinalado em relação à "Consideração do poema" é a sua proposta fundamental de *associação*, e é justamente em nome dessa proposta que ele se inicia pela recusa de uma técnica associativa: a da rima, que poderia conduzir a uma compartimentação artificial e indesejada entre as realidades aproximadas.[124]

[123] Cf. John Gledson, *op. cit.*, pp. 193-194. Cf. Iumna Maria Simon, *op. cit.*, pp. 68-70. Ver também, Antonio Houaiss, "Poesia e estilo de Carlos Drummond de Andrade", em Sônia Brayner (org.), *Carlos Drummond de Andrade: fortuna crítica*, *op. cit.*, p. 175.

[124] É provável que Drummond tenha lido o texto de Louis Aragon "La rime en 1940" ("A rima em 1940"), inicialmente publicado na revista *Poètes Casqués* [Poetas de capacete], em abril de 1940 e depois como apêndice do livro *Le Crève-coeur*. Aragon defende a utilização da rima, argumentando historicamente: "Estamos em 1940. Eu ergo a voz e digo que não é verdade que não existam rimas novas quando há um mundo novo. Quem fez entrar no verso francês a linguagem do rádio ou aquela das geometrias não-euclidianas? Quase cada coisa com a qual nos chocamos nessa estranha guerra que é a paisagem de uma poesia desconhecida e terrível é nova para a linguagem e estrangeira ainda para a poesia. Universo incognoscível pelos meios atuais da ciência, nós o atingimos através das palavras, por esse método de conhecimento que se chama poesia [...]. Então a rima retoma sua dignidade, porque ela é introdutora das coisas novas [...]. Então a rima deixa de ser derrisão, porque ela participa da necessidade do mundo real, porque ela é o elo que liga as coisas à canção, e que faz com que as coisas cantem. Jamais fazer cantar as coisas foi, talvez, uma missão tão urgente e nobre para o homem, nessa hora em que como nunca ele é profundamente humilhado e inteiramente degradado. [...] Nessa hora em que a não razoável rima se torna

Essa elasticidade não permite que se isole demais um centro, sob pena de sacrificar do poema a sua força mais poderosa — aquela de "ser explosivo e sem fronteiras". Essa ausência de limites, porém, não se traduz em acúmulo indistinto de realidades, ou em ecletismo diluído, mesmo porque ela provém de um lugar claramente determinado: o "tempo presente".

O poema se enraiza resolutamente na vivência do contemporâneo, e dessa vivência retira a necessidade de ser inclusivo. Tudo nele está presentificado — são as definições ou afirmações peremptórias (é, são, há...), as autênticas palavras de ordem e a firmeza dos propósitos (não rimarei, rimarei, não importa, dar tudo, sentir etc...). Não há traço da poesia memorialística (a palavra "longínquos", por exemplo, diz respeito à distância espacial, isto é, à posição do poeta "provinciano", similar à expressão "tamanha distância" da "Carta a Stalingrado" e de outros poemas mencionados), nem tampouco existe qualquer resquício daquele sentimento expresso no verso famoso: "Toda história é remorso".[125] Aqui a história parece não ter véspera, é pura atualidade — a matéria é o aqui e agora, com a urgência das suas solicitações, com a complexidade e mesmo com as incoerências das suas lutas ainda em curso. Seja o que for, o poeta contrapõe afirmativo: "É tudo meu", "É toda a minha vida que joguei".

Esse debruçar-se sobre o atual conduz ao elogio de práticas também contemporâneas, como aquelas dos poetas mencionados, todos modernos e, ainda que de modos diferentes, de impulso participativo. Igualmente, a primeira estrofe é um elogio das possibilidades da poesia moderna, da sua natureza não convencional, da

a única razão. Reconciliada com o sentido." Cf. Louis Aragon, *Le Crève-coeur* (Paris, Gallimard, 1980, pp. 66-7).
   Os termos da defesa da rima de Aragon têm um elã próximo ao do poema de Drummond, que critica antes a rima fácil ("incorrespondente"), sempre em nome de associações mais profundas que sua lírica — também ela muito historicizada e "antieuclidiana" (veja-se o poema "Áporo") — busca realizar.
   [125] Verso do poema "Museu da inconfidência", de *Claro enigma* (1951).

sua adesão apenas à experiência concreta, sempre multiforme e, no caso, decididamente incrustada na história. (Talvez por essa presença avassaladora da contemporaneidade, o poeta tenha sentido a necessidade de fazer o reparo: "não são jornais", afirmação que se refere tanto aos poetas mencionados, como aos poemas deles ou aos do próprio poeta. É uma espécie de palinódia da "Carta a Stalingrado", onde se lia que a poesia estava nos jornais. Mas, sintomaticamente, a presença forte da atualidade marca os dois poemas.)

A confiança do poeta é tamanha que, ao lado dessa referência a outros poetas modernos, ele também retoma passagens de seu próprio trabalho anterior, como aquelas que evocam o "Poema de sete faces" ou "No meio do caminho". O sentido desse duplo diálogo parece claro: trata-se da confluência de uma estética geral e de uma estética pessoal. "Consideração do poema" é um canto da conquista da maturidade artística: o lastro pessoal do seu oficio de poeta se confirma e se alimenta do filão mais amplo da poesia contemporânea. É de posse desse conjunto de técnicas, internalizadas e compartilhadas, que o poeta se dispôs a refletir sobre o poema, encarado como um catalisador. "Consideração do poema" foi publicado pela primeira vez em outubro de 1943 (mês em que o poeta completava 41 anos), na revista *Leitura*. Portanto, não foi escrito *a posteriori*, concebido como abertura para *A rosa do povo*, editado em 1945, do qual, como se sabe, é o primeiro poema. Mas a abrangência a que ele se propõe é certamente muito adequada para introduzir-nos em um livro cuja maior virtude, segundo todos os críticos, é o seu caráter multifacetado, tanto em termos técnicos como temáticos.

José Guilherme Merquior, a propósito de "Consideração do poema", fala da "ubiquidade" proposta para a poesia (claríssima nos trechos destacados acima) — "mensagem ética, dotada de ubiquidade"; "a poética de 'Consideração do poema' aspira a fazer do canto um mapeamento do mundo, sob todos os aspectos possíveis" [126] — e estende essa caracterização a todo o livro *A rosa*

---

[126] José Guilherme Merquior, *op. cit.*, pp. 74-5.

do povo. John Gledson desdobra a questão ao afirmar que a essa "ubiquidade" correspondem a natureza insidiosa do "negócio", que se imiscui em tudo, além da onipresença do "amor" e também da "consciência".[127] O poema sempre viria considerado, no livro, como composição necessariamente complexa, já que confrontado e misturado com configurações igualmente amplas e esquivas, como as relações sociais ou as pulsões individuais.

Curiosamente, o grande evento de 1943 está ausente de "Consideração do poema" — a Segunda Guerra Mundial, evento também dotado de "ubiquidade", "total" como era denominado. Como desconsiderar, porém, a sua virtual presença em um poema que, ao refletir sobre si mesmo, necessita refletir sobre a sua inserção na história? A experiência da guerra não está subtraída do poema só porque nele não se mostra diretamente; ao contrário, ela é, ela *deve ser*, inclusive por força das próprias concepções nele atuantes, um dos seus núcleos, pois a guerra representou, como mostrado, o fato mais absorvente daquele "tempo presente".

É inteiramente válido para Drummond aquilo que ele próprio afirmou sobre Abgar Renault:

> Como os poetas e escritores conscientes da sua geração e do seu país, Abgar Renault sente que a sua poesia tem de sofrer a penetração da guerra e dos problemas espirituais e morais que a guerra suscita. Não é a subordinação ao tema da circunstância, mas o reconhecimento da verdade de que o poeta só se pode alimentar do tempo, e que o tempo de hoje não é inferior a qualquer outro nem deve ficar de conserva, até transformar-se em passado, para atrair a prospecção lírica.[128]

---

[127] Cf. John Gledson, *op. cit.*, p. 169.

[128] Carlos Drummond de Andrade, *op. cit.*, p. 543. A propósito dessa "penetração da guerra" em "Consideração do poema", há um detalhe que merece ser referido. O trecho "Na parede infiltrou-se. O bonde, a rua,/ o uniforme de colégio se transformam,/ são ondas de carinho te envolvendo" era idêntico na primeira edição de *A rosa do povo*, com uma exceção muito

A guerra, em "Consideração do poema", não se manifesta como tema imediato; antes, é uma espécie de caroço, que ajuda a dar forma embora se mantenha oculto. A guerra representou para Drummond um palco, dramático e abrangente, diante do qual era possível, e mesmo preciso, praticar uma poesia de amplo respiro, fundamentada na aproximação mais estreita entre consciência política e consciência da linguagem.

Mas a consciência política, em tempo de "guerra total", se manifestava sobretudo como consciência internacionalista. Os problemas brasileiros eram permeáveis aos do mundo, as questões individuais às coletivas, os mortos familiares aos mortos da guerra, o fazer poético à experiência da guerra, para onde tinham confluído todas as opções ideológicas. Dessa maneira, a visão do poema como algo poroso e dúctil envolvia necessariamente a adoção de uma "linguagem internacional da poesia",[129] "explosiva e sem fronteiras", precipitada em *A rosa do povo*.

Desde *Sentimento do mundo*, que contém vários poemas anteriores ao conflito, Drummond ensaiava essa ampliação do canto. E para essa "viagem mortal" ele tinha, como vimos, bagagem interior de sobra. Certamente a eclosão da Segunda Guerra Mundial ajudou o poeta a confirmar o seu pertencimento a uma esfera pública ampla, a partir da qual era possível lançar, apesar do terror e da barbárie

> [...] o abraço que me permitia,
> homem da roça, percorrer a estepe,
> sentir o negro, dormir a teu lado,
> irmão chinês, mexicano ou báltico.[130]

significativa: ao invés de "te [o poema] envolvendo" constava "te *invadindo*", palavra que ocupava todos os pensamentos naquele instante. O poeta depois substituiu-a, quem sabe por considerá-la "datada", mas aqui, tanto quanto a palavra em si, importa a mentalidade que presidiu o poema.

[129] Utilizo aqui o título do ensaio de Hans Magnus Enzensberger sobre a poesia moderna.

[130] Trecho da segunda estrofe do poema "Mas viveremos", de *A rosa*

José Guilherme Merquior observou que o movimento da poesia de Drummond, entre *Alguma poesia* e *A rosa do povo*, foi homólogo ao movimento mais geral da sociedade brasileira: do campo para a cidade, da periferia para o centro.[131] Observação análoga foi feita por outros leitores do poeta, como Mário Faustino:

> A poesia de Carlos Drummond de Andrade é um documento crítico de um país e de uma época (no futuro, quem quiser conhecer o *Geist* brasileiro, pelo menos entre 1930 e 1945, terá que recorrer muito mais a Drummond que a certos historiadores, sociólogos, antropólogos e "filósofos" nossos...).[132]

Seria perfeitamente possível acrescentar a essas observações que a experiência da guerra representou tanto o momento máximo daquela abertura a que se refere Merquior, como o coroamento de um "espírito internacionalista", já presente desde o modernismo de 1920. E isso seria válido não apenas para Drummond, mas para diversos poetas brasileiros do período, como se tentará mostrar nos capítulos seguintes.

---

do povo, originalmente intitulado "Fim da III Internacional", Carlos Drummond de Andrade, *Poesia 1930-62*, *op. cit.*, p. 478.

[131] Cf. José Guilherme Merquior, *op. cit.*, p. 48: "Ora, o conteúdo sociológico do lirismo drummondiano é tanto mais rico pelo fato de sua aventura pessoal — o filho do fazendeiro tornado burocrata na grande cidade — coincidir com a evolução social do Brasil."

[132] "Poesia-experiência", em Sônia Brayner (org.), *Carlos Drummond de Andrade: fortuna crítica*, *op. cit.*, p. 90.

3

Intermezzo lírico: Oswald de Andrade e o "Cântico dos cânticos para flauta e violão"

A invasão da União Soviética pelas forças nazifascistas trouxe uma espécie de simplificação do sentido da Segunda Guerra Mundial, ao menos no Ocidente. Mais do que nunca ela se transformou num conflito entre duas concepções contrárias, entre as ideologias opostas do comunismo e do fascismo. A guerra, por essa ótica, seria uma manifestação extrema da luta de classes. A violência era vista como uma realidade inescapável do tempo: à ascensão da mentalidade revolucionária de esquerda foi contraposta a brutalidade fascista, tornando o enfrentamento necessário. O poema de Brecht "Da violência" sintetiza com precisão esse conflito:

A torrente que tudo arrasta é chamada de violenta
Mas o leito que a oprime
Ninguém o considera violento.

A tempestade que verga as bétulas
É considerada violenta
Mas e quanto à tempestade
Que verga as costas dos trabalhadores de rua?[1]

Essa imagem da luta social, construída a partir de um símile natural, dá a medida de uma convicção do período: a da marcha

[1] Tradução de Marcus Vinicius Mazzari, extraída de seu ensaio "'Água mole em pedra dura': sobre um motivo taoísta na lírica de Brecht", em *Labirintos da aprendizagem* (São Paulo, Editora 34, pp. 236-7).

inexorável da história em direção a uma sociedade sem classes. No poema "Visão 1944", pacifista em relação à "Carta a Stalingrado", vimos como imagens de violência aparecem com toda a clareza a partir da 18ª estrofe, precisamente quando o povo transforma-se em sujeito da história. Tais imagens assumem o aspecto de fluxo ou de movimento arrebatador: "os rios desatados"; "os poderes ilimitados"; "essa força aguda e martelante,/ a rebentar do chão e das vidraças". A rigor, portanto, o poema condena a guerra na medida em que ela é matança indiscriminada ou mais uma manifestação do "negócio", mas não deixa de propor, na parte final, uma espécie de violência positiva, uma vez que autenticamente transformadora.

No "Noturno oprimido", do livro *José*, a água invadindo o espaço privado ("A água cai na caixa com uma força,/ com uma dor! A casa não dorme, estupefata") tem relação com essa perspectiva. O poeta, "preso à sua classe", ao mesmo tempo adere à correnteza e se assusta com ela:

> É o sentimento de uma coisa selvagem,
> sinistra, irreparável, lamentosa.
> Oh vamos nos precipitar no rio espesso
> que derrubou a última parede
> entre os sapatos, as cruzes e os peixes cegos do tempo.

Por esse fato, precisamente, Stalingrado foi um símbolo marcante. Naquela cidade, o enfrentamento entre forças de resistência de esquerda e fascismo parecia ter atingido uma nitidez inaudita. Foi a propósito dessa clareza que Auerbach, no início de *Mimesis*, fez o seguinte comentário, devidamente datado:

> Pense-se na história que nós mesmos estamos vivendo: quem refletir sobre o procedimento dos indivíduos e dos grupos humanos no nascimento do nacional-socialismo da Alemanha, ou o procedimento dos diferentes povos e Estados antes e durante a atual guerra (1942), sentirá como são dificilmente representáveis os

objetos históricos em geral, e como são impróprios para a lenda; o histórico contém em cada indivíduo uma pletora de motivos contraditórios, em cada grupo uma vacilação e um tatear ambíguo; *só raramente (como agora, com a guerra) aparece uma situação fortuitamente unívoca que pode ser descrita de maneira relativamente simples*, mas mesmo esta é subterraneamente graduada, e a sua univocidade está quase constantemente em perigo, e os motivos de todos os participantes têm tantas camadas que os slogans propagandísticos só chegam a existir graças à mais grosseira simplificação — o que tem como consequência que amigos e inimigos possam empregar frequentemente os mesmos. Escrever história é tão difícil que a maioria dos historiadores vê-se obrigada a fazer concessões à técnica do lendário.[2]

Além do mais, como já observado, a batalha de Stalingrado teve início praticamente no mesmo momento da entrada do Brasil na guerra, de modo que naquele alinhamento polarizado de forças, o país passou a ser mais um aliado contra o nazifascismo. O depoimento de dois intelectuais brasileiros (não marxistas) é instrutivo a respeito dessa visão "esquemática" da guerra.

Álvaro Lins afirmava:

> Esta guerra, mais do que uma guerra justificada, é uma guerra justa, e este problema da justiça não pode se separar dos homens que vivem em função do espírito. [...] Uma guerra em defesa da pátria, sob o ponto de vista brasileiro; uma guerra em defesa do espírito e da cultura, sob o ponto de vista universal.
> [...]
> Deverá o Brasil se orgulhar mais tarde de haver contribuído para uma guerra entre forças de progresso

---

[2] Erich Auerbach, *Mimesis* (São Paulo, Perspectiva, 1976, pp. 16-7). Grifos meus.

e forças de regresso. [...] Está fora de dúvida que esta guerra contém um plano ideológico, que há ideias em guerra [...] uma guerra em que se defendem ideias de progresso contra instintos de regresso [...] uma guerra espiritual contra os sistemas totalitários.[3]

Afonso Arinos de Melo Franco, por sua vez, faz questão de sublinhar que "lutar pelo Brasil e contra o fascismo é uma só coisa, neste momento...", expondo uma concepção semelhante da guerra como enfrentamento de ideologias:

> O primeiro passo que os intelectuais brasileiros, a meu ver, necessitam, é convencer-se de que esta é uma luta contra o fascismo, da qual os povos só participam eficazmente na medida em que se libertam de todos os preconceitos e compromissos fascistas [...]. A experiência desta guerra não é tanto de povos e de interesses econômicos, mas de ideologias.[4]

Em um quadro mais planetário, Oswald de Andrade afirma algo semelhante:

> A terra inteira é um país ocupado. [...] É esse o panorama do mundo contemporâneo, onde a luta entre dois sistemas de vida abre trincheiras tanto nas estepes eslavas cobertas de glória como na Itália reconquistada, na frente anfíbia do Pacífico, como na aparência cotidiana dos países afastados da batalha, onde por baixo da

---

[3] Cf. "Discurso sobre a guerra nos espíritos", em Álvaro Lins, *Jornal de crítica*, 3ª série (Rio de Janeiro, José Olympio, 1944, pp. 9-10).

[4] Cf. Afonso Arinos de Melo Franco, "Em face da guerra", em *Portulano* (São Paulo, Martins Editora, 1945 [nº 9 da Coleção Mosaico], pp. 38-45). Em outro texto do mesmo livro, a visão polarizada da guerra aparece desde o título: "O espírito e a força".

normalidade se debatem as cavilosidades conservadoras e os corações palpitantes do futuro.[5]

Não por acaso, Oswald também se deixou fascinar pela batalha de Stalingrado. Numa carta a Monteiro Lobato, ele denomina Canudos de "Stalingrado jagunça";[6] em outra passagem, em que busca fazer a anamnese do povo alemão, a referência derradeira é a de "Parsifal seguro enfim na armadilha de Stalingrado";[7] mencionando uma canção da época: "Quem vai a Stalingrado, Adolfo/ Nunca mais sai de lá";[8] como Drummond, ele também associou a cidade a Madri: "Madri foi a primeira trincheira de Stalingrado. E o que representa Stalingrado senão a defesa do pão e do trabalho, a defesa da pátria e também da cultura?";[9] em trecho que pode servir como uma espécie de síntese, a cidade é vista como "sentinela da civilização".[10]

A cidade também foi incorporada em sua obra poética. No irreverente e violento *Santeiro do Mangue*, de longuíssima e complexa gestação, no qual a prostituição é encarada do modo mais abertamente ideológico, lê-se

> Você sabe Timoschenko
> O que é arriscar a vida
> Nas estepes geladas de Stalingrado

[5] Cf. *Feira das sextas* (São Paulo, Globo, 2004, p. 143).

[6] Cf. "Carta a Monteiro Lobato", em *Ponta de lança* (Rio de Janeiro, Civilização Brasileira, 1972, p. 8).

[7] Cf. "Do suicídio coletivo", em *Telefonema* (São Paulo, Globo, 1996, p. 59).

[8] Cf. "Diálogo contemporâneo [II]", em *Feira das sextas*, op. cit., p. 110.

[9] Cf. "O poeta e o trabalhador", em *Estética e política* (São Paulo, Globo, 1992, p. 86).

[10] Cf. "Os humildes soldados da retaguarda", em *Feira das sextas*, op. cit., p. 141.

Na defesa do Kremlin
E do túmulo de Lenine
Na curva do Dnieper
Em Orel, Sebastopol
Kiev e Belgorod
Nesse imenso caixão de defunto
Do orgulho alemão que é a Rússia
Não foi à toa que o Marechal Stálin
Ordenou
Glória eterna aos heróis que tombaram
Em defesa da liberdade
Da pátria de todos os trabalhadores do Mundo
Para que não existam mais os reis do Mangue[11]

Outra referência acha-se no "Canto do pracinha só" (que Oswald dizia ser o seu "pior poema"):

Irmãos teus caíram nas adustas miragens de El Alamein
Anunciando de longe a queda de Berlim
Agonizaram nas últimas casas da planície farpada de
                                        [Sebastopol
Cobriram a terra com o manto de Stalingrado
E lançaram as ondas aurorais da Invasão.[12]

Esse é dos pouquíssimos poemas, escrito por um poeta consagrado, em homenagem ao soldado brasileiro da Segunda Guerra Mundial (um outro, posterior, e de outra índole, é "Pistoia, cemitério militar brasileiro" de Cecília Meireles, do qual ainda falaremos).

Mas Stalingrado também é um dos centros daquele que talvez seja o melhor poema de Oswald de Andrade — "Cântico dos cân-

---

[11] Cf. *O Santeiro do Mangue e outros poemas* (São Paulo, Globo, 1991, pp. 43-4).

[12] *Idem*, p. 106.

ticos para flauta e violão".[13] Por um lado, poema pessoal em que a guerra, no seu momento talvez mais épico e positivo, surge em harmonia com a declaração de amor; por outro, poema público, no qual o amor transbordante pulsa em conjunção com a luta coletiva. Em síntese, o texto propõe a concomitância entre enlevo amoroso e aguerrimento ideológico. Na análise abaixo, transcrevo apenas as passagens que vou comentar, mas o leitor deve ter em mente o poema como um todo. Ele é composto de 306 versos, divididos em quinze partes de tamanho desigual (a menor tem quatro versos, a maior, sessenta). Cada uma dessas partes apresenta um título particular, o que lhes confere também uma relativa autonomia. Um dos maiores desafios para a interpretação do "Cântico" está justamente em compreender esse modo de compor baseado na justaposição de fragmentos.

"*oferta* [1]"

Saibam quantos este meu verso virem
Que te amo
Do amor maior
Que possível for

Já foi comentado o "estilo de cartório" da abertura como paródia das relações econômicas e interessadas da sociedade burguesa invertidas pela relação amorosa desinteressada.[14] Mas cabe também situar a "oferta" como declaração pública do amor individual, que vem soldar logo de saída os polos da coletividade e da intimidade, de cuja dramática interpenetração o poema se nutre e

---

[13] Oswald de Andrade, *Poesias reunidas* (Rio de Janeiro, Civilização Brasileira/MEC, 1972, pp. 119-31). O poema ganhou uma bela edição comemorativa, organizada por Marília de Andrade e Ésio Macedo Ribeiro, com estudo de Maria Augusta Fonseca; em *Maria Antonieta d'Alkmin e Oswald de Andrade: marco zero* (São Paulo, Edusp/Imprensa Oficial, 2003).

[14] Cf. Sebastião Uchoa Leite, em *Participação da palavra poética* (Petrópolis, Vozes, 1966, pp. 39-41).

se constitui. A espontaneidade e singeleza de tom dessa abertura recorda igualmente o regime de despojamento formal ou de simplificação da linguagem, adotado por Oswald em sua poesia dos anos 1920. As datas deixam ver um outro fato muito significativo: nos anos 1930, mais precisamente entre 1929 e 1942 (o cântico foi encerrado em dezembro deste ano), Oswald de Andrade não escreveu poesia.[15]

Ao lado das publicações de *Serafim Ponte Grande* (publicado em 1933, mas concluído em 1928), e de *A escada vermelha* (1934), complemento de uma trilogia iniciada também na década anterior, a produção literária de Oswald de Andrade, nos anos 30, restringiu-se ao teatro (com as três peças *O homem e o cavalo*, *O rei da vela* e *A morta*) e ao romance (com a concepção e o início da redação da série *Marco zero*, da qual apenas os dois primeiros volumes viriam à luz, na década seguinte). O mais diz respeito à participação polêmica do autor nas lutas ideológicas e artísticas do período, cujo rastro podemos seguir pelas intervenções espalhadas em jornais e revistas, muitas delas recolhidas em livro apenas neste século.

Não fosse pelo seu valor intrínseco, o "Cântico dos cânticos" teria ainda este outro: representou o reencontro de Oswald com a poesia, praticamente abandonada quando o autor ainda não tinha quarenta anos, e retomada, com muito fôlego, graça e brio, depois dos cinquenta. Cronologicamente, e também no plano das ideias, o poema marca a transição para o último Oswald de Andrade, aquele da defesa engenhosa do Matriarcado e da elaboração das memórias (*Sob as ordens de mamãe*), as quais já comparecem, e de modo central, no "Cântico dos cânticos", poema de amor exalta-

---

[15] Em 1936, segundo Mário da Silva Brito, o poeta já estaria trabalhando em "O Santeiro do Mangue", na época concebido como "poema para fonola e desenho animado", mas o texto só atingiria uma versão mais íntegra em 1950, sem contar que a forma do "Santeiro" está muito mais próxima do teatro oswaldiano do que de sua poesia (se é que tem alguma validade para a leitura da obra de Oswald uma separação estrita entre os gêneros).

do e maduro à última mulher do poeta — Maria Antonieta d'Alkmin, a "Esposa".[16] Muita coisa está em jogo aqui: o reencontro com a poesia é simultâneo ao encontro com o amor "maior"; paralelamente, a luta ideológica é retomada com ardor também multiplicado, a partir da batalha de Stalingrado, cujos "assombrados brados de vitória" encerram o longo poema. A começar do título, tudo no "Cântico dos cânticos" é culminação: do sujeito, que atinge a plenitude amorosa; da humanidade, que, em Stalingrado, estaria decidindo a sua passagem para outro apogeu, representado pela recuperação dialética do Matriarcado. Há ainda um outro traço "heroico", já no plano estético: o poema é uma declaração de amor, em que o poeta maduro retorna, depois da vivência ideológica dos anos 1930, ao gênero por excelência experimental da década de 1920. Assim, a expressão "literatura de combate" parece ser a mais apropriada aqui, por sugerir a interação entre as dimensões estética e política, mediadas pela experiência amorosa. A propósito, Haroldo de Campos, no ótimo ensaio dedicado ao "Cântico", demonstra como o poema funde, numa forma eminentemente "de vanguarda", o "eu-lírico" e o "eu-participante":

> O encadeamento de motivos — a telescopagem do eu-lírico e do eu-participante, da vivência amorosa e da convivência política — opera-se não por um pacto exterior, mas por dentro, na textura mesma da linguagem. O que lhe confere uma singular eficácia.[17]

---

[16] De modo jocoso, o poeta assim sintetizou em seu "Livro da convalescença" o casamento "em últimas núpcias": "Depois de inúmeras travessuras, deu-se afinal o que chamei de reencontro materno, quando em 1943 me casei com Maria Antonieta d'Alkmim", *apud* Maria Augusta Fonseca, *Oswald de Andrade: biografia* (São Paulo, Globo, 2007, p. 277).

[17] "Lirismo e participação", em *Metalinguagem* (Petrópolis, Vozes, 1970, pp. 79-85).

Intermezzo lírico: Oswald de Andrade 217

Oswald teve plena consciência do valor de seu poema temporão. Em "Poesia e artes de guerra" (1943), ele apresenta o "Cântico" (que seria publicado apenas em 1945) de modo confiante e provocativo. O que mais surpreende nesse texto é a tonalidade polêmica, numa defesa, vinte anos depois, de alguns postulados da Semana de Arte Moderna, a qual é mencionada duas vezes. Assim, ele se gaba de cometer "mais um crime contra a carta poética do passado", ao rimar verbos no particípio passado, ou de defender a simplificação da linguagem como uma virtude moderna: "Minha sacola é pobre. Tenho a ignorância dos cancioneiros e meus recursos não vão além dos da Gaya Scienza. Sou um homem da aurora".[18]

Nesse texto, é inevitável evocar Oswald como a "figura mais característica e dinâmica"[19] do modernismo em São Paulo, cuja poética era marcada por inúmeros diálogos com as vanguardas europeias — os futuristas, Guillaume Apollinaire e outro autor que também fez a guerra e foi para sempre marcado por ela: Blaise Cendrars. Algumas décadas depois, a brevidade e o despojamento oswaldianos ainda seriam associados tanto ao fragmentarismo da primeira poesia de Ungaretti,[20] aquela mesma forjada nas trinchei-

---

[18] Cf. "Poesia e artes de guerra", em *Ponta de lança, op. cit.*, pp. 25-9.

[19] A avaliação é de Mário de Andrade e consta de sua célebre conferência, "O movimento modernista", ocorrida na Casa do Estudante do Brasil em 1942, texto de grande importância, no qual se faz presente uma aguda consciência política do escritor, adensada durante a Segunda Guerra Mundial. Da mesma estatura são os textos posteriores sobre música, escritos em forma de diálogo (reunidos no livro póstumo *O banquete*), nos quais Mário postula para a "literatura de combate" as categorias do "inacabado" e da "arte malsã".

[20] Por exemplo, Haroldo de Campos, "Ungaretti e a estética do fragmento", em *A arte no horizonte do provável e outros ensaios* (São Paulo, Perspectiva, 1969, pp. 77-90). A referência a Oswald encontra-se na página 81; e Lucia Wataghin, "Ungaretti e o Pau-Brasil", em Lucia Wataghin (org.), *Brasil & Itália: vanguardas* (São Paulo, Ateliê, 2003, pp. 205-18).

ras do Carso, como também à "faxina linguística" de Brecht,[21] que seria um dos grandes poetas da Segunda Guerra Mundial.

Em síntese, no horizonte do "Cântico dos cânticos" estão amalgamados não apenas o novo (e definitivo) amor e uma nova humanidade, mas também o novo estético. Como tudo se passa na maturidade, o poema se faz sob o signo da renovação, situando-se, assim, nas vizinhanças do mito e do tempo cíclico da natureza, quando sugere que as coisas envelhecem para renovar-se e que a desolação pode ser prenúncio de fertilidade.

O que salta aos olhos em tal concepção é a profunda confiança do poeta no aperfeiçoamento, individual e coletivo. Os quinze fragmentos de que se compõe o poema parecem acusar, nesse sentido, uma progressão ou um percurso de depuração. Todo o poema está impregnado de um movimento incessante, configurando-se como um desfile descontínuo, em que motivos da vida íntima se misturam aos motivos mais públicos, ambos dirigidos, malgrado os desencontros e sofrimentos ("as feridas que sangrei"), para uma síntese plena.

Já que o poema é uma declaração de amor e um pedido de casamento, como indica a linguagem de cartório da abertura, o "corsário" se vê na necessidade de resumir a sua vida pregressa para a mulher amada, de modo a transformar esta no seu "porto esperado"; mas o poema é também um "canto de guerra", em que a batalha de Stalingrado é tratada como um momento de virada da história humana geral, em sua travessia para uma sociedade justa, que o poeta identificava então ao Matriarcado. Resumo (e memorial) tanto do trajeto individual quanto do trajeto coletivo, é fundamental no "Cântico" a presença de uma *finalidade*.

---

[21] Cf. Roberto Schwarz, "A carroça, o bonde e o poeta modernista", em *Que horas são?* (São Paulo, Companhia das Letras, 1987, pp. 11-28). A aproximação Oswald/Brecht está nas páginas 11-2.

"*relógio* [8]"

As coisas são
As coisas vêm
As coisas vão
As coisas
Vão e vêm
Não em vão
As horas
Vão e vêm
Não em vão

Esse fragmento, situado no meio exato do poema, normalmente é lido como uma peça de antologia retirada de seu contexto maior, mas é apenas neste que ele pode encontrar uma explicação mais ampla e menos anedótica. Pois o que se afirma aqui é justamente a finalidade do movimento ("não em vão") em oposição à errância: a mulher amada é a "*certeza* do corsário"; paralelamente, a humanidade também deve encontrar o seu estado ideal — a síntese entre natureza e técnica, a ser conquistada com a vitória sobre o fascismo, visto como o último estágio da sociedade patriarcal.

O poema deita raízes fundas nas concepções filosóficas do autor, de que cabe fazer uma breve síntese. Oswald acredita na alternância da história humana entre dois grandes sistemas ("dois hemisférios culturais"), o Matriarcado e o Patriarcado. O primeiro, âmbito do "homem primitivo" e de uma "cultura antropofágica"; o segundo, do "homem civilizado" e de uma "cultura messiânica". O Matriarcado se fundamenta em uma "tríplice base": "o filho de direito materno", "a propriedade comum do solo", "o Estado sem classe, ou seja, ausência de Estado"; o Patriarcado, na negação exata do anterior: "o filho de direito paterno", "a propriedade privada do solo", "o Estado de classes". O autor desdobra outras oposições:[22] o "ócio" e uma "economia do ser",

---

[22] Em "A marcha das utopias", as dicotomias também proliferam e de modo ainda mais idiossincrático: do lado do Patriarcado e do negócio, os

para o Matriarcado; o "negócio" e a "economia do haver", para o Patriarcado. Na "ondulação geral do pensamento humano" (imagem náutica da história que tem importância para o sistema de imagens do poema, em que o sujeito lírico é o "corsário", e a amada o "porto esperado"), o Matriarcado se situa nas origens, depois substituído pelo Patriarcado que se prolonga até o tempo presente (a Segunda Guerra Mundial); lá teríamos o "homem natural", aqui o "homem civilizado". A humanidade estaria se encaminhando para uma recuperação dialética do Matriarcado, que resultaria na síntese do "homem natural tecnizado". Benedito Nunes, ainda o melhor intérprete do Oswald filósofo, fala em um "movimento dialético circularizado".[23]

Trata-se para o poeta-filósofo de combater a ideia de promessa (messiânica) de uma vida harmônica, remetida para o além ou para um futuro abstrato, contrapondo a ela a "teimosa vocação de felicidade do primitivo".[24] A crítica à ortodoxia que o levou a afastar-se do Partido Comunista se fez em termos semelhantes — na União Soviética, a "ditadura de classe se substituiu pela ditadura de partido". "O fenômeno que deu o fascismo instalou-se no coração revolucionário da URSS e produziu o colapso de sua alta mensagem."[25]

Oswald insistia em que não queria "retornar à tanga", mas sim associar à liberdade e ao ludismo do homem natural as con-

---

judeus (que teriam criado o racismo); a Reforma; o Utilitarismo; o Norte; a Europa; a Renascença (com seu olhar para o passado); a Jerusalém celeste; os puros; os teólogos e professores. Do lado oposto, do Matriarcado e do ócio, os árabes (que teriam criado a miscigenação); a Contrarreforma; a utopia; o Sul; a América; o Humanismo (com o olhar para o futuro); a República comunista cristã do Paraguai; os mestiços; o primitivo, o louco e a criança. Assim, para Oswald, a guerra holandesa no Brasil seria um ótimo exemplo de enfrentamento entre esses dois sistemas, com a vitória da utopia...

[23] Cf. "Antropofagia ao alcance de todos", em Oswald de Andrade, *A utopia antropofágica* (São Paulo, Globo, 2011, p. 43).

[24] Cf. "A marcha das utopias", em *A utopia antropofágica*, *op. cit.*, p. 279.

[25] Cf. "A crise da filosofia messiânica", *op. cit.*, p. 191.

quistas da técnica. Certamente reside aqui um dos aspectos mais polêmicos de seu pensamento, e que o coloca num campo muito diverso de outros poetas de extração modernista, nacionais ou internacionais — o do elogio do progresso científico e da defesa de sua incorporação para consolidar uma humanidade integral. "O robô é um ideal. [...] Pois é em torno do robô que se está construindo a civilização de nossos dias. O escravo só desaparecerá quando a mecânica o substituir, isto é, quando os fusos trabalharem sozinhos. Trata-se apenas de resolver um problema — o da conquista do ócio."[26] Ou ainda: "O mundo do trabalho, graças à técnica e ao progresso humano, passa os encargos sociais para a máquina e procura realizar na terra o ócio prometido pelas religiões no céu".[27]

As passagens citadas nesse breve resumo indicam ao menos duas características dos textos filosóficos oswaldianos: a liberdade no trato das referências e dos conceitos, e a exposição assistemática e fragmentária, próxima do trabalho poético. Luís Washington Vita, naquela que deve ter sido a primeira avaliação do "legado especulativo de Oswald de Andrade", situa a filosofia de Oswald como a mais "consequente" do modernismo brasileiro. Ele teria sido não um "filósofo especialista", mas, "empapado de vida", [...] "inaugurou uma expressão literária na filosofia brasileira, sem pernosticismos terminológicos, utilizando-se de frases de grande poder expressivo".[28] Benedito Nunes também enfatiza as "intuições fulgurantes", alertando o leitor para não buscar "no pensamento de Oswald de Andrade a latitude do discurso reflexivo--crítico, a delimitação cuidadosa dos problemas e pressupostos [...] mas sim a cadeia das imagens que ligam a intuição poética densa

---

[26] Cf. "Ainda o matriarcado", *op. cit.*, p. 309.

[27] Cf. "A crise da filosofia messiânica", *op. cit.*, p. 203.

[28] Cf. Luís Washington Vita, "Tentativa de compreensão do legado especulativo de Oswald de Andrade", em *Revista Brasileira de Filosofia*, vol. VI, fasc. IV (São Paulo, Instituto Brasileiro de Filosofia, out.-dez. de 1956, pp. 544-54).

à conceituação filosófica esquematizada, aquém de qualquer sistema e um pouco além da pura criação artística".[29]

Entre os escritos de caráter filosófico do autor, dois se destacam amplamente: "A crise da filosofia messiânica", concebido como tese para concorrer a uma vaga na cadeira de filosofia na Universidade de São Paulo em 1950, e a "A marcha das utopias", publicado em partes no jornal *O Estado de S. Paulo* entre julho e setembro de 1953. Mas há muitos outros textos de Oswald em que comparece esse pendor especulativo, a rigor, desde os escritos programáticos dos anos 1920. Vários críticos observam nesse sentido uma unidade do pensamento oswaldiano,[30] do primitivismo de "Pau-Brasil" (1924), que se particularizou e ganhou maior densidade na Antropofagia (1928), ao elogio do "estado de natureza" a ser recuperado pelo homem tecnizado, presente nos textos finais.[31] Mesmo durante o longo período em que Oswald esteve vinculado ao Partido Comunista (1931-1945), que supostamente lhe teria fornecido a "vacina" contra o "sarampão antropofágico", este teria se conservado latente no horizonte utópico que o poeta jamais abandonou. O próprio "Cântico dos cânticos para flauta e violão", encerrado em 1942, mas tão impregnado dessa concepção

---

[29] Cf. "Antropofagia ao alcance de todos", em Oswald de Andrade, *A utopia antropofágica* (São Paulo, Globo, 2011, pp. 55-6).

[30] Entre outras citações possíveis: "O primitivismo é a linha de coerência intelectual de Oswald de Andrade" — Benedito Nunes, *Oswald canibal* (São Paulo, Perspectiva, 1979, p. 28); "A partir do Manifesto Antopófago se inicia uma linha de pensamento que não se verá interrompida e da qual é importante testemunho *A crise da filosofia messiânica* aparecida em 1950" — Ángel Crespo, "Introducción breve a Oswald de Andrade" (em *Revista de Cultura Brasileña*, nº 6, Madri, setembro de 1968, p. 195); "A recuperação, em novos termos, do conteúdo antropofágico do *Serafim* é o que Oswald tentará fazer em sua tese *A crise da filosofia messiânica*" — Haroldo de Campos, "Serafim, um grande não-livro" (em Oswald de Andrade, *Obras completas 2. Memórias sentimentais de João Miramar. Serafim Ponte Grande*, Rio de Janeiro, Civilização Brasileira, 1972, p. 127).

[31] A mais recente edição desses textos intitula-se *A utopia antropofágica* (São Paulo, Globo, 2011, organizada por Gênese Andrade).

matriarcal,[32] mostra que tais delimitações não são assim estritas, e que o poema também representa uma espécie de dobradiça na obra de Oswald, o que o valoriza ainda mais.

Retornando ao poema, podemos dizer que aquele ritmo de alternâncias ("As coisas vão e vêm"), observado no segmento "relógio", é a própria razão de ser das "coisas" ("As coisas são"). Coerentemente, a estrutura do poema está impregnada dessa mesma pulsação, ou desse movimento pendular, que funciona como o baixo contínuo das peripécias ou dos sentimentos presentes no poema. Entre outros exemplos:

"*canção e calendário* [2]"

Sol de montanha
Sol esquivo de montanha
Felicidade
Teu nome é
Maria Antonieta d'Alkmin

---

[32] Embora as diferenças sejam evidentes, não deixa de ser interessante aproximar essa visão do matriarcado oswaldiano com o elogio radical da mulher e do feminino efetuado por André Breton, particularmente em *Arcano 17*, escrito em 1944. "É ao artista, em particular, que cabe, ainda que seja em protesto contra esse escandaloso estado de coisas, a tarefa de fazer predominar ao máximo tudo aquilo que diz respeito ao sistema feminino do mundo por oposição ao sistema masculino [...]. Que a arte dê resolutamente a prioridade ao pretenso 'irracional' feminino, que ela conserve ferozmente como inimigo tudo aquilo que, tendo a presunção de se considerar como seguro, como sólido, traz na realidade a marca dessa intransigência masculina, que, no plano das relações humanas na escala internacional, mostra suficientemente, hoje em dia, do que ela é capaz. [...] É o momento de se pronunciar em arte sem equívoco contra o homem e a favor da mulher, de tirar do homem um poder do qual, como está mais do que provado, ele fez mau uso, para tornar a colocar esse poder nas mãos da mulher, de negar ao homem todas as suas instâncias enquanto a mulher não houver conseguido retomar desse poder sua parte equitativa e isso não mais na arte, mas na vida". Cf. André Breton, *Arcano 17* (São Paulo, Brasiliense, 1986, pp. 47-9). Tradução de Maria Tereza de Freitas e Rosa Maria Boaventura.

Face e verso de fotografia de Oswald de Andrade enviada a Maria Antonieta d'Alkmin em 21 de dezembro de 1942, provavelmente quando o poeta terminava o "Cântico dos cânticos para flauta e violão", que em sua versão definitiva é datado "São Paulo — dezembro de 1942". Os versos manuscritos apresentam ligeira variação em relação ao poema impresso.

[...]
Não quero mais as moreninhas de Macedo
Não quero mais as namoradas
Do senhor poeta
Alberto d'Oliveira
Quero você

Não quero mais
A inglesa Elena
Não quero mais
A irmã da Nena
Não quero mais
A bela Elena
Anabela
Ana Bolena
Quero você
[...]

Certamente o poeta pretendeu, ao incorporar essas alternâncias na estrutura do poema, figurar o movimento da vida, individual e coletiva. Nesse sentido, o poema instaura um processo, necessariamente não-linear e complexo, em que amor e dor, prisões e fugas, morte e renascimento, guerra e paz etc. se desdobram numa forma ágil e aberta.

"*alerta* [5]"

Lá vem o lança-chamas
Pega a garrafa de gasolina
Atira
Eles querem matar todo amor
Corromper o polo
Estancar a sede que eu tenho doutro ser
Vem de flanco, de lado
Por cima, por trás
Atira

> Atira
> Resiste
> Defende
> De pé
> De pé
> De pé
> O futuro será de toda a humanidade

Esse trecho, um dos mais diretamente relacionados à guerra, é a própria mobilidade, tanto pela intensidade das ações nele representadas, quanto pela estrutura que as representa (uma versão "pau-brasil" da batalha de Stalingrado?), e a sua leitura é necessariamente veloz, inclusive pela exigência do grito, já que se trata de um canto veemente de chamamento ao combate, como mostram os verbos no imperativo. E o combate transcrito refere-se a uma guerra de resistência ("Resiste"), em que a defesa ("Defende") do amor (individual e geral, novamente) é o propósito central. Poema gestual, ele não deixa de recordar "Chef de section", de Apollinaire, já referido atrás.

Aqui se destaca a "fascinação do movimento", o "estilo telegráfico" ou a "mobilidade", que Antonio Candido considerava motivos fundamentais da obra oswaldiana, inclusive em termos ideológicos:

> Quando é boa, a sua composição é muitas vezes uma busca de estruturas móveis, pela desarticulação rápida e inesperada dos segmentos, apoiados numa mobilização extraordinária do estilo. [...] Também na sua visão da sociedade avulta o senso do que é móvel, a miragem de uma transição necessária ao matriarcado redentor.[33]

---

[33] "Digressão sentimental sobre Oswald de Andrade", em *Vários escritos* (São Paulo, Duas Cidades, 1977, p. 78). Em texto anterior, Antonio Candido já havia tratado do motivo da "viagem" (a "estética transitiva do viajante") na obra do escritor, em "Oswald viajante", *idem*, pp. 54-5.

Tal visão se confirma inteiramente no "Cântico". A "mobilidade" é nele também intensa e central, como nas imagens já comentadas do relógio e do desfile, e, principalmente, pela estrutura fragmentária do poema, com sua sintaxe de cortes. É de se notar, ainda, as metáforas marítimas, espalhadas por todo o texto, e advindas tanto da identificação do sujeito lírico ao "corsário" ou ao "flibusteiro", quanto da evolução humana a um movimento cíclico de fluxo e refluxo (a alternância entre Patriarcado e Matriarcado). Além de se referir às distâncias espaciais e temporais, a mobilidade é também atributo da vida interior, como na imagem "as marés do meu cérebro".

Por outro lado, como vimos, é igualmente enfática no poema a formulação de que há um ponto de chegada, definitivo e transformador. A intensidade tanto do amor individual quanto da luta coletiva faz o encontro se sobrepor à busca, ou o repouso ao movimento.

Dessa perspectiva, a forma fragmentada e móvel do poema encontraria sempre um centro de convergência, intercambiável entre a mulher amada e a sociedade futura, em direção às quais tudo se dirige e nas quais tudo se resolve. Essas duas esferas (a individual e a coletiva) são unificadas por um *princípio feminino*: o poema de amor pode ser dirigido tanto à futura esposa, quanto à futura sociedade (matriarcal).

"*dote* [10]"

Te ensinarei
O segredo onomatopaico do mundo
Te apresentarei
Thomas Morus
Federico García Lorca
A sombra dos enforcados
O sangue dos fuzilados
Na calçada das cidades inacessíveis
Te mostrarei meus cartões postais
O velho e a criança dos Jardins Públicos

O tutu de dançarina sobre um táxi
Escapados ambos da batalha do Marne
O jacaré andarilho
A amadora de suicídios
A noiva mascarada
A tonta do teatro antigo
A metade da Sulamita
A que o palhaço carregou no carnaval
Enfim, as dezessete luas mecânicas
Que precederam teu uno arrebol

Esse princípio feminino centralizador aparece aqui com toda a clareza. O procedimento fundamental desse fragmento é o da enumeração (onipresente em todo o poema), mais do que esperado pela função que ele ocupa na declaração de amor: a de pormenorizar o "dote" do amante.

Leo Spitzer, em um estudo célebre, investigou as motivações da "enumeração caótica" na poesia moderna;[34] provavelmente a mais adequada para esse trecho seria a que ele chama de "função conjuntiva": a lista heterogênea serve sobretudo para realçar o poder de síntese e de acolhimento do termo final, no caso, a mulher amada. A confirmação disso ocorre nos dois versos finais, em que o múltiplo ("as dezessete luas mecânicas") é preparatório para o "uno arrebol" associado à mulher, sem contar, é claro, a própria passagem da noite para a aurora, que volta a frisar a visão teleológica.

Mas esse finalismo apoteótico, embora verdadeiro, parece ser incapaz de explicar o poema inteiramente. Restam sempre passagens obscuras, "gratuitas", irredutíveis ao esquema abstrato e positivado que as recorta. Poderíamos falar aqui, para manter o paralelismo, de um *princípio poético*, que se compraz antes no fluxo ou no processo do que no seu sentido último.

[34] "La enumeración caótica en la poesía moderna", em *Lingüística e historia literaria* (Madri, Gredos, 1968, pp. 247-300).

Em "dote", a enumeração se inicia de modo linear — a utopia, a luta política, os exemplos extremos de Morus e de Lorca, mas de súbito, num impulso muito típico desse poema, figuras e elementos muito heterogêneos se acumulam. Como o interlocutor do poema é a mulher amada, que precisa ser conquistada, o poeta não apenas não hesita em aproximar o trágico e o grave do gracejo e do nonsense, como também parece se gabar dessa capacidade. "A tonta do teatro antigo" surge do gosto aliterativo; a Sulamita do Cântico bíblico aparece pela metade (quem sabe para realçar a inteireza da amada, e talvez a grandeza do próprio canto...); "a que o palhaço carregou no carnaval" parece evocar a brincadeira "E o palhaço o que é? É ladrão de mulher", o que condiz com outras passagens afins do poema. A propósito, escreve Maria Augusta Fonseca:

> Reacende em Oswald o artista dos anos 1920, com as propostas de *Pau Brasil*, e também a busca das raízes no imaginário popular, cantigas de roda, jogos infantis, adivinhações, inventando uma longa história que começa com um cortejo inusitado, em uma fusão de culturas e de voos da imaginação: princesa Patoreba, Senhora Dona Sancha, o tangolomango, que de um em um exclui todos pela morte.[35]

Dentro dessa ideia, "dote" é de fato importante para a significação mais geral do poema. Os atributos que o poeta declara de si mesmo não são poucos, e já são nossos conhecidos: o da imaginação poética, com sua capacidade associativa (aproximar sem mediações figuras e exemplos históricos elevados — Thomas Morus, Federico García Lorca e a Primeira Guerra Mundial —, com a esfera do disfarce e da representação, em níveis diversos: o traje da dançarina, a máscara, o teatro, o circo), o da utopia e da luta política, além do amor, todos amparados pela experiên-

---

[35] Cf. *Por que ler Oswald de Andrade* (São Paulo, Globo, 2008, p. 116).

cia do homem maduro ("Te ensinarei", "Te apresentarei", "Te mostrarei").

Muito significativo é "o segredo onomatopaico do mundo", atributo propriamente de poeta, especializado nas relações esquivas entre o som e o sentido, como vimos acima, mas também afeito a um modo de compor aberto às mais variadas correspondências. Um desses segredos provém, certamente, do nome da mulher: Alk*mim*, em que a última sílaba parece estar ali apenas para "motivar" o amor do poeta ("para mim"), inclusive no sentido de um fatalismo; outras associações são ainda mais gratuitas e próximas do trocadilho: "Mulher vinda da China", em que o mesmo som ("mim") permite atribuir à mulher uma origem fantástica e longínqua, tanto mais expressiva para assinalar o sortilégio do encontro amoroso, desde sempre preparado pelo destino ("Mulher vinda da China para mim"; "Não sei quando começaste em mim" etc.).

Essas associações vão além do pormenor ou do gratuito, e seria possível identificá-las a um princípio mais amplo de construção. O encadeamento do poema também obedece a uma espécie de padrão associativo, próximo de um automatismo, no qual as correspondências sonoras (que representam a maior parte) interagem com outras combinações, mais enoveladas, misturas de obsessões pessoais, dados biográficos, referências culturais e mitológicas.

Dessa maneira, o "desfile" ganha uma dimensão em si, pelo próprio trabalho da linguagem, e relativiza a paixão obcecada, ao mesmo tempo em que é tocado pela veemência desta. É provavelmente nesse encontro entre o princípio feminino e o princípio poético que o poema melhor se realiza. A fala inspirada, uma torrente incoercível, é, ao mesmo tempo, uma declaração de amor, um canto de guerra e também discurso autoconfiante no próprio poder expressivo.

Do poema de Oswald, bem se poderia dizer que a sua maior virtude é a de nutrir-se decididamente seja da circunstância histórica (a batalha de Stalingrado) seja da circunstância pessoal (o encontro amoroso), ambas dignas da celebração mais intensa, capazes por isso mesmo de *liberar* o canto, como diria Ungaretti.

Dito de outro modo, poucos poemas serão mais circunstanciais, tão tocados pelo contexto biográfico e pela situação histórica; mas poucos serão também mais poéticos, em que se sente o impulso incondicional da criação.

Essa junção entre guerra, ímpeto erótico e fluxo da linguagem permite associar o "Cântico" de Oswald aos poemas de amor de Apollinaire, escritos durante a Primeira Guerra Mundial, e já comentados aqui, descontadas algumas diferenças essenciais, sobretudo em relação aos *Poemas a Lou*, nascidos da experiência carnal, enquanto o de Oswald, um pedido de casamento, se coloca como anterior a essa vivência, e nesse sentido mais próximo daqueles dedicados pelo poeta francês à noiva Madeleine.

No capítulo seguinte, continuaremos a falar de um princípio feminino, mas de natureza inteiramente diversa daquele aqui estudado, surgido agora da leitura de uma poeta que, em muitos aspectos, é o oposto exato de Oswald de Andrade.

4
Cecília Meireles

RETRATOS

Antes de iniciar o estudo da poesia de guerra de Cecília Meireles é preciso discutir, ao menos em linhas gerais, a posição ocupada pela escritora na literatura brasileira do período. Para isso, pode ser útil relembrar o que ela representava para outros poetas brasileiros, dela contemporâneos. Oswald de Andrade, com sua verve ferina, foi uma exceção:

> A Sra. Cecília Meireles é uma espécie de Morro de Santo Antônio, que atravanca o livre tráfego da poesia. Com sua celebridade madura, continua a fazer o mesmo verso arrumadinho, neutro e bem cantado, com fitinhas, ou melhor, com fitinhos e bordados. Sem dizer nada, sem transmitir nada. Mesmo sem sentir nada.[1]

Manuel Bandeira, ao contrário, admirava "a extraordinária arte" dos versos de Cecília Meireles, "sempre empenhada em atingir a perfeição", acrescentando que sua obra era um ótimo exemplo de como "o esmero da técnica jamais prejudicou a mensagem de um poeta".[2] Drummond, em crônica comovida e igualmente elogiosa, escrita logo após a morte da autora ("Às 15 horas de

---

[1] Oswald de Andrade, "Voto a descoberto", em *Telefonema* (São Paulo, Globo, 1996, p. 369).

[2] Cf. Manuel Bandeira, *Apresentação da poesia brasileira* (São Paulo, Cosac Naify, 2009, pp. 184-5).

Segunda-feira, 9 de novembro de 1964, os poemas de Cecília Meireles alcançaram a perfeição absoluta"), considerou a "irrealidade" como o traço mais marcante da sua figura humana ("Não me parecia uma criatura inquestionavelmente real; por mais que aferisse os traços positivos de sua presença entre nós"), e se valeu dessa característica para avaliar as linhas gerais da obra ("A mulher extraordinária foi apenas uma ocasião, um instrumento, afinadíssimo, a revelar-nos a mais evanescente e precisa das músicas").[3] Murilo Mendes, em um poema também escrito sob o impacto da morte de Cecília Meireles, afirmava:

O século é violento demais para teus dedos
Dúcteis afeiçoados ao toque dos duendes:

O século, ácido demais para uma pastora
De nuvens, aponta o revólver aos mansos

Inermes no guaiar & columbrando a paz.
Armamentos em excesso, parquesombras de menos

Se antojam agora ao homem, antes criado
Para dança, alegria & ritmos de paz.[4]

Essas imagens de Cecília Meireles, fornecidas por quatro de seus companheiros de ofício, são bastante reveladoras: a perfeição formal (para Oswald, mera filigrana), certa sugestão de irrealidade ou de presença vaga, e a delicadeza ou a mansidão. Seria possível afirmar que todas são características "femininas", não por acaso surgidas da observação de poetas masculinos, quase todos, de resto, admiradores da poeta.

---

[3] Carlos Drummond de Andrade, "Imagens para sempre. Cecília", *Correio da Manhã*, Rio de Janeiro, 11 de novembro de 1964.

[4] Murilo Mendes, "Murilograma a Cecília Meireles", em *Convergência* (São Paulo, Duas Cidades, 1970, pp. 97-8).

Haverá quem queira enxergar por detrás dessas caracterizações uma perspectiva preconceituosa e mesmo, no limite, certo menosprezo. Mas o problema estaria mal colocado. Primeiro, porque os inúmeros "retratos", "apresentações", "autorretratos", espalhados pela obra da autora, já se antecipam aos seus eventuais comentadores: "Na grande noite tristonha,/ Meu pensamento parado/ Tem quietudes de cegonha/ Numa beira de telhado"; "Pastora de nuvens"; "A mulher do canto lindo/ ajuda o mundo a sonhar,/ com o canto que a vai matando,/ ai!/ E morrerá de cantar"; "Ser tão completa e estar tão longe!"; "E eu navego e estou parada,/ vejo mundos e estou cega,/ porque isto é mal de família [...]// E até sem barco navega/ quem para o mar foi fadada" etc.

Em segundo lugar, e mais relevante, imagem semelhante se fazia então de outros autores, como, por exemplo, Augusto Frederico Schmidt:

> Que diz a primeira página? "Ondas sucessivas de aviões, durante toda a noite, atacaram com bombas incendiárias uma cidade do Midlands, destruindo três cinemas, dois hotéis, duas igrejas, um hospital de crianças e diversos bairros operários". Que diz a página 10? "Há nas rosas, que estão morrendo, um silêncio infinito. Poderíamos dizer que a sombra envolveu as rosas". Dir-se-ia que a página 10 (suplemento literário, com um poema de Augusto Frederico Schmidt) está fora do tempo. Mas precisamente porque está fora do tempo, a poesia de Augusto Frederico Schmidt consola-nos dos bombardeios aéreos e instila em nosso coração uma doçura que a aridez da garganta seca não saberia recolher.[5]

A "doçura" como antídoto à violência, a recusa ao presente imediato, pelo recurso à natureza e ao lirismo mais ensimesmado,

---

[5] Carlos Drummond de Andrade, "Segredo e atualidade de Schmidt", em *Confissões de Minas* (São Paulo, Cosac Naify, 2011, p. 65).

eram, naturalmente, atitudes encontráveis em diversos poetas do período, independentemente do sexo.

Mas Augusto Frederico Schmidt, um dos nomes mais prestigiosos entre 1930 e 1945, hoje quase não é lido. A obra de Cecília Meireles, pelo contrário, é objeto de um interesse marcante, embora pouca coisa nova tenha sido escrita a seu respeito que viesse a desmanchar aquele retrato que dela faziam os poetas mencionados e também uma infinidade de outros leitores.

No sentido de alterar essa recepção, que tem sido ambivalente entre o elogio à "perfeição formal" e a acusação velada ao decorativo ou ao pouco mordente, está em curso uma revisão da obra poética de Cecília Meireles, mas é prematuro antecipar as suas conclusões. Valéria Lamego, por exemplo, trouxe à luz a interessantíssima produção jornalística sobre educação da autora, do início dos anos 1930.[6] Ali se mostra, com toda clareza, a consciência social aguda de Cecília Meireles, sua capacidade de discutir com desenvoltura e enorme senso crítico os problemas educacionais do período (a educação, tanto quanto a arte, foi um tremendo campo de batalha das ideologias, naquela década, inclusive com a presença maciça de produtos híbridos, como a arte de propaganda ou pedagógica, e a educação artística) e um internacionalismo intuitivo mas vigilante, como demonstra essa declaração de 1933:

> Apesar das minhas resoluções de ser árvore e do meu confessado horror pelo jornalismo, veja o que me aconteceu: acabam de convidar-me para fazer semanalmente a 1ª página do suplemento da *Nação*. Ainda não aceitei nem recusei. Mas talvez acabe aceitando, pois trata-se de escrever impressões rápidas sobre os acontecimentos semanais — *menos política*, disseram-me [...]
> O que eu acho difícil é deixar de falar em política, estando reunida a Constituinte, e depois das eleições de

---

[6] Valéria Lamego, *A farpa na lira: Cecília Meireles na Revolução de 30* (Rio de Janeiro, Record, 1996).

Hitler, das angústias da França, da aliança russo-americana etc.
Eu tenho esse mau costume de sofrer pelo mundo inteiro. Hoje estive num cinema e vi, num jornal da Paramount, a mobilização austríaca para vigilância das fronteiras, em vista das atividades políticas da Alemanha. Ainda agora, escrevendo-lhe, sinto lágrimas no coração, porque vejo diante de mim, como no filme, a cara daqueles homens desgraçados que já viram uma guerra, quando ainda eram jovens, e estão a ponto de ver outra.[7]

A questão do pacifismo era tema constante nas reflexões sobre educação conduzidas pela autora, que defendia corajosamente o projeto da Escola Nova contra as investidas fascistas ou católicas de direita, lideradas então por Alceu Amoroso Lima. (É preciso acrescentar que, além da educação, a autora se envolveu profundamente em outros dois projetos também sacudidos pelos conflitos ideológicos do período: a literatura infantil e o folclore. Ambos interessavam muito às propostas autoritárias do governo Vargas pelo mesmo motivo óbvio: o da propaganda — no caso da literatura infantil, pela demanda de "obras edificantes", formadoras de uma mentalidade cívica e patriótica; no caso do folcore, com vistas à manipulação dos virtuais símbolos da "identidade nacional brasileira".)

Mas o problema permanece: a linguagem tantas vezes forte e incisiva da jornalista tem correspondência efetiva na obra da poeta? Valéria Lamego se pergunta: "Por que sua posição na educação foi altamente revolucionária, enquanto na arte se man-

---

[7] Cf. Valéria Lamego, *op. cit.*, p. 236. Trata-se de um trecho de carta datada de 15 de novembro de 1933 a Fernando de Azevedo, um dos principais líderes do movimento renovador na educação. O grifo é de Cecília Meireles, e dá uma medida de como a sua atividade jornalística era lida no contexto das lutas ideológicas de então.

teve distante da vanguarda?".[8] E prossegue, antes perplexa do que convencida:

> A crítica literária convencional repisou, nos últimos trinta anos, uma leitura equivocada e parcial da trajetória da intelectual e poetisa Cecília Meirelles. É impossível que a jornalista irônica e a poeta lírica fossem duas pessoas e não permitissem que a farpa da militância, de uma, maculasse a lira da poesia "cristalina", da outra.[9]

Arlindo Daibert, num texto infelizmente breve, também defende a presença de um "incômodo permanente" na obra de Cecília Meireles, latente na "enganosa aparência de fragilidade e de delicadeza" e no "preciosismo" da forma.[10]

A poesia de guerra da autora decerto não resolve essa questão, e nem é esse o horizonte deste ensaio. Mas não deixa de ser surpreendente que o lirismo (de fato) delicado de Cecília Meireles tenha se mostrado, entre nós, um dos mais permeáveis aos acontecimentos da Segunda Guerra Mundial. De algum modo, aquele "costume de sofrer pelo mundo inteiro", de que a jornalista dera notícia no início dos anos 1930, foi retomado pela poeta em diversas passagens entre 1939-1945.[11] Para avaliar com mais elemen-

---

[8] Valéria Lamego, *op. cit.*, p. 45.

[9] *Idem*, p. 116.

[10] "É nesse universo de contornos delicados e minúcia — povoado de pássaros, insetos, flores muitas, brilhos; é nesse espaço de maravilha e excepcionalidade que o poema se constrói com perfeição e método de coisa preciosa. [...] Se na maioria das vezes a crítica e a inquietação não se explicitam, existe um incômodo permanente, sutilmente disfarçado sob a enganosa aparência da fragilidade e da delicadeza." Arlindo Daibert, "Anotações de leitura", em José Alberto Pinho Neves (org.), *Cecília Meireles: visão mineira*, Juiz de Fora, UFJF, 1992, pp. 15-20.

[11] A propósito, em "Lembranças de Cecília Meireles", Paulo Rónai, propõe outro retrato interessante de Cecília, no qual, novamente, surge a "irrealidade", ao lado, porém, do reconhecimento da capacidade da autora de perceber e sentir os grandes problemas de seu tempo: "Vivia num ambien-

tos o alcance dessa "penetração da guerra", cabe evocar de início, porém, talvez o maior manancial da lírica ceciliana: a natureza.

MIUDEZAS

"As formigas"

Em redor do leão de pedra,
as beldroegas armam lacinhos
vermelhos, roxos e verdes.
No meio da areia,
um trevo solitário
pesa a prata do orvalho recebido.
As areias finas são de ouro,
e as grossas, como grãos de sal.
Cintila uma lasca de mica,
junto ao cadáver de um cigarro
que a umidade desenrolou.
E o cone torcido de um caramujo pequenino
pousa entre as coisas da terra
o vestígio e o prestígio do mar,
que elas não viram.
Nessa paisagem tranquila,
umas formigas pretas,
de pernas altas,

te feérico e irreal que a enquadrava como uma moldura perfeita, um belo solar numa rua escondida, acima da cidade, acima do cotidiano [...] *au-dessus de la mêlée*, expressão que se me impôs desde a primeira vez que a fui visitar. [...] Durante os anos terríveis da guerra, refugiados de vários países nos reuníamos ali. [...] A grande maioria dos brasileiros recebia-nos com a instintiva doçura e a gentileza característica da terra, mas poucos aquilatavam como ela a profundeza do drama individual de cada um de nós. A capacidade requintada de sentir, adivinhar e imaginar levara-a a compreender-nos", em *Pois é* (Rio de Janeiro, Nova Fronteira, 1990, p. 45-6).

atravessam num tonto ziguezague
as areias grossas e finas,
e vêm pesquisar por todos os lados
cada folha de beldroega,
roxa, vermelha e verde.[12]

É difícil encontrar tal virtuosismo na poesia brasileira em qualquer período. Mas entenda-se virtuosismo, aqui, no sentido mais positivo possível — como mobilização de técnicas inteiramente a serviço da configuração linguística da experiência, no caso experiência de observação minuciosa da realidade, na qual o inventário tão exato dos detalhes parece-nos, paradoxalmente, quase fantasioso.

Novamente, a questão do feminino vem à tona. A observação de Gilda de Mello e Souza, em um estudo sobre Clarice Lispector, cai aqui como uma luva:

> Não será difícil apontar na literatura feminina a vocação da minúcia, o apego ao detalhe sensível na transcrição do real, características que, segundo Simone de Beauvoir, derivam da posição social da mulher [...]. E como não lhe permitem a paisagem que se desdobra para lá da janela aberta, a mulher procura sentido no espaço confinado em que a vida se encerra: o quarto com os objetos, o jardim com as flores, o passeio curto que se dá até o rio ou a cerca. A visão que constrói é por isso uma visão de míope, e no terreno que o olhar baixo abrange, as coisas muito próximas adquirem uma luminosa nitidez de contornos.[13]

---

[12] Cecília Meireles, *Obra poética* (Rio de Janeiro, Aguilar, 1972, p. 296). O poema pertence ao livro *Mar absoluto e outros poemas* (Porto Alegre, Globo, 1945).

[13] Gilda de Mello e Souza, "O vertiginoso relance", em *Exercícios de leitura* (São Paulo, Duas Cidades/Editora 34, 2009, p. 97). A questão é polê-

Em "As formigas", um recorte drasticamente reduzido de um espaço já diminuto — um jardim, um trecho de praia? — é que recebe o foco da poesia. Essa miniaturização acarreta aquela sensação de coisa fantástica e irreal, embora tudo seja milimetricamente representado. Dentro do pequeno, em cujo âmbito a diferenciação entre os seres e objetos pareceria não apenas desnecessária mas até impossível, é estabelecida uma gradação muito precisa, que põe em destaque a "luminosa nitidez dos contornos" de cada partícula. Ficamos sabendo então que o muito pequeno é diferente do mínimo, assim como o quase nulo do ínfimo, e que mesmo na espessura tão rarefeita da areia existem o "fino" e o "grosso", e que cada uma dessas modalidades carrega ainda uma cor ou um brilho singular: o ouro ou a transparência do grão de sal. Pois além das nuanças de volume, a variedade cromática é igualmente extraordinária. Desse modo, as "formigas pretas" são manchas móveis, passeando entre manchas de outras colorações, e as suas "pernas altas" as transformam, naquele universo liliputiano, em autênticos gigantes.

O poema não traz, como de hábito na autora, uma estrutura já visualmente apreensível, em que estrofes e versos apresentam um padrão regular. Mas há uma ordenação evidente no modo de apresentar os elementos da paisagem. Cada um destes é descrito em um único período, desdobrado em um número homogêneo de versos, com exceção do último, relativo às formigas. O contraste entre esse longo período e os anteriores, mais curtos, sugere a divisão do poema em duas partes:

mica. Virginia Woolf, por exemplo, numa resenha datada de 1905, ironiza um crítico por identificar "a nota feminina na literatura" justamente ao "trabalho de cerrada análise em miniatura". É verdade que a escritora se irrita sobretudo com a afirmação do crítico segundo a qual a "paixão [feminina] pelo detalhe" estaria em conflito com a "proporção artística correta da obra". Virginia Woolf cita os exemplos de Safo e Jane Austen, "que combinam o detalhe primoroso e um soberbo senso de proporção artística", em *Profissões para mulheres e outros artigos femininos* (Porto Alegre, L&PM, 2012, p. 22). Tradução de Denise Bottmann.

vv. 1/3 — As folhas de beldroegas em volta do leão de pedra
vv. 4/6 — O trevo e a gota de orvalho
vv. 7/8 — Os grãos grossos e finos de areia
vv. 9/11 — A lasca de mica e o cigarro
vv. 12/15 — O caramujo em relação aos elementos anteriores
v. 16 — (verso de transição) "Nessa paisagem tranquila"
vv. 17/23 — As formigas, em tonto ziguezague, "pesquisando" as folhas de beldroega

Na primeira parte, observa-se uma relativa estaticidade ou placidez, embora esteja fortemente pressuposto o movimento do olhar do sujeito lírico que recolhe cumulativamente a *sequência* dos elementos. Na segunda parte, ao contrário, temos o movimento excitado das formigas. Estas provocam, num primeiro instante, uma perturbação na "paisagem tranquila", mas o choque é provisório: as formigas relacionam-se "naturalmente" com os outros elementos, não só pelas dimensões, mas pela circularidade de seus movimentos ("tonto ziguezague", "por todos os lados"), paralela à circularidade de todo o resto: os lacinhos em redor; a gota de orvalho; os grãos de areia; o toco desenrolado de cigarro; o caramujo. Pelo mesmo motivo, estes dois últimos elementos, em princípio deslocados da "paisagem" — um por ser um detrito humano, outro por evocar o mar — também se enquadram harmonicamente, em que pese o relativo estranhamento, sobretudo do primeiro. Em consequência, instaura-se no poema uma circularidade maior e estrutural, e os "lacinhos vermelhos roxos e verdes" das beldroegas, objeto inicial do olhar, correspondem ao final do percurso.

Ao lado da construção meditada do conjunto, cada uma das partes também apresenta os seus preciosismos de detalhe, como na leveza da gota prateada de orvalho ou no verso tão requintado, em brilho e sonoridade: "Cintila uma lasca de mica".

Uma perfeição (e o retorno da palavra é inevitável) descritiva dessa ordem só pode nascer de uma adesão plena ao objeto.[14]

---

[14] Darlene J. Sadlier, em estudo detalhado de outro poema, também de *Mar absoluto*, "Madrugada no campo", afirma algo semelhante: "A poetisa

Adesão como atenção amorosa, empatia enternecida pelo infinitesimal, e ampliação deste para a esfera da poesia. Ao que vem tudo isso? A que inquietações responde tanto empenho na descrição das minúcias de um cenário em si mesmo tão menor? Atribuir ao poema qualquer impulso alegórico seria temerário, pois ele se impõe como o reino das particularidades e se mostra sobretudo como pura fenomenologia do que é pequeno e desimportante. Também não vale muito recorrer ao conceito de microcosmo, em que o diminuto é exemplar de um funcionamento mais amplo. Mas funcionamento de quê? — da mecânica da natureza, da dinâmica da vida? A enorme concretude com que são tratados as coisas e os seres no poema, que se transforma no reino da imanência, talvez desautorize tais extrapolações abstratas.

Não pensa assim Carlos Drummond de Andrade que, na crônica citada, fala de uma transposição de ordem metafísica (é curioso observar que o sexto verso de "As formigas" é citado integralmente) nas descrições da natureza em Cecília Meireles:

> Suas notações da natureza são esboços de quadros metafísicos, com objetos servindo de signos de uma organização espiritual onde se consuma a unidade do ser com o universo. Cristais, pedras rosicleres, flores, insetos, nuvens, peixes, tapeçarias, paisagens, um escultural cavalo morto, "um trevo solitário pesando a prata do orvalho", todas essas coisas percebidas pelo sentido são

constantemente atrai o leitor para um contato com os aspectos mais íntimos e sensíveis da natureza. [...] Esta intimidade entre leitor e natureza é conseguida pelos *close-ups* do campo cujos detalhes microscópicos estão em primeiro lugar na descrição deste ambiente ao amanhecer". Ainda: "O efeito cinematográfico é evidente quando se considera que o foco do poema passa de uma visão generalizada da madrugada no campo para a minuciosidade dos desenhos refletidos no orvalho", em *Cecília Meireles & João Alphonsus*, Brasília, André Quicé Editor, 1984, pp. 30 e 34. Em outro ensaio do livro, a autora critica os estudos que "dão a entender que a poesia de Cecília está destituída de qualquer presença política" ("Cecília Meireles e a imagem da mulher", pp. 13-4).

carreadas para a região profunda onde se decantam e sublimam.[15]

O que choca, a ponto de sugerir uma significação espiritual, é, no entanto, a hiperrealidade sensível daquilo que não tem presença ostensiva, pois não deixa de ser uma experiência estranha observar coisas e seres minúsculos, embora muito familiares ou conhecidos, numa representação em primeiríssimo plano, quando eles "deveriam" ser secundários. Já a observação final de Drummond, segundo a qual aquelas miudezas são "carreadas para a região profunda", parece conduzir a uma reflexão mais fecunda. É como se a convivência com o pequeno e o desconsiderado dissesse respeito a uma necessidade interior, capaz de acionar os filtros de uma mitologia pessoal.

Em *Olhinhos de gato*, lembranças líricas da infância da poeta, observam-se inúmeras situações em que ocorre a mesma atenção desmesurada para o miúdo, e que podem indicar ao menos uma pista para se conhecer a gênese de tal inclinação:

O assoalho, que outros pisam indiferentes tem, no entanto, suas paisagens secretas. É porque ninguém contempla muito as linhas e cores da madeira. Algumas, na verdade, são lisas, da mesma cor, em tons de pele humana — amareladas, róseas, morenas. Outras, porém, encerram desenhos tais que, olhando-se para dentro delas, poder-se-ia dispensar qualquer outro lugar do mundo.
[...]
Há outros mundos, também, noutras coisas esquecidas; nas cores do tapete, que ora se escondem ora reaparecem, caminhando por direções secretas.
[...]
Por isso é tão bom andar pelo chão, como os gatos e as formigas. [...] E desse lado é que se pode ver como

---

[15] Carlos Drummond de Andrade, "Imagens para sempre. Cecília", *op. cit.*

certas coisas são feitas: recortes, parafusos, encaixes, pedaços de cola.

[...]

E a terra, que ninguém observa muito, é igualmente um espantoso mundo repleto de maravilhas aparentes e ocultas. Ninguém dá conta dos filamentos de erva que uma só gota de orvalho, às vezes, prostra. Ninguém se lembra da solitária cintilação de um grão de areia. Ninguém vê que o úmido caracol e a ruiva formiga cumprem seu inexplicável destino.[16]

E havia ainda outros objetos, guardados em "malas, barricas e baús": os pertences dos mortos de Cecília Meireles — a mãe, morta quando ela tinha menos de três anos; o pai, quando ela ainda não havia nascido (ela se chamava de "filha póstuma"); os três irmãos que ela nem chegou a conhecer —, pertences estes que a menina manipulava, enquanto era acompanhada pelas observações da avó e da babá: "Não gosto de a ver brincando tanto com aquelas coisas" ou "Eu não quero ficar perto disso" ou "Pra que serviu tudo isso?" ou, simplesmente, "A morte!". Há uma relação evidente entre luto e apego ao que já não tem uso. A morte de quase toda a família da poeta constrangeu-a ao isolamento, que a fez afeiçoar-se aos objetos como a relíquias, e o contato com eles, por sua vez, impõe o retorno à condição de luto e a uma consciência precoce da morte, que a autora, ao mesmo tempo, projeta e compartilha com os seres mais frágeis e diminutos.[17]

[16] Cf. Cecília Meireles, *Olhinhos de gato* (São Paulo, Moderna, 1986, pp. 8-9). Essas memórias de infância foram publicadas originalmente em 1938, em capítulos, pela revista portuguesa *Ocidente*, e editadas no Brasil apenas postumamente. Contudo, a autora em várias declarações deixou claro o seu apreço por esse texto. Sobre o livro, consultar, entre outros, o ensaio de Margarida de Souza Neves, "Paisagens secretas: memórias da infância", em Margarida de Souza Neves, Yolanda Lima Lôbo e Ana Chrystina Venancio Mignot, *Cecília Meireles: a poética da educação* (Rio de Janeiro, PUC/Loyola, 2001, pp. 23-39).

[17] Essa espécie de devoção a miudezas na lírica de Cecília pode lembrar

O emaranhado é grande: fatores biográficos, psicológicos, metafísicos ou espiritualizantes, artísticos. O que só vem reafirmar a importância dessa questão, que parece ser um núcleo fundamental da poética de Cecília Meireles.

No caso do presente trabalho, será necessário perder algo (espero que não muito) dessa complexidade para chegar ao assunto proposto — escolher um ponto específico: aquele da menina imantada ao chão, observando dali o que de outra forma seria invisível, "encaixes, parafusos, pedaços de cola, recortes"; quem sabe, ainda, observando a vida a partir da proximidade excessiva da morte, ou a sociabilidade da perspectiva da solidão.

Em relação ao poema "As formigas", tão representativo da poesia da autora, talvez também seja preciso proceder pelo avesso:

a "Estética da ordinariedade", de Manoel de Barros, fundamentada, como sugere o título de um de seus livros, em uma *Gramática expositiva do chão*. "Das vilezas do chão/ Vêm-lhe as palavras", lê-se, por exemplo, no poema "Passos para a transfiguração". Em outra passagem análoga, o poeta sul-mato-grossense revela que a matéria de sua poesia são "os relevos do insignificante". Mas os recortes do mundo que Cecília estabelece em sua lírica são mais discretos, assim como sua atitude diante deles. Manoel de Barros, ao contrário, tende à exuberância e ao desregramento — "Difícil é compor a exuberância", declarou certa vez o poeta. Essa matriz rimbaudiana de Manoel de Barros o afasta bastante de Cecília. Veja-se a insistência, para dar apenas um exemplo, em associar criação poética e "demência" (num sentido complexo, é evidente, forjado no interior de uma poética demorada): a poesia seria uma "demência peregrina" (no poema "Retrato apagado em que se pode ver perfeitamente nada"). Em entrevistas, o poeta reitera: "Na verdade me preparei a vida inteira para fazer frases dementadas" ou "Sei que urdir conotações dementes é saudável para a poesia". No que se refere ao assunto deste livro, vale lembrar, de todo modo, o seu "Poema do menino inglês de 1940", publicado em *Face imóvel* (1942), que no âmbito da poesia brasileira do período parece combinar com os de Cecília — menos pela fatura do que por uma intersecção de sensibilidades: a valorização da infância e, sobretudo, o lamento e a indignação diante da exposição da criança à destruição bélica. No poema de Manoel de Barros é um menino que, perplexo diante das ruínas de sua rua, onde há pouco avistava pessoas e objetos queridos, tem a palavra: "Agora sinto que estou me despedindo de alguma coisa/ De alguma coisa que está morrendo dentro de mim mesmo".

entender a operação radical de subtração que o texto efetua, isto é, procurar apreender porque ele simplesmente suprime o "mundo grande". De modo voluntário ou não, o poema é um manifesto, discreto mas provocativo, a favor do pequeno e do que não é útil, e erigido como contraponto ao monumental, do qual se desliga programaticamente.

Seja feminina, seja tocada por um sentimento infantil, também voltado para o "pequeno", essa proposta parece ser antes originária de um temperamento melancólico, pelo descarte da convivência ruidosa e pelo debruçar-se sobre um recanto solitário e negligenciado; mas melancolia que não se deixa embaçar em seu conhecimento da realidade — uma melancolia ativa, portanto, que parece ser resultante sobretudo de uma escolha, isto é, de uma recusa consciente, e não de uma vontade desabalada de fuga.

Essa recusa estabelece a afirmação de um espaço particular, caracterizado pelas presenças fortes da natureza e da infância. Não por acaso, "As formigas" pertence a uma série coesa, intitulada "Os dias felizes", e que é uma espécie de apêndice ao livro *Mar absoluto e outros poemas*, escrito entre 1942 e 1945, contemporâneo exato de *A rosa do povo*, portanto. Nessa suíte de dezessete poemas, o deleite com as belezas naturais — "O jardim", "O vento", "Chuva na montanha", "Noite", "Madrugada", "Pardal travesso" — e a adesão ao maravilhoso infantil — "A menina e a estátua", "Tapete", "O aquário" — acarretam um afastamento ostensivo das grandes questões do tempo (embora estas, por vezes, se imponham fortemente, como em "Jornal, longe", que iremos comentar adiante). Como nos diz o primeiro poema da série:

Os dias felizes estão entre as árvores, como os pássaros:
viajam nas nuvens,
correm nas águas,
desmancham-se na areia.

Darcy Damasceno, num comentário sobre "Os dias felizes", destaca a "eufórica exaltação da vida agreste" e generaliza: "No campo, sobretudo, busca o poeta seus motivos e o pendor para o ruralismo".[18]

Em 1947, numa resenha de *Mar absoluto e outros poemas*, Paulo Rónai, outro grande admirador da obra de Cecília Meireles, também destaca a "procura imperiosa das coisas da natureza: as plantas, os pássaros, os insetos": "Repare-se que nos poemas do ciclo 'Os dias felizes' os motivos de contentamento provêm quase exclusivamente de fontes não humanas, bichos, flores, nuvens".

E acrescenta, referindo-se negativamente à "poesia de circunstância" da autora, afirmação que discutiremos depois:

> Debalde a poetisa procura reagir a esse pendor à evasão que lhe é tão característico: os poemas com que responde aos apelos do presente, seus versos sobre a guerra e em geral os que "levam uma data" não atingem o patético dos cinco imateriais "motivos da rosa".[19]

A GUERRA MENOR

É desse lugar, bucólico e aberto à infância, propício à hipersensibilidade para o detalhe, que a poeta escreverá sobre a "guerra total". O que parece apenas uma contradição de termos, encontrou, no entanto, uma forma fecunda de convivência. Pois tratava-se de falar do amplo a partir da perspectiva do miúdo, assim como a menina observava o mundo adulto do assoalho da casa da avó. Desse modo, a resposta da poeta à Segunda Guerra Mundial tem uma dimensão muito particular, em que não entram as polêmicas ideológicas, as táticas militares, nem a visão religiosa totalizante. Trata-se, antes, da "guerra miúda" ou da "guerra em surdina",

---

[18] Cf. *Cecília Meireles: o mundo contemplado* (Rio de Janeiro, Edições Orfeu, 1967, pp. 38 e 40).

[19] "As tendências recentes", em Cecília Meireles, *Obra poética* (Rio de Janeiro, Aguilar, 1972, p. 51).

para retomar as sugestivas formulações utilizadas, respectivamente, por Roberto de Mello e Souza e Boris Schnaiderman nos seus relatos de guerra. É uma posição, consequentemente, muito diversa daquelas dos poetas apresentados até aqui (mesmo em relação a Murilo Mendes, que ainda será estudado). A resposta de Cecília Meireles à guerra é, por excelência, *civil*, já que formulada a partir da experiência privada e doméstica, e, por esse fato, é também, mais do que qualquer outra entre os nossos poetas, visceralmente pacifista.

A ênfase dada aqui à experiência privada diz respeito a características da obra poética e não aos dados biográficos imediatos de Cecília Meireles. Como já indicamos, ela participou bastante das instâncias ideológicas do período, como jornalista, professora e intelectual, de que são exemplos os mencionados artigos sobre educação e a militância nos domínios da literatura infantil e do folclore. Não menos sintomático foi o cargo que ela exerceu como editora do tablóide patrocinado pelo Estado Novo, com claras funções propagandísticas e literalmente para inglês ver: *Travel in Brazil*.[20] Mas, se Cecília Meireles não se manteve afastada dos centros de influência de sua época, a voz lírica que percorre sua poesia prezava tal afastamento, e em sua obra é o espaço privado aquele que, de longe, predomina, quase sempre travestido de recanto bucólico, infenso à agitação mundana. E é fundamentalmente desse lugar que ela escreve sobre a guerra. Não se vá pensar também que aqui se defende a ideia tão consagrada quanto equivocada de que a devoção ao âmbito doméstico possa assegurar por si

[20] Sobre o assunto, ver o texto de Luís Antônio Contatori Romano, "O Brasil para estrangeiros: a revista *Travel in Brazil*", em *A poeta-viajante: uma teoria poética da viagem contemporânea nas crônicas de Cecília Meireles* (São Paulo, Intermeios/FAPESP, 2014, pp. 69-88). A convivência — que não significou necessariamente transigência — de vários intelectuais, mesmo os de esquerda (o que não era o caso de Cecília), com os órgãos oficiais da ditadura do Estado Novo é assunto complexo e escapa inteiramente à finalidade deste trabalho. Um estudo dessas relações deveria, por exemplo, partir da constatação de que muitas dessas contribuições foram excelentes e continham uma visão claramente avessa ao autoritarismo reinante.

só um ideário pacifista. Há exemplos suficientes, sobretudo naquele período, que demonstram o quanto tal âmbito podia ser receptivo tanto à exaltação nacionalista quanto à intolerância. Na poesia de Cecília Meireles, decerto em virtude da sobreposição então contínua do público sobre o privado, ocorreu um amálgama curioso entre retração a um espaço reservado e atitude internacionalista. Nada em Cecília Meireles é simples, apesar de sua completa ausência de afetação. Muita coisa em sua poesia parece, à primeira vista, familiar: o léxico, em geral discreto; as formas, passíveis de serem associadas ao acervo da tradição, em especial ibérica; porém, algo sempre foge a esses esquemas gerais, e esse algo é justamente a grande poesia da autora, que atinge um alto grau de pessoalidade e de engenho a partir de elementos tão compartilhados. Um modo de tentar compreender a sua singularidade pode ser o de investigar o ponto de vista do sujeito lírico em sua poesia.

Na primeira carta da longa e fundamental correspondência com Armando Côrtes-Rodrigues, Cecília diz que vai fornecer a seu interlocutor açoriano, que também fora amigo de Fernando Pessoa, "alguns informes, que servirão para me situar, nunca para me definir".[21] A distinção é preciosa, e encoraja o conhecimento não pela fixidez mas por uma espécie de flutuação, que pode abranger contornos mais vastos das pessoas e dos objetos. Busquemos então "situar" com brevidade a autora e seu ponto de vista. Algo já foi feito anteriormente, na leitura de "As formigas", mas um ou outro aspecto pode nos aparelhar melhor para a leitura de seus "poemas de guerra".

Leia-se essa pequena carta[22] de Cecília a Drummond, datada de 5 de março de 1955:

---

[21] *A lição do poema: cartas de Cecília Meireles a Armando Côrtes-Rodrigues*, Ponta Delgada, Instituto Cultural de Ponta Delgada, 1998, p. 4. As cartas vão de janeiro de 1946 a março de 1964, e o volume é organizado e anotado por Celestino Sachet.

[22] A carta encontra-se no acervo de Carlos Drummond de Andrade na Casa de Rui Barbosa e foi transcrita por Margarida Maia Gouveia em seu es-

> Carlos:
> Agradeço-lhe muito o belo livro. Espero que a minha condição de *Aeronauta* e a sua atual situação de *Fazendeiro do ar* nos tornem vizinhos mais próximos do que temos sido na terra — ainda que tão cordiais...
> Aérea, mas amiga,
> Cecília

A carta-bilhete é uma joia de delicadeza mas também de fina ironia, pelo modo como a "pastora de nuvens" se situa diante do nosso maior poeta público, agora em sua fase "metafísica", segundo alguns, inaugurada em *Claro enigma* e desdobrada em outros livros dos anos 1950, como *Fazendeiro do ar*. É Drummond quem se aproxima, pois ela está onde sempre esteve — lugar aéreo, mas *próximo*, o que ele poderá constatar agora por si mesmo, pela nova posição que passou a ocupar (e que teria a ver também com modos mais "tradicionais" de fazer poesia...).

Um outro posicionamento diante de Drummond (e da "poesia social" como um todo), agora indireto, pode ser observado. Em 30 de janeiro de 1948, no dia mesmo do assassinato de Gandhi, um dos "herois de sua mocidade", Cecília escreve com prontidão histórica notável a sua bela e longa "Elegia sobre a morte de Gandhi", que iria correr mundo traduzida em várias línguas.[23] O

---

tudo *Cecília Meireles: uma poética do "eterno instante"* (Lisboa, Imprensa Nacional-Casa da Moeda, 2002, p. 305). Um trecho de carta a Henriqueta Lisboa (de 10/10/1945) reitera, jocosamente, esse elogio do "aéreo": "Quando vejo você, me alegro. Porque você é quase aérea. Eu tenho a impressão de que você não tem estômago, rins, fígado. Você tem isso tudo? Você pousa, mas só um pouquinho. Não tem peso suficiente para pousar. [...] Henriqueta, seja sempre assim alada!". Cf. Maria Zilda Ferreira Cury, "Cartas na mesa: Cecília Meireles escreve a Henriqueta Lisboa", em Ana Maria Lisboa de Mello, *Cecília Meireles & Murilo Mendes* (Porto Alegre, Uniprom, 2002, p. 81).

[23] O escritor e político hindu Krishna Kripalani, também biógrafo de Gandhi, assim se referiu à elegia: "De todos os poemas escritos sobre Bapu (Gandhi), esse foi o que mais me impressionou, não apenas devido ao seu

início da "Elegia" opõe com nitidez os dois polos presentes na breve carta:

> Aqui se detêm as sereias azuis e os cavalos de asas.
> Aqui renuncio às flores alegres do meu íntimo sonho.
> Eis os jornais desdobrados ao vento em cada esquina:
> "Assassinado quando abençoava o povo".

Muitas passagens do poema lembram a poesia urbana de Drummond, em que o eu está "na rua, com os homens", tangidos pelo "negócio" e pelo trabalho: "Ruas, ruas, ruas, sabeis quem foi morto além, do outro lado do mundo?", "São também cinco horas", "O vento leva os homens pelas ruas dos seus negócios, dos seus crimes". Mas, para abrir-se a esse espaço público, ela precisa sacrificar um lugar de eleição, conquistado, supõe-se, severamente, e associado às "sereias azuis", aos "cavalos de asas" (imagem clara da inspiração poética) e identificado à intimidade mais recôndita.

A mesma tensão, em sentido oposto, aparece no belíssimo primeiro verso do primeiro dos *Doze noturnos de Holanda*: "O rumor do mundo vai perdendo a força". É então que o canto começa, isto é, com o declínio precisamente do ruído diurno da agitação e do trabalho. A voz dessa poesia é baixa e só então ela também se torna audível (o que pressupõe um ajuste por parte do leitor). Esse mesmo primeiro noturno parece valorizar uma espécie de indefinição do eu, em que se sobressaem a distância e mesmo a exclusão:

> Eu mesma não vejo quem sou, na alta noite,
> nem creio que SEJA [...]

mérito poético intrínseco, mas porque era um eco de nossa própria angústia, que repercutira a milhares de milhas de distância". *Apud* Dilip Loundo, "Cecília Meireles e a Índia: viagem e meditação poética", em Leila Gouvêa, *Ensaios sobre Cecília Meireles* (São Paulo, Humanitas/FAPESP, 2007, p. 153).

Quem sabe teu nome — tão longe, tão tarde,
tão fora do tempo, do reino dos homens...?

A combinação daquela abertura com alguns versos de *O aeronauta*, em que está em causa justamente o afastamento do mundo, permite avançar um pouco mais na tentativa de situar o ponto de vista do sujeito lírico em Cecília:

Agora chego e estremeço.
E olho e pergunto.
É estranho o aroma da terra,
as cores fortes do mundo
e a face humana.

O mundo, com seu excesso de ruídos, e mesmo de aromas e de cores, parece contrariar a poeta, que mantém com ele, portanto, uma indisposição fundamental; e essa indisposição é criadora, isto é, autêntica fonte de poesia, além de ser, à sua maneira recolhida, profundamente política.

Talvez fosse possível afirmar de Cecília aquilo que ela mesma disse de Gabriela Mistral: "É, pois, uma criatura inadaptada às possibilidades usuais do mundo. E disso vem sua legítima grandeza".[24] Creio que Margarida Maia Gouveia considera esse mesmo conflito quando afirma: "O seu ímpeto criativo nasce de vivências várias, pessoais ou coletivas, mas sempre do choque dramático do eu com o cruel pragmatismo da realidade".[25]

[24] *Gabriela Mistral & Cecília Meireles* (Rio de Janeiro/Santiago, Academia Brasileira de Letras/Academia Chilena de la Lengua, 2003, p. 16).

[25] "Cecília Meireles, um autorretrato: a correspondência com Côrtes-Rodrigues", em Gisele P. de Oliveira e Delvanir Lopes (orgs.), *Cecília Meireles em diálogos ressonantes: 50 anos de presença em saudade (1964-2014)* (São Paulo, Scortecci, 2014, p. 149). Andrade Muricy, em ensaio ainda anterior a *Viagem*, aquele que seria considerado pela própria autora o seu primeiro livro maduro, também formula algo similar: "a mais escarpada e selvagem solitude de alma, a mais atonal música poética da geração", em *A nova literatura brasileira: crítica e antologia* (Porto Alegre, Globo, 1936, p. 52).

A formulação de Alfredo Bosi pode sintetizar bem essas características:

> Perguntada sobre qual seria o seu maior defeito, Cecília Meireles respondeu: "uma certa ausência do mundo".
> Aceitemos a expressão da autora, que é sugestiva; e se a confidente a julgava um defeito, invertamos o juízo e a consideremos uma qualidade e até mesmo uma pista para compreender a densidade e a estranha beleza da sua poesia.
> Uma linha mestra que percorre toda a obra de Cecília Meireles é precisamente o sentimento de distância do eu lírico em relação ao mundo.[26]

Para os nossos propósitos, refaçamos a pergunta — como essa poesia, que afastou deliberadamente a presença forte do mundo, confrontou o acontecimento histórico mais trágico e espaventoso do século XX?

O cemitério de Pistoia

Consideremos, como exemplo inicial da visão que a autora tinha da guerra, o poema "Pistoia, cemitério militar brasileiro". Pistoia é a cidade da Itália onde foram enterrados os nossos pracinhas, mortos durante a campanha naquele país; trata-se portanto de um lugar de culto, próprio ao registro solene e comemorativo. Assim pode ser lido o poema de Cecília Meireles, publicado no décimo aniversário do encerramento da guerra, mas o que nele se observa é o descarte de qualquer ênfase na glória militar. Seria instrutivo imaginar a sua leitura em uma cerimônia oficial, imbuí-

---

[26] "Em torno da poesia de Cecília Meireles", em Leila Gouvêa (org.), *Ensaios sobre Cecília Meireles* (São Paulo, Humanitas/FAPESP, 2007, p. 13).

da no elogio ao sacrifício daquelas vidas pela causa da liberdade, ou em nome da honra do país etc. Instrutivo, porque o poema quer ser exatamente o avesso do discurso heroicizante.

Eles vieram felizes, como
para grandes jogos atléticos:
com um largo sorriso no rosto,
com forte esperança no peito,
— porque eram jovens e eram belos.

Marte, porém, soprava fogo
por estes campos e estes ares.
E agora estão na calma terra,
sob estas cruzes e estas flores,
cercados por montanhas suaves.

São como um grupo de meninos
num dormitório sossegado,
com lençóis de nuvens imensas,
e um longo sono sem suspiros,
de profundíssimo cansaço.

Suas armas foram partidas
ao mesmo tempo que seu corpo.
E, se acaso sua alma existe,
com melancolia recorda
o entusiasmo de cada morto.

Este cemitério tão puro
é um dormitório de meninos:
e as mães de muito longe chamam
entre as mil cortinas do tempo,
cheias de lágrimas, seus filhos.

Chamam por seus nomes, escritos
nas placas destas cruzes brancas.

> Mas, com seus ouvidos quebrados,
> com seus lábios gastos de morte,
> que hão de responder estas crianças?
>
> E as mães esperam que ainda acordem,
> como foram, fortes e belos,
> depois deste rude exercício,
> desta metralha e deste sangue,
> destes falsos jogos atléticos.
>
> Entretanto, céu, terra, flores,
> é tudo horizontal silêncio.
> O que foi chaga, é seiva e aroma,
> — do que foi sonho, não se sabe —
> e a dor anda longe, no vento...[27]

Caso imaginemos uma transcrição musical do poema, ela apresentaria poucos momentos marciais ou "fortes" — o início e algumas passagens esparsas —, o restante seria uma "música calada", para utilizar a sugestiva expressão do compositor catalão Federico Mompou.[28] Essa música em surdina diz respeito não apenas a aspectos técnicos do poema, discreto embora pungente, mas corresponde a uma atitude diante da guerra, a qual consiste em esvaziar toda dimensão altissonante do combate. Aqui se fala da agitação bélica a partir do repouso e do silêncio, isto é, da morte. Nesse sentido, não importam os ideais que conduziram os homens à luta ("do que foi sonho, não se sabe"), nem mesmo o processo encarniçado desta, mas sim o seu resultado. Assim como à atividade sucede o repouso, ao ruído da guerra sucede o silêncio, e é a

---

[27] *Pistoia, cemitério militar brasileiro* (Rio de Janeiro, Philobiblion, 1955, ilustrado com xilogravuras de Manuel Segalà).

[28] Mompou extraiu seu título, *Música callada*, da mística de San Juan de la Cruz, mas a expressão é adequada ao tom contido e tocante do poema de Cecília Meireles.

partir deste polo, insiste o poema, que se deve meditar sobre o anterior. Evitar qualquer concessão às eventuais motivações "elevadas" da guerra, manter diante delas, por assim dizer, uma ignorância metódica cria um afastamento entre a voz que pranteia aqueles soldados mortos e a atividade que os levou à morte. Esse intervalo é essencial, pois é nele que se pode instalar o discurso pacifista. A manifestação mais óbvia dessa distância dá-se pela ênfase no caráter eminentemente masculino da guerra, em relação ao qual o olhar feminino pode evitar a cumplicidade.[29]

[29] Cabe mencionar, a propósito, os comentários de Virginia Woolf, talvez mais militantes do que os de Cecília, porém esclarecedores a respeito. A escritora inglesa sustentava que, diante da guerra, as mulheres deveriam "manter uma atitude de completa indiferença". Num imaginário diálogo com um soldado, escreve: "If you insist upon fighting to protect me, or 'our' country, let it be understood, soberly and rationally between us, that you are fighting to gratify a sex instinct wich I cannot share; to procure benefits which I have not shared and probably will not share; but not to gratify my instincts or to protect either myself or my country. For, the outsider will say, 'in fact, as a woman, I have no country. As a woman I want no country. As a woman my country is the whole world'" ["Se você insiste em lutar para me proteger, ou o 'nosso' país, fique entendido, sóbria e racionalmente entre nós, que você está lutando para gratificar um instinto sexual que eu não posso compartilhar; para conseguir benefícios que eu não compartilho e não compartilharei; mas não para gratificar meus instintos ou para proteger seja eu mesma ou meu país. Pois, quem não transige dirá, 'de fato, como mulher, eu não tenho país. Como mulher, eu não quero nenhum país. Como mulher, meu país é o mundo inteiro'"]. Virginia Woolf propunha ainda que as mulheres deveriam se recusar a toda participação no esforço de guerra, fosse como enfermeiras, fosse na produção de armamentos, no que ela foi contrariada tanto na guerra de 14 como na de 39. *Apud* Simon Featherstone, *The war poetry: an introductory reader* (Londres, Routledge, 1995, pp. 98-100). Note-se a afinidade com a visão da mulher presente em uma das crônicas de Cecília sobre educação, "Vida sem limites", publicada em 1/7/1931. Aí a autora defende um "feminismo que não tem fronteiras", "Que não imita esse exclusivismo masculino que justamente vem combatendo. Um feminismo em que as mulheres sejam capazes de querer ser maiores do que os homens não pela conquista de meia dúzia de direitos, aliás facílimos de conseguir, mas pela capacidade de serem mais amplas na sua concepção de vida. [...] Não que-

De fato, a guerra é associada a "rudes exercícios" e a "falsos jogos atléticos", numa proposta de confrontar, pela ironia, uma das virtudes tradicionalmente atribuídas à atividade guerreira: a virilidade.[30] O modo irônico de aproximação entre aquela atividade masculina e o universo feminino é remetido à relação entre filhos e mães. Dessa forma, a masculinidade é deslocada, e portanto neutralizada, para o universo infantil: os soldados eram "meninos" ou "crianças", que ingenuamente se encaminharam para a guerra como se esta fosse uma atividade lúdica.

ro decerto fazer a apologia do idealzinho da mãe de família [...], mas da amplidão de sentir, da intuição feminina do universo". Cf. *Crônicas de educação*, vol. 1 (Rio de Janeiro, Nova Fronteira, 2001, p. 73). Em uma de suas crônicas de viagem, escrita durante a guerra, "Toda a América unida para a vitória", também busca diferenciar com traços igualmente fortes a posição da mulher americana, a quem corresponde "uma outra compreensão das coisas", em *Crônicas de viagem*, vol. 1 (Rio de Janeiro, Nova Fronteira, 1998, pp. 35-8).

[30] Para citar um caso extremo: "Não há nada mais requintado do que a bravura viril [...]. Que pode haver de mais sagrado do que o combatente?". Essa afirmação de Ernst Jünger resume, com um toque de exagero, uma visão compartilhada pelos jovens em torno da Primeira Guerra Mundial (cf. *La guerre comme expérience intérieure*, Paris, Christian Bourgois, 2008, p. 86). Esse famoso texto, escrito em 1922, foi exaltado pelos nazistas, interessados em promover uma "cultura de guerra", mas também atraiu a atenção de ilustres estudiosos, como George Bataille e Roger Caillois. Este último associa a guerra moderna ao "sagrado" e à "festa", isto é, ao "paroxismo da existência" (*Bellone ou la pente de la guerre*, Paris, Fata Morgana, 1994). O historiador George Mosse comentou em profundidade o mito da "experiência da guerra" entre os jovens (sobretudo na Primeira Guerra Mundial), pela qual julgavam poder atingir um "modelo de virilidade" e "cumprir uma missão sagrada, transcendendo o morno cotidiano" (cf. *De la Grande Guerre au totalitarisme: la brutalisation des sociétés européenes*, Paris, Hachette, 2009, p. 32). Um forte contraponto a essa visão celebratória da iniciação masculina pela guerra encontra-se, como vimos no primeiro capítulo deste livro, em Wilfred Owen, que, diante da morte em massa dos jovens, ceifados "um por um" (e ele próprio foi um deles), fez a célebre afirmação: "A poesia está na Compaixão". Nessa inclinação pacifista, o poeta inglês e a poeta brasileira podem ser aproximados.

Igualmente, uma das analogias básicas do poema — aquela entre cemitério e dormitório, sofre também um deslocamento. O primeiro nível de aproximação se dá entre um dormitório militar das casernas e um cemitério de soldados, mas como estes são pranteados pelas mães, ele transforma-se em um cemitério de "meninos", aproximando-se assim, num segundo estrato, de um dormitório juvenil.

O apelo das mães e a ausência de respostas dos filhos impõem o "horizontal silêncio" da natureza circundante, presença estrutural no poema. Pois se já era óbvio discernir uma diferença de grau entre o universo militar masculino e aquele feminino e maternal, é ainda mais perceptível o contraste entre a agitação guerreira e a placidez da natureza, que prossegue o seu trabalho, indiferente ao drama humano que o cemitério denuncia. E drama dos mais profundos — o da *Mater dolorosa* ou da *Pietà*.[31]

Assim, as "montanhas suaves"[32] constituem as paredes do "dormitório"; as "nuvens imensas", os lençóis; a "calma terra" perfumada pelas "flores", o leito. Os ferimentos transfiguraram-se em "seiva e aroma", e o "vento" tudo dispersou das queixas e dos ideais dos homens.

---

[31] Vale a pena mencionar nesse contexto a *Sinfonia nº 3, Opus 36*, de Henryk Gorécki, intitulada *Canções da desolação*. Composta em 1976, seus três movimentos apresentam vozes femininas pranteando perdas familiares; o segundo desses movimentos se baseia na inscrição deixada na parede da prisão da Gestapo por uma prisioneira polonesa dirigida à sua mãe. A tristeza profunda desses cantos de luto não deixa de ter alguma tangência com o poema de Cecília.

[32] Em uma crônica de 1953, intitulada "Cidade líquida", Cecília dá notícia de sua primeira visão do cemitério de Pistoia: "A insistência daquela placa pelas esquinas: 'Cemitério militar brasileiro'. 'Cemitério militar brasileiro'... Um cemitério tão claro, tão sereno, protegido, ao longe, pela moldura suave das montanhas. Um cemitério de jovens — sem tristeza. A tristeza é ver como ficam os capacetes dos soldados, depois de uma rajada de metralhadora. E recordar que, dentro daquele capacete, esteve uma cabeça querida. Ou mesmo uma cabeça qualquer. Mas os fazedores de guerra são lá criaturas humanas!". Cf. *Crônicas de viagem* (Rio de Janeiro, Nova Fronteira, 1999, p. 79, vol. 2).

Foi certamente dessa natureza impassível, embora acolhedora, que a poeta extraiu uma lição de decoro para enfrentar um tema assim embaraçoso e delicado, tão passível de polarizar-se entre as alternativas igualmente fracassadas do sentimentalismo piegas e da retórica da exaltação ou do elogio.

O poema tem um andamento rítmico próximo ao da fala, o que lhe proporciona a tonalidade calma sem deixar de ser dramática. Observem-se a sintaxe e a pontuação, gramaticalmente convencionais e explicativas, assim como a fluidez na concatenação das frases e das ideias, sem contar o entrelaçamento, quase imperceptível, "natural", entre os tempos verbais do passado (a guerra) e do presente (o repouso). É dessa estrutura prosaica e simplificada,[33] entretanto, que o poema retira os seus melhores efeitos. Paralelamente, a associação tão banal entre morte e sono, entre cemitério e dormitório, provoca uma atenuação ou um rebaixamento de tom, que permite a acusação, sem ênfase mas eficaz, dirigida ao absurdo da guerra.

Na mesma direção, pode-se comentar a utilização do clichê "Marte",[34] tal como aparece na segunda estrofe. É um recurso aparentemente desastrado, já que genérico e convencional, em princípio impróprio para tratar de qualquer guerra, sobretudo daquela guerra. Mas ele tem ao menos uma virtude, certamente voluntária: o de evitar qualquer especificação nacionalista que po-

[33] Há no livro *Canções*, publicado em 1956, um poema que poderia ser lido como uma espécie de versão de "Pistoia. Cemitério militar brasileiro". Trata-se da canção que se inicia pelo verso "Muitos campos tênues". O poema, menos realizado, mescla uma sintaxe de cortes, aparentemente mais moderna do que aquela adotada em "Pistoia", com uma adjetivação retórica: "Grandes nuvens líricas", "ventos e astros lânguidos", "frágil cinza vária" etc. Cf. Cecília Meireles, *Obra poética* (Rio de Janeiro, Aguilar, 1972, pp. 562-3).

[34] Na verdade, esse é outro índice de classicização do poema, que ainda repropõe pelo menos outro *topos* da literatura clássica guerreira: o da "bela morte" ("Porque eram jovens e eram belos"). Mas aqui, como ocorrerá na "Declaração de amor em tempo de guerra", há um diálogo corrosivo com a tradição, pois a concepção da "bela morte" está evidentemente invertida.

deria justificar aquela matança. A origem dos soldados mortos está apenas no título, e pouco importa para a compreensão do texto. O poema de Cecília Meireles, e essa é uma de suas maiores grandezas, não se presta a cerimônias cívico-patrióticas ou de manipulação ideológica, como as que se banalizaram diante de tais monumentos.[35] Nele, o monumental é sistematicamente confiscado; de grande mesmo restam o "profundíssimo sono" dos soldados mortos, a dor das mães e a natureza em torno — o que não é pouco.

Essa visão dissonante, já que refratária, por princípio, à participação coral diante da guerra, ocorre em todos os poemas de Cecília Meireles escritos durante a Segunda Guerra Mundial.

A GUERRA E A VIDA PRIVADA

Nos poemas "Lamento da noiva do soldado", "Balada do soldado Batista" e "Declaração de amor em tempo de guerra", os afetos individuais ou os vínculos familiares ocupam o primeiro plano. "Lamento", como indica o título, retrata a guerra da pers-

[35] Leia-se, nesse contexto, a afirmação de Ariès: "O aniversário da vitória de 1918, em vez de ser celebrado como o dia do triunfo, transformou-se no dia dos mortos [...]. Numa confluência do culto dos mortos e do sentimento nacional", em *O homem diante da morte* (Rio de Janeiro, Francisco Alves, 1984, p. 599, vol. 1). O estudioso mais sistemático desse vínculo entre o culto dos mortos e o que ele denomina de "sacralização da guerra" é o já citado George Mosse. "Os cemitérios militares e os monumentos aos mortos tornaram-se os altares de uma nova religião civil", "uma religião do nacionalismo"; "O lugar de repouso dos mortos na guerra tornou-se sagrado e muito distinto dos cemitérios civis, pois a morte do soldado nada tinha a ver com a morte do cidadão burguês". Mosse discute também como a natureza foi incorporada na própria concepção desses cemitérios militares: ela poderia "atenuar a dor da morte" ao infundir "serenidade" e "esconder os ferimentos", "vinculando o combate e a morte aos ciclos cósmicos". É claro, porém, que o poema de Cecília Meireles nada tem a ver com esse "ocultamento" da violência da guerra, e a natureza em "Pistoia. Cemitério militar brasileiro" vem antes reforçar essa barbárie.

pectiva individualista, isto é, desgarrada de um impulso coletivo, da noiva solitária. A situação é idêntica à das cantigas de amigo galego-portuguesas (só que aqui cantadas efetivamente por uma voz feminina): o afastamento do "amigo" em virtude da guerra (nas cantigas, era o "fossado" ou o serviço militar) e o canto obcecado pela sua ausência.

> Como posso ficar nesta casa perdida,
> neste mundo da noite,
> sem ti?
>
> Ontem falava a tua boca à minha boca...
> E agora que farei,
> sem saber mais de ti?
> [...]
>
> Cai neve nos teus pés, no teu leito, no teu
> coração... Longe e solitário... Neve, neve...
> E eu fervo em lágrimas, aqui![36]

Não há um paralelismo rigoroso, como nas cantigas medievais, mas é o mesmo tom interrogativo, a mesma concentração dos sentimentos, motivados pelo noivo ausente ("sem ti", "sem saber mais de ti", "eu vivia unicamente de ti", "sem ti"). O desespero crescente, dado pela repetição obsessiva, atinge o seu momento máximo na última estrofe, em que a evidência da separação traz também uma consciência de si, e o tema do amante (ti) desloca-se para a situação da amada — "aqui". E essa rima é índice profundo de afastamento (neve/fogo), a consciência é dolorosa e o "lamento" deve retornar sobre si mesmo.

Da guerra propriamente dita, quase nada, apenas que ela contradiz violentamente o amor individual ou endurece os corações de quem dela participa. Na época, o sentimento generalizado era o de que se estava vivendo "o momento mais extraordinário

[36] Cecília Meireles, *op. cit.*, p. 239.

da história da humanidade". A voz lírica desse poema concordaria com isso apenas obliquamente, pela dor individual miúda.

A "Balada do soldado Batista" trata do torpedeamento de um navio e da morte na água do pobre soldado, para a qual estava predestinado desde o nome de batismo. "Era das águas, vinha das águas" é o refrão, que, já perto do final, ganha o acréscimo: "Era das águas, vinha das águas, foi-se nas águas". O lamento agora é dos pais, ainda esperançosos:

> Nas cadeiras de vime, os velhinhos sentados
> perguntam a quem chega: "Quanto dista
> a África do Brasil? Que distância infinita!"

Quando chega a divulgação pública da morte, os pais, inteiramente apegados ao núcleo familiar, são os únicos a ignorá-la:

> Os jornais já trazem, o rádio já grita:
> só eles não sabem! — Morreu no mar o soldado Batista.

O final é complacente: a ignorância da morte como que conserva o filho vivo, numa variação do *topos* "o amor é maior que a morte":

> Só eles não sabem! Não saberão por muito tempo...
> O amor preserva. O amor ressuscita.
> Enquanto não souberem, sonharão que ainda exista
> em algum lugar seu filho, o soldado Batista.[37]

"Declaração de amor em tempo de guerra" é um poema decerto mais empenhado e ambicioso do que os anteriores:

> Senhora, eu vos amarei numa alcova de seda,
> entre mármores claros e altos ramos de rosa,

[37] *Idem*, p. 248.

e cantarei por vós leves árias serenas
com luar e barcas, em finas águas melodiosas.

(Na minha terra, os homens, Senhora,
andavam nos campos, agora.)

Para ver vossos olhos, acenderei as velas
que tornam suaves as pestanas e os diamantes.
Caminharão pelos meus dedos vossas pérolas,
— por minha alma, as areias destes límpidos instantes.

(Na minha terra, os homens, Senhora,
começam a sofrer, agora.)

Estaremos tão sós, entre as compactas cortinas,
e tão graves serão nossos profundos espelhos
que poderei deixar as minhas lágrimas tranquilas
pelas colinas de cristal de vossos joelhos.

(Na minha terra, os homens, Senhora,
estão sendo mortos, agora)

Vós sois o meu cipreste, e a janela e a coluna
e a estátua que ficar, — com seu vestido de hera;
o pássaro a que um romano faz a última pergunta,
e a flor que vem na mão ressuscitada da primavera.

(Na minha terra, os homens, Senhora,
apodrecem no campo, agora...)[38]

Depois de uma balada e um poema próximo das cantigas de amigo, a "Declaração de amor em tempo de guerra" dialoga com uma longa tradição da lírica amorosa, e a sua forma elevada de

---

[38] *Ibidem*, p. 357. O poema pertence ao livro *Retrato natural* (Rio de Janeiro, Livros de Portugal, 1949).

tratamento da mulher evoca, entre outros exemplos possíveis, as cantigas de amor medievais portuguesas ("Mia senhor"). Como se sabe, a presença de formas tradicionais da poesia, sobretudo as de origem ibérica, é freqüente em Cecília Meireles.

Também não é incomum, na obra da autora, a técnica utilizada nesse poema.[39] Ela provém de uma concepção musical da forma poética, ao operar com duas vozes ou dois temas, de modo a relacioná-los ao longo da composição. Trata-se, no caso, de uma estrutura binária em contraponto, a qual já comparece claramente no título, que opõe amor e guerra. Do amor, ocupam-se os quartetos; da guerra, os dísticos. Aparentemente, os dois temas jamais se tocam: o amor manter-se-ia imune à guerra, e esta impotente diante da realização amorosa. Os parênteses dos dísticos já seriam um índice visual da impermeabilidade entre as duas esferas.

Ao mesmo tempo que, nos quartetos, se desdobra a declaração amorosa, os dísticos deixam entrever uma sequência clara: a vida normal > o início do sofrimento e das privações > a morte > o apodrecimento. Essa voz contida pelos parênteses estabelece, assim, um comentário em surdina sobre o processo devastador da guerra.

O contraste é evidente: enquanto, de um lado, procura-se afirmar o amor; de outro, ele é frontalmente contrariado pela realidade da guerra. Dessa forma, aquilo que se busca construir nos quartetos é sistematicamente desfeito pelos dísticos, até porque é o mesmo sujeito — o amante — que emite os dois discursos. Essa dupla postulação, já que o homem se vê solicitado por duas causas inconciliáveis, é sintoma de uma cisão aguda, a qual, supõe-se, o poema irá resolver. Mas como se dá essa resolução? Pela preponderância do amor? Pela vitória da guerra? Pela permanência da antítese, como se amor e guerra fossem duas águas que não se misturam?

---

[39] Menciono outros poemas que têm uma estrutura bastante semelhante à da "Declaração", inclusive pela utilização dos parênteses: "Destino"; "Regresso"; "Embalo da canção"; "Canção da tarde no campo"; "Para uma cigarra"; "Confissão"; "Da bela adormecida"; "Suave morta", entre outros.

Não há como deixar de observar o choque violento que se estabelece entre o rebuscamento da declaração de amor, presente nos quartetos, e a objetividade despojada da linguagem dos dísticos, encarregada de fazer referência à guerra. Esse contraste produz um efeito fundamental no poema. A solenidade do discurso amoroso é, por assim dizer, desmascarada, e se mostra uma retórica vazia e anacrônica ao ser associada aos comentários incisivos dos dísticos. Desse modo, os dísticos, embora curtos e abafados, mostram-se o núcleo efetivamente forte do poema; em conseqüência, é possível afirmar que o "tempo de guerra" subverte e molda a "declaração de amor".

Prova disso é que o processo destruidor e mortífero da guerra insinua-se também na declaração de amor, e o último dos quartetos contém imagens passíveis de serem associadas à morte ou a cemitério ("cipreste", "a estátua com seu vestido de hera", "a última pergunta", "a flor que vem na mão ressuscitada da primavera"), de tal modo que ficamos sem saber se aquela a quem se dirige é uma mulher de fato ou a própria morte. Em outras palavras, as imagens da intimidade são progressivamente assimiladas a imagens mortuárias, e, relido o poema, o espaço recluso dos amantes assemelha-se ao espaço tumular. Desse modo, as tensões entre amor e guerra foram trabalhadas outra vez pela autora como uma variação das relações entre o par tradicional amor e morte.

Não deixa de ser curioso que o poema, ao mesmo tempo, adote uma voz masculina e acabe por estabelecer uma espécie de esvaziamento dela, em seu discurso elevado dirigido à mulher idealizada. Esse esvaziamento confina com a paródia, e é efetuado pela técnica do contraponto: o homem, disposto ao amor espiritualizado, está também fascinado pela atividade guerreira. A solução, bastante sombria, foi a de identificar a mulher — figurada por imagens minerais, à maneira de uma longa tradição da lírica amororosa — à morte.

Os três poemas contêm três historietas trágicas da guerra, embora em graus diferentes: a separação física dos amantes; a morte do filho; a impossibilidade da realização amorosa, apesar da proximidade física. Nos três mostra-se com toda a clareza o quanto a guerra invadiu o espaço da intimidade e o recesso do lar; mas não é menos verdade, por outro lado, que os três poemas exemplificam muito bem como, na poesia de Cecília Meireles, o público só se manifesta pelas suas refrações na esfera da vida privada. Como afirmou Beatriz Sarlo: "Se a sociedade definiu o privado como a quintessência da esfera feminina, as mulheres transformaram os assuntos privados em debates públicos e em intervenções".[40]

Essas relações entre guerra e intimidade permitem-nos a transição para outros dois poemas, que se encontram na série "Os dias felizes". Como já foi assinalado, a série caracteriza-se pela adesão resoluta à vida no campo e à inocência infantil.

O primeiro poema, "Joguinho na varanda", vale sobretudo como outro exemplo da "penetração da guerra", dessa vez nas brincadeiras infantis.[41] É o que se observa na fala de um dos jogadores, embebida de vocabulário militar, então linguagem diária:

> O inimigo está avançando. Mas eu tenho um plano estratégico.
> Estou imobilizado? Parece que caí num bolsão.

---

[40] Beatriz Sarlo, *Paisagens imaginárias* (São Paulo, Edusp, 1997, p. 189).

[41] Cecília Meireles escreveu crônicas criticando incisivamente a escolha de brinquedos de guerra para crianças: "Natal", "O brinquedo da guerra", "Brinquedos", escritas em torno do natal de 1931 e ao longo de 1932 (cf. *Crônicas de educação*, vol. 4, Rio de Janeiro, Nova Fronteira/MEC, 2001, respectivamente pp. 223-5; 231-5; 299-300). George Mosse, por sua vez, observou a regularidade com que a infância foi utilizada na propaganda de guerra, argumentando que essa era uma das manifestações mais típicas da "banalização da guerra": "Um tema nos escandaliza como particularmente cruel: o da guerra das crianças". E um pouco depois: "Banalizar significa conduzir a uma dimensão ordinária, familiarizar: os brinquedos imitando o mundo dos adultos são característicos desse fenômeno", em *op. cit.*, pp. 156-7. Stéphane Audoin-Rouzeau também estudou o assunto em *La guerre des enfants 1914-1918* (Paris, Armand Colin, 1993).

> Que fazer? Andar para trás. Depois, darei um grande salto.
> Conquistei uma posição. Isso agora é uma cabeça de ponte...[42]

A inocência da brincadeira infantil, entretanto, é simultânea à barbárie da guerra verdadeira, com os "feridos, longe, de bruços,/ e os mortos solitários que o sol amanhecente encontra". "Os dias felizes" não estão imunes ao princípio do mal, embora, novamente, este surja da inocência daqueles.

O último poema da série, "Jornal, longe", pode sintetizar os pontos de vista da autora sobre a guerra e merece um comentário mais pormenorizado:

> Que faremos destes jornais, com telegramas, notícias,
> anúncios, fotografias, opiniões...?
>
> Caem as folhas secas sobre os longos relatos de guerra:
> e o sol empalidece suas letras infinitas.
>
> Que faremos destes jornais, longe do mundo e dos homens?
> Este recado de loucura perde o sentido entre a terra e o céu.
>
> De dia, lemos na flor que nasce e na abelha que voa;
> de noite, nas grandes estrelas, e no aroma do campo serenado.
>
> Aqui, toda a vizinhança proclama convicta:
> "Os jornais servem para fazer embrulhos."
>
> E é uma das raras vezes em que todos estão de acordo.[43]

---

[42] Cecília Meireles, *op. cit.*, pp. 298-9.
[43] *Idem*, p. 301.

O título já tem interesse fundamental para o nosso trabalho, pois reafirma a natureza da recepção dos acontecimentos da guerra no Brasil: distância e proximidade. Isto é, a distância geográfica dos centros do conflito era compensada dia a dia pelos noticiários, de maneira que mesmo o brasileiro mais comum e distraído não podia deixar de estar a par dos acontecimentos e, a seu modo, também profundamente envolvido.

No poema "Guerra", por exemplo, as imagens finais, convergindo para as "fotografias", lembram a mesma situação de base de "Visão 1944" de Drummond, e os dois últimos versos dizem respeito à posição do poeta brasileiro diante da guerra — distância, mas também acompanhamento interessado e comovido:

> E as máquinas de entranhas abertas,
> e os cadáveres ainda armados,
> e a terra com suas flores ardendo,
> e os rios espavoridos como tigres, com suas máculas,
> e este mar desvairado de incêndios e náufragos,
> e a lua alucinada de seu testemunho,
> e nós e vós, imunes,
> chorando, apenas, sobre fotografias.[44]

Recorde-se, nesse contexto, a crônica de Oswald de Andrade, "A invasão", que procura relatar o clima de "fraternidade universal" reforçado pela notícia da invasão da Europa, conhecida como "O dia D":

> Já pela manhã, eu havia tido uma nota viva do que representou para o povo do Rio o ataque formado à fortaleza da boçalidade que é a mutilada e vencida Europa de Hitler. Entrando num grande magazine, vi que todos os balcões estavam vazios de moças e empregados.

---

[44] *Ibidem*, p. 277.

— Estão todos no rádio! explicou-me o gerente. A gente carioca soube se abraçar nas ruas, agitar-se nos ônibus e nos cafés e, à noite, restituir à praça pública o seu ar antigo de assembleia decisiva dos grandes momentos. Os oradores tiveram um só tom e o povo um só aplauso.[45]

A crônica de Oswald reitera também aspectos já estudados em Drummond. Vimos que a proposta de superação da distância pela sua lírica de guerra ("explosiva e sem fronteiras") chegava às vezes ao esforço quase patético: "Todo homem sozinho devia fazer uma canoa e remar para onde as notícias estão chegando".

No poema de Cecília Meireles, porém, a presença da guerra é sentida como excessiva, e a maior distância é já proximidade perturbadora. A situação é clara e nossa conhecida: um recanto bucólico, que se quer isolado do "vasto mundo", recebe deste as notícias pelo jornal. As notícias, como não podia deixar de ser, são sobre a guerra, e parecem ser suficientes para ameaçar a calma e a inocência do lugar em que transcorrem os "dias felizes". "Que faremos destes jornais?" é a pergunta anafórica do curto poema, ou, dito de outra forma, que faremos para permanecer afastados e imunes daquele "recado de loucura"? Desse modo, o poema vai orientar-se, exatamente ao contrário dos de Drummond, para exorcizar os acontecimentos, procurando manter diante deles não uma atitude de participação mas sim de negação ou de defesa.

A utilização do "nós" é significativa e sugere a presença de uma comunidade, confirmada, no final, pelo "acordo" entre a "vizinhança". Que comunidade é essa? Nos poemas de Drummond, por exemplo na "Carta a Stalingrado", o "nós" também se abria para o esforço coletivo, seja associado ao Brasil, uma vez que o elogio à luta contra o fascismo, embutida na batalha, era um chamamento para a luta interna contra a ditadura local, seja associa-

---

[45] Oswald de Andrade, *Telefonema, op. cit.*, p. 111.

do a um horizonte socialista mais amplo, na imagem universalista da "grande Cidade do amanhã".

Em "Jornal, longe", as características da comunidade se explicitam no penúltimo dístico:

De dia, lemos na flor que nasce e na abelha que voa;
de noite, nas grandes estrelas, e no aroma do campo
[serenado.

Trata-se portanto de um agrupamento idealizado e arcaizante, uma espécie de aldeia, campestre e pura, composta basicamente por mulheres e crianças, integradas à natureza. A afirmação desses valores femininos, infantis e naturais depende precisamente da distância: "longe do mundo e dos homens". Como os jornais aproximam, cabe rechaçá-los, e com as armas de que se dispõe naquele lugar pacífico.

E tais armas provêm de duas fontes, as mesmas que apareciam em "Pistoia, cemitério militar brasileiro", embora de maneira diferente: a natureza e a recusa a qualquer compreensão das causas da guerra. As folhas das árvores encobrem as folhas de jornais que trazem os relatos de guerra, e as letras destes vão sendo progressivamente apagadas pelos raios de sol; essa ação da natureza se solidariza com a visão que as pessoas daquela comunidade têm a respeito das notícias da guerra: "recado de loucura". Esse é um "acordo" básico do lugar, conforme assinala o verso final.

As questões do mundo, assim como os jornais que as veiculam com "telegramas", "notícias", "anúncios", "fotografias", "opiniões", são ali desnecessários (a não ser para "fazer embrulhos"). Entregue à natureza, a comunidade é também autobastante, e o essencial a ser "lido" encontra-se na "flor", na "abelha", nas "grandes estrelas", no "aroma". Tudo o mais "perde o sentido".

Outra vez, portanto, procura-se neutralizar o grandioso da guerra (relatos "longos", letras "infinitas") pelo contato com a simplicidade da natureza e pela recusa à compreensão das causas da matança que então se desenrolava.

Entretanto, também é possível afirmar que o poema não consegue o afastamento pretendido. A interrogação reiterada "Que faremos?" não parece ter encontrado uma resposta satisfatória nas imagens líricas e sublimes do penúltimo dístico, em que se mostra o vínculo entre a comunidade e a natureza. Ao contrário, há neste poema um contraste de tons, análogo ao que ocorria na "Declaração de amor em tempo de guerra". E em ambos esse contraste já se lê no título: no primeiro, entre "amor" e "guerra"; no segundo, entre afastamento do mundo ("longe") e envolvimento nele pelas notícias ("jornal"). E a tensão entre os dois polos é também neste poema áspera, e seus extremos inconciliáveis, de modo que a atitude da "vizinhança" tem tanto de fraqueza quanto de solidez, e provavelmente muito mais da primeira. É certo, porém, que o verso final isolado, com seu comentário irônico, filtrado em linguagem coloquial, pouco frequente na lírica da autora, encerra com um "acordo" que acena para um fortalecimento daquela comunidade diante das notícias do grande mundo.

É interessante observar que "Jornal, longe" é o último poema de "Os dias felizes". Dessa maneira, a longa série, que se propunha ao canto afirmativo da vida natural e à observação delicada das miudezas, se encerra de modo ambíguo, com uma sombra em meio à claridade, ou com a presença do mal em meio à inocência. E essa ambiguidade parece ter sido, em partes iguais, buscada e imposta.

O "pendor à evasão" em Cecília Meireles, retomando as palavras (elogiosas) de Paulo Rónai acima citadas, se mostra aqui com toda a clareza, mas, ao lado de tal pendor, aparece também um movimento contrário, de absorção da realidade. Talvez fosse mais adequado falar, portanto, de um princípio do contraponto, pelo qual a violência da guerra é incorporada para melhor enfatizar o valor da naturalidade perdida ou da intimidade arruinada.

Gandhi e o pacifismo

As propostas pacifistas da poesia de guerra de Cecília Meireles poderão parecer frágeis para muitos, mas em relação a elas a autora manteve uma coerência notável, capaz de construir uma visão diferenciada dentro do conjunto da poesia brasileira do período.[46] Na verdade, Cecília vinha divulgando e lapidando suas ideias a respeito desde pelo menos o início dos anos 1930, de modo que entre os nossos intelectuais e escritores ou escritoras do período ela era uma das mais preparadas para responder aos acontecimentos devastadores da Guerra de 1939.

Para aquilatar melhor seu pacifismo, é preciso associá-lo às ideias de Gandhi, que Cecília acompanhou de modo sistemático, bem como a seus estudos abrangentes, linguísticos e culturais, relativos ao Oriente em geral e, em particular, à Índia, que ela conhecia como poucos entre nós, e sobre a qual escreveu alguns de seus melhores poemas e crônicas de viagem.

Gandhi, homem de "extremado realismo" e de "mente curiosamente concreta",[47] forjou seu ideário e sua conduta num contexto tumultuado por conflitos de toda ordem, diante dos quais se posicionou com disciplina e obstinação assombrosas.[48] Inicialmente, na África do Sul, onde, advogado, conheceu de perto a discriminação racial sofrida pela comunidade hindu ali presente; como súdito britânico, participou, não sem ambivalências, num destacamento de padioleiros da Guerra dos Bôeres e também da rebelião

---

[46] A respeito de algumas modulações no pacifismo de Cecília Meireles durante a Segunda Guerra Mundial, ver a dissertação de mestrado de Daniela Utescher Alves, *A crônica de Cecília Meireles: uma viagem pela ponte de vidro do arco-íris* (FFLCH-USP, 2012).

[47] Cf. George Woodcock, *As ideias de Gandhi* (São Paulo, Cultrix, 1972, p. 9). Tradução de James Amado.

[48] A respeito das posições e das lutas de Gandhi, às vezes cheias de contradições, vale a pena ler o ótimo estudo biográfico de Joseph Lelyveld, *Mahatma Gandhi e sua luta com a Índia* (São Paulo, Companhia das Letras, 2012).

dos Zulus, na qual testemunhou mais "vividamente os horrores dos combates".[49] Essas "experiências", entre outras, como ele as chamaria em sua famosa autobiografia, o levaram a fundar ali mesmo sua primeira comunidade (Phoenix, em 1904; em 1910, seria a Fazenda Tolstói) e também a consolidar suas propostas mais conhecidas — a da não-violência (*Ahimsa*) e a da firmeza-na--verdade (*Satyagraha*). Após o retorno à Índia, em 1914, esteve sempre às voltas com a dominação britânica, aprimorando formas de não-cooperação e de desobediência civil,[50] embora tenha auxiliado no recrutamento de soldados hindus para ajudar o império na Primeira Guerra Mundial (segundo ele, essas contradições faziam parte da atuação prática: "Um devoto da Verdade não pode conceder nada às convenções. Precisa manter-se aberto à correção e, sempre que constatar que está errado, deve confessá-lo custe o que custar e enfrentar as consequências").[51] Gandhi posicionou-se também tenazmente contra a sociedade de castas — os intocáveis, ou párias (em algumas comunidades, a segregação era tão radical, que bastava vê-los ou estar a uma distância determinada deles, para se "poluir", daí a exigência da "inaproximabilidade" ou mesmo da "invisibilidade"), assim como as mulheres, foram os estratos sociais mais imediatamente beneficiados por suas práticas; teve

---

[49] *Autobiografia. Minha vida e minhas experiências com a verdade* (São Paulo, Palas Athena/Consulado Geral da Índia, 2005, p. 275). Tradução de Humberto Mariotti *et al.*

[50] Documento curioso a respeito do "método" gandhiano é a carta por ele próprio dirigida a Hitler em 24 de dezembro de 1941. "Nós resistimos ao imperialismo britânico tanto como ao nazismo. [...] Nossa revolta contra o domínio britânico é desarmada. Porém, possamos ou não converter os britânicos, estamos decididos a tornar o seu domínio impossível pela não-cooperação. Esse é um método invencível por excelência. [...] Na técnica da não--violência, a derrota não existe. Trata-se de agir ou morrer, sem matar nem ferir. Ela pode ser utilizada praticamente sem dinheiro e, ao que parece, sem a ajuda da ciência da destruição que o senhor desenvolveu com tal perfeição." *Apud* Marc Ferro, *História da Segunda Guerra Mundial* (São Paulo, Ática, 1995, pp. 166-7).

[51] Cf. *Autobiografia*, *op. cit.*, p. 303.

de lidar ainda com a profunda e agressiva cisão religiosa de seu país, e em dado momento talvez tenha sido a única liderança reconhecida pelas duas partes. Como afirmou George Orwell, que não simpatizava com ele: "até os piores inimigos de Gandhi admitiriam que ele era um homem interessante e fora do comum, que enriqueceu o mundo apenas por estar vivo".[52]

Cecília escreveu dois poemas e diversas crônicas sobre Gandhi, além da conferência que pronunciou em Nova Delhi[53] em 1953 e de uma biografia, dirigida a um público infanto-juvenil.[54] Para ela, esse "homem que ensinara a Não Violência, que amara a Verdade acima de tudo, em que havia a perfeita identidade entre palavras e atos",[55] era sobretudo um educador nato, que com sua "pequenina voz silenciosa" podia se fazer ouvir pelos mais poderosos e converter tantos homens para combaterem a "tendência geral para a acomodação da rotina, para a quietude quase desumanizada do hábito. Uma espécie de sufocação da vida, esquecida de seu próprio valor".[56] Em sua conferência pronunciada em Nova Delhi em 1953, por ocasião de um Seminário dedicado a Gandhi, para o qual fora convidada, Cecília Meireles, sublinhando a

---

[52] Cf. *Dentro da baleia* (São Paulo, Companhia das Letras, 2005, p. 74). Tradução de José Antonio Arantes.

[53] "Gandhi: a brazilian point of view", em Cecília Meireles, *Travelling and meditating: poems written in India and other poems* (Nova Delhi, Embaixada do Brasil, 2003, pp. 257-65), organizado por Dilip Loundo.

[54] Em "Gandhi, um herói desarmado", a autora retraça com grande desenvoltura os momentos fundamentais da vida do líder hindu. É uma obra, porém, menor e certamente de encomenda, em que a autora talvez tenha sido demasiado concessiva aos evidentes propósitos "edificantes" da coleção. A publicação não está datada, mas tem de ser posterior a 1960, ano da morte de Albert Schweitzer, outro dos biografados do livro. (Os outros três são: Leão XIII, Florence Nightingale e a Princesa Isabel.) Cf. *Grande vocações* (São Paulo, Donato, s/d, pp. 245-327).

[55] "Gandhi e Kennedy", em *Ilusões do mundo* (São Paulo, Global, 2013, p. 103).

[56] "Despertar", em *Crônicas de educação* (Rio de Janeiro, Nova Fronteira, 2001, p. 59, vol. 1).

sua "dupla atividade no campo da educação e das letras", define de início que irá discorrer sobre Gandhi de "um ponto de vista brasileiro", e insiste em que a "educação é o campo em que a visão de Gandhi terá as suas melhores aplicações". Os termos são diferentes, mas há evidente retomada de algumas ideias das crônicas do início dos anos 1930, por exemplo de uma intitulada "Gandhi e a educação", em que Cecília identifica o processo educativo à "formação do caráter", e a "civilização de um povo" a torná-lo "apto para a criação de um destino".

Na mesma linha, um comentário, retirado de outra crônica sobre educação, datada de 1932, pode dar a medida do respeito de Cecília Meireles pelas diferenças culturais entre os povos, fundamental para um pacifismo mais consistente. Na verdade, a autora foi dos poucos intelectuais e poetas brasileiros de seu tempo a conhecer de fato a cultura do Oriente, e esse conhecimento lhe assegurava também um lastro maior de humanidade:

> Em Nîmes está reunido agora um congresso de seiscentos humanistas, de ambos os sexos, congresso promovido pela Associação Guillaume Budé, fundada para a difusão do estudo dos clássicos.
> A presidência dos trabalhos foi dada ao ex-presidente Doumergue, que, entrevistado pelo *Temps*, disse: "A volta dos clássicos é indispensável no mundo em evolução. A Ásia desperta. A China e o Japão têm uma cultura diferente da nossa. É preciso que a Europa exerça uma influência na evolução desses povos em paz."
> [...]
> Que os clássicos sejam uma leitura útil, não há como negar. Que a Ásia desperta é também um fato, bem como que a China e o Japão têm uma cultura diversa do Ocidente.
> O que me parece um pouco arrojado é dizer-se que *a Europa deve exercer uma influência na evolução desses povos num espírito de paz*. Porque, se essa evolução pacífica é para ser feita com livros, então o Japão e a

China, bem como outros países do Oriente, podem chamar para si essa missão, relativamente ao Ocidente, uma vez que possuem tesouros literários capazes de influências muito mais profundas não na evolução deste ou daquele povo, mas na própria evolução humana.
A paz é um trabalho de compreensão e cooperação. De respeito mútuo.

E querer ensinar a países ricos de tradições o que encerram os estudos clássicos de outro país, principalmente quando "esses melhores frutos" ainda são bem discutíveis, parece-me excelente obra de propaganda, mas não de pacifismo. Tanto mais que, em troca, o Ocidente não quererá aprender nada com eles...

Não querem mesmo. Senão, vejamos: Mussolini publicou em *Les Annales*, um artigo sob o título "Unamo-nos". Nesse artigo, segundo os telegramas, o Duce alude ao perigo amarelo [...].

Por isso é que eu não entendo os discursos pacifistas e ainda menos as conclusões das conferências.[57]

Resta comentar outro poema de Cecília Meireles, que nos permitirá discutir, ainda que de modo ligeiro, mais um aspecto polêmico de sua obra: o da religiosidade — a discussão servirá também como passagem para o capítulo seguinte, relativo a Murilo Mendes. Trata-se do "Lamento do oficial por seu cavalo morto" (de *Mar absoluto e outros poemas*), em que ocorre, novamente, uma redução da dimensão monumental da guerra por meio de uma reflexão estranha à mentalidade militar.

Nós merecemos a morte,
porque somos humanos
e a guerra é feita pelas nossas mãos,

---

[57] *Apud* Valéria Lamego, *op. cit.*, pp. 197-99. A crônica é de 1932. Os grifos são da própria Cecília.

pela nossa cabeça embrulhada em séculos de sombra,
por nosso sangue estranho e instável, pelas ordens
que trazemos por dentro, e ficam sem explicação.

Criamos o fogo, a velocidade, a nova alquimia,
os cálculos do gesto,
embora sabendo que somos irmãos.
Temos até os átomos por cúmplices, e que pecados
de ciência, pelo mar, pelas nuvens, nos astros!
Que delírio sem Deus, nossa imaginação!

E aqui morreste! Oh, tua morte é a minha que, enganada,
recebes. Não te queixas. Não pensas. Não sabes. Indigno,
ver parar, pelo meu, teu inofensivo coração.

Animal encantado — melhor que nós todos! — que tinhas
 [tu com este mundo dos homens?
Aprendias a vida, plácida e pura, e entrelaçada
em carne e sonho, que os teus olhos decifravam...
Rei das planícies, verdes, com rios trêmulos de relinchos...
Como vieste morrer por um que mata seus irmãos![58]

Num primeiro instante, a reflexão sobre a guerra, proposta pelo poema, é das mais genéricas. A começar da presença do cavalo, animal por excelência vinculado ao épico, e inúmeras vezes retratado na literatura guerreira universal, mas inadequado, em princípio, para tratar da especificidade da guerra moderna, embora ele tenha participado desta muito mais do que se imagina.[59]

---

[58] Cecília Meireles, *op. cit.*, pp. 276-7.

[59] Talvez Cecília Meireles tenha propositadamente escolhido o cavalo — animal de riqueza simbólica tão ampla — em um poema escrito durante a vivência da guerra moderna para opor às maquinas modernas de destruição um símbolo arcaico. Mas o fato é que o cavalo, mesmo naquela guerra total moderna, foi amplamente utilizado. Inicialmente, de modo absurdo, pela cavalaria polonesa contra as divisões *Panzer* alemãs, na primeira batalha da

Além disso, e mais importante, o "oficial" aqui é um arquétipo e a sua fala busca representar a humanidade em geral ("nós"). É claro que há índices que sugerem a especificação de uma classe de homens, aqueles que fazem diretamente a guerra — os militares: "*este* mundo dos homens", "por *um* que mata seus irmãos", ou, na primeira parte, "a guerra é feita pelas nossas mãos", "as *ordens* sem explicação". Talvez fosse mais correto dizer, portanto, que o poema se propõe a uma crítica da natureza destrutiva do homem, a qual os militares encarnam exemplarmente. Merecemos morrer porque matamos, esta é a síntese da reflexão do oficial, precipitada pela morte de seu cavalo. É o que diz com toda a clareza o último verso: "Como vieste morrer por um que mata seus irmãos", espécie de fecho de ouro do poema.

Nos dois sextetos há uma meditação sombria sobre o espírito humano; enquanto as duas estrofes finais fornecem, em evidente contraponto, o retrato do cavalo — "animal encantado". O contraste entre o "humano" e o "animal" é básico na estrutura do

guerra. Posteriormente, dado o racionamento de combustível e o número insuficiente de engenhos de guerra, foram utilizados na campanha da Rússia, tanto pelos alemães quanto pelos soviéticos, mais de seis milhões de cavalos! Cf. John Keegan, *Uma história da guerra* (São Paulo, Companhia das Letras, pp. 321-2). É de se recordar ainda o incrível relato de Primo Levi sobre os longos meses que transcorreram entre a sua libertação do campo de Auschwitz, onde ele esteve prisioneiro, e o seu retorno para casa, no norte da Itália. Durante muito tempo, ele e outros expatriados italianos estiveram retidos no interior da então União Soviética, de onde ele podia observar o retorno do exército russo, primeiro com veículos motorizados, como os "ônibus alemães, que antes serviam às linhas urbanas e que traziam as placas com os nomes dos pontos de Berlim", depois, "por volta dos primeiros dias de agosto, essa migração múltipla começou a mudar imperceptivelmente de natureza." "Pouco a pouco, começaram a prevalecer os cavalos sobre os veículos [...]. Deviam ser todos os cavalos da Alemanha ocupada, dezenas de milhares por dia..." Cf. *A trégua* (São Paulo, Companhia das Letras, 1997, pp. 261-2). Leila Gouvêa, por sua vez, em longa e interessante análise do poema, mostra como o cavalo é "um dos mais recorrentes e principais símbolos" da poesia de Cecília, em *Pensamento e "lirismo puro" na poesia de Cecília Meireles* (São Paulo, Edusp, 2008, pp. 193-209).

poema: o engenho delirante de um contraposto à pura natureza do outro; a prisão por oposição à liberdade; o tétrico ao encantado; a agitação e o crime contra a placidez e a pureza etc.

Por que os homens se matam? As motivações são imprecisas: "pela cabeça embrulhada em séculos de sombra"; "pelo nosso sangue estranho e instável"; "pelas ordens que trazemos por dentro e ficam sem explicação". Mas as imagens não deixam de ser reveladoras e sugerem uma espécie de atavismo fatalista: *séculos de sombra, sangue estranho, ordens entranhadas e inexplicáveis*. Ao afirmar que o homem se degenera facilmente, o poema também incorpora algumas visões consagradas sobre as origens da torpeza humana, da qual a mais persistente, tendo em vista a nossa tradição, é a do mito da Queda, com o seu sucedâneo imediato — a história de Caim.

O engenho humano é sofisticado mas degradado, porque distante da esfera do sagrado. Sem Deus, a ciência e a crença unívoca no progresso não passam de "delírios", fatalmente destrutivos. A matriz religiosa do poema é clara, mas a solução proposta, curiosamente, não desemboca no transcendente, pois o rebaixamento está no homem e não na natureza. É uma vertente menos abstrata da visão religiosa, segundo a qual os homens convivem, aqui mesmo, com a possibilidade de sua salvação.

O homem, instalado na presunção de que tudo pode e tudo sabe, está submetido a determinações interiores que ele próprio desconhece, as quais carrega como um estigma e das quais é prisioneiro. O animal nada sabe, mas é livre e também completo à sua maneira ("a vida entrelaçada em carne e sonho"). Os homens são refinados mas embrutecidos, enquanto o animal, desprovido de determinados atributos ("não pensas", "não sabes"), é "melhor que nós todos". Ao sacrificá-lo, portanto, o homem degrada-se ainda mais e sacrifica também a possibilidade de sua salvação. A danação humana reside, mais do que no afastamento de Deus, no afastamento da natureza — esta guarda uma lição excepcional, e uma lição próxima, portanto imanente.

A reflexão genérica é relativizada, desse modo, pela importância atribuída aos dados sensíveis e à experiência do concreto, o que equivale a dizer que o particular ainda uma vez prevalece. Essa prevalência já era óbvia pelo tipo de reflexão proposto, que suprimia a visão heroicizante[60] e de conjunto da guerra, focalizando-a em um recorte diminuto, embora exemplar. Há um quadro de Bernard-Édouard Swebach (1800-1870), referente às guerras napoleônicas, intitulado *Retirada da Rússia* (1838), que apresenta incrível semelhança de situação com o poema de Cecília: o oficial sentado sobre seu cavalo morto, com o rosto transido de sofrimento, cuja disposição corporal em nada evoca o guerreiro mas antes o homem desamparado em um instante de meditação dolorosa. Essa cena se situa em primeiríssimo plano, sobrepondo-se a qualquer representação magnificente do campo de batalha, que se esfuma por detrás. Há, ainda, um grafite de Théodore Géricault, outro artista obcecado pelas guerras napoleônicas, que também se assemelha ao "Lamento" desde o título: *Mameluco chorando seu cavalo morto*. Essa recorrência talvez indique uma espécie de visão arquetípica da guerra[61] como sacrifício lamentável, simbolizado aqui pela imolação do animal inocente. Mais uma vez vislumbramos o quanto a poeta brasileira tocou em questões fundamentais do militarismo e da mentalidade bélica. Ainda nessa aproximação entre poesia e pintura, no âmbito das guerras, é provável que Cecília Meireles se incline muito mais para a figuração daquilo que a historiadora Arlette Farge denomina, a propósito de Watteau, de "as fadigas da guerra", em que pre-

---

[60] Outro poema que nega peremptoriamente qualquer virtude à atividade guerreira é "Os homens gloriosos", também de *Mar absoluto*. Interessante no poema é a posição do eu lírico à margem ("Sentei-me sem perguntas à beira da terra") e a condenação sistemática da "glória" militar: "Ah, o clamor dos homens gloriosos/ atravessando ebriamente os mapas!// Antes o murmúrio da dor, esse murmúrio triste e simples". Cf. Cecília Meireles, *op. cit.*, pp. 279-80.

[61] Não por acaso, essas duas obras encontram-se reunidas no vastíssimo catálogo de recente exposição sobre a arte de guerra no Museu do Louvre em Lens — *Les désastres de la guerre (1800-2014)* (Lens/Paris, Musée du Louvre--Lens/Somogy, 2014, p. 89).

valece uma "harmonia da tristeza" contra a exposição das "asperezas". "Dizer a guerra é também saber se desviar da habitual representação cruel ou heroica para sussurrar suas feridas".[62]

É importante observar o quanto a questão religiosa, por outro lado, apesar de presente, é secundária, e não apenas nesse poema, como também em todos os outros que Cecília Meireles escreveu sobre a guerra. Mas a guerra teria sido — como foi para Murilo Mendes — uma circunstância favorável para a mobilização de uma ética religiosa. A associação da poeta com a vertente católica da revista *Festa* parece ter sido mais epidérmica do que se supõe, e a insistência em tal vínculo mais confunde do que esclarece. Qualquer estudo aprofundado acerca da religiosidade em Cecília Meireles tem de partir das suas simpatias pelo Oriente.[63] Comparem-se, por exemplo, os livros *Mar absoluto e outros poemas*, da autora, e *Poemas do campo de batalha*, de Tasso da Silveira, ambos de 1945; e não apenas dentro do recorte aqui proposto. Este último é, sem dúvida, inteiramente católico, e de um catolicismo convencional, o qual, é desnecessário dizer, nada tem a ver também com Murilo Mendes.

[62] Cf. Arlette Farge, *Les fatigues de la guerre* (Paris, Gallimard, 1996, pp. 23, 61 e 81).

[63] Sobre o assunto, consultar especialmente o importante artigo de Dilip Loundo, "Cecília Meireles e a Índia: viagem e meditação poética", em Leila Gouvêa (org.), *Ensaios sobre Cecília Meireles* (São Paulo, Humanitas/ FAPESP, 2007, pp. 129-76). E também o longo ensaio de Ana Maria Lisboa de Mello, "Reflexos da cultura indiana na poesia de Cecília Meireles", em Ana Maria Lisboa de Mello e Francis Utéza, *Oriente e ocidente na poesia de Cecília Meireles* (Porto Alegre, Libretos, 2006, pp. 13-149). Margarida Maia Gouveia caracteriza a "tendência mística de Cecília como experiência muito *sui generis* de misticismo não cristão, fortemente orientado pelas doutrinas orientais". E em outra passagem, diferenciando Cecília Meireles de outros poetas da revista *Festa*: "Cecília Meireles não dá relevância à moral católica, como acontece com Tasso, nem atende às aspirações da alma primitiva, como faz Murilo Araújo", em *Cecília Meireles: uma poética do "eterno instante"* (Lisboa, Imprensa Nacional-Casa da Moeda, 2002, p. 15 e p. 63).

O pintor romântico Théodore Géricault (1791-1824) construiu grande parte da iconografia de sua obra ligada às campanhas militares, particularmente as guerras napoleônicas. No estudo a lápis *Mameluco chorando seu cavalo morto*, o centro de forças da composição é dado pelo abraço compadecido do homem ao animal em agonia.

Em *Retirada da Rússia* (1838), quadro a óleo de grandes dimensões de Bernard-Édouard Swebach (1800-1870), o panorama extenso e gelado, a luminosidade sombria, reforçam a lassitude que domina o oficial sentado sobre seu cavalo morto. O tom lembra o poema de Cecília:
"E aqui morreste! Oh tua morte é a minha que, enganada, recebes".

Pelo menos em relação à Segunda Guerra Mundial, não se pode atribuir a Cecília Meireles uma resposta de teor religioso. Da autora resultou, com todos os equívocos que tal afirmativa possa despertar, uma resposta pacifista e feminina, fundamentada em "uma contemplação poética afetuosa e participante".[64]

---

[64] Extraído de entrevista da autora à revista *Manchete*, n° 630, Rio de Janeiro, 1964, pp. 34-7. Cabe destacar que a resposta de Cecília à guerra foi bastante isolada, pois as outras duas poetas importantes da década, Adalgisa Nery e Henriqueta Lisboa, quase nada escreveram sobre o assunto. O único poema de Adalgisa Nery relacionado diretamente ao conflito intitula-se "Panorama" (em *Mundos oscilantes: poesia reunida*, Rio de Janeiro, José Olympio, 1962, pp. 134-5). De Henriqueta Lisboa, sempre de modo muito lateral, talvez os poemas "Um poeta esteve na guerra", "O anjo da paz", "Elegia", "A face lívida" e "Elegia de Wallace". Os quatro primeiros pertencem ao livro *A face lívida* (1941-1945), o último à *Flor da morte* (1945-1949).

5

Murilo Mendes

O DESAFIO DO POETA

"Manhã"

As estátuas sem mim não podem mover os braços
Minhas antigas namoradas sem mim não podem amar seus
[maridos
Muitos versos sem mim não poderão existir.

É inútil deter as aparições da musa
É difícil não amar a vida
Mesmo explorado pelos outros homens
É absurdo achar mais realidade na lei que nas estrelas
Sou poeta irrevogavelmente.[1]

"Manhã" é um poema que somente Murilo Mendes poderia ter escrito na literatura brasileira; sem ele, efetivamente, muitos versos como estes não poderiam existir. Não pela limpidez e pelo despojamento, já que a obra do autor apresenta tantas outras passagens de grande dificuldade e de intrincamento formal, mas sim pela altivez e positividade com que, no poema, é traçado o autor-retrato de poeta e também pelo seu modo resoluto de exaltar os poderes da poesia.

[1] Murilo Mendes, *Poesia completa e prosa* (Rio de Janeiro, Nova Aguilar, 1994, p. 277). O poema pertence ao livro *Os quatro elementos*, escrito em 1935.

Na obra de Murilo Mendes muitas vezes o primeiro verso já traz uma declaração forte, suficiente para empurrar o leitor para o núcleo das relações insólitas que cada poema estabelece. Assim ocorre em "Manhã", cujo verso inicial afirma, com enorme naturalidade, algo impossível: as estátuas podem mover os braços. Mas o verso diz mais do que isso: somente o poeta é capaz de fazê-lo ("sem mim não podem"). O que soa apenas como bravata pede para ser lido, entretanto, como profissão de fé. Pois o verso quer afirmar que o poeta é um autêntico criador, capaz de animar o inanimado numa "manhã" qualquer do tempo, a qual se eleva assim a um momento inaugural do mundo e da vida, e como tal se torna digna do canto mais purificado e consagrador, que somente ele pode cantar.

O segundo verso prossegue o autorretrato bem pouco modesto: o poeta, além de criar, ensina. Trata-se, mais especificamente, de uma educação sentimental, de que ele se diz o mestre. A capacidade de fazer amar ou de suscitar o amor é, portanto, outro de seus atributos.

O terceiro verso, em si mesmo uma constatação trivial (é claro que sem o poeta os versos não poderiam existir), passa a exprimir, porém, a partir do paralelismo com os dois anteriores, algo também surpreendente — mais um índice da onipotência do poeta. Sem ele, "Prometeu moderno", a poesia estaria incompleta, a própria vida não seria a mesma, estariam ambas talvez afastadas demais do sagrado, do qual ele afirma trazer a centelha, ou então não poderiam "desvendar-se completamente", como ele fizera acontecer, num poema anterior, com o nascimento do mundo identificado à aparição do corpo de uma mulher.[2]

Transfiguração cósmica do cotidiano, erotismo, humor, religiosidade nascida da obsessão pelas origens e fins são características marcantes desse poema e desse poeta. A confiança é profunda, quase insolente, certamente muito diversa daquela estudada em Drummond, tocado antes, em seus momentos de maior entrega,

---

[2] Refiro-me ao poema "Jandira", de O visionário, escrito entre 1930 e 1933.

pela luta política. Aqui, Murilo Mendes quer cavalgar o mito "em pelo"[3] — e está seguro de poder fazê-lo.

Na segunda parte, os prodígios do poeta e, em consequência, de sua poesia continuam a irradiar-se. "É inútil deter as aparições da musa" é uma divisa, e típica de Murilo Mendes, que a reescreveu várias vezes em sua obra; por exemplo, no verso "A Poesia sopra onde quer"[4] ou no título-desafio *Poesia liberdade*. Mas tal verso-divisa é genérico, e poderia constar da mesa de trabalho de qualquer poeta. Nesse sentido, ele foi reescrito não apenas por este autor em particular, mas por inúmeros outros em incontáveis manhãs do tempo. Como sempre em Murilo Mendes, o particular e o geral são trabalhados em planos superpostos, de modo que todo retrato íntimo é também universal, assim como cada manhã é única mas também remissível à manhã da criação do mundo.

Em relação ao verso "É difícil não amar a vida", o leitor fica desconcertado, hesitante entre aceitá-lo como apenas bonito ou julgá-lo como simplesmente banal ou mesmo inconsequente. O verso mostra-se ainda mais escandaloso em seu vigor afirmativo ou em seu voluntarismo quando se lê o posterior: "Mesmo explorado pelos outros homens". Que um poema escrito em 1935 aluda à luta de classes não surpreende ninguém, mas que esta apareça depois de uma tal exaltação do poeta e da poesia não deixa de ser provocativo. "É preciso primeiro transformar a vida, para cantá-la — em seguida", escreveu Maiakóvski no célebre poema "A Sierguéi Iessiênin"; Murilo Mendes, pelo menos nesse poema, é de outra opinião: quer cantar a vida agora, e os eventuais obstáculos parecem realçar ainda mais a potência do canto, como se este fosse capaz de sobrepor o amor ao conflito.

O penúltimo verso é outra provocação, semelhante àquelas contidas nos fragmentos: "Prefiro a nuvem ao ônibus" e "Uma flor de magnólia vale bem uma equação". Mais semelhante ainda a um verso que já tem um vínculo imediato com o nosso tema: "Fiz

---

[3] Lembro o verso do poema "Murilo menino", de *As metamorfoses*: "Eu quero cavalgar o vento em pelo".

[4] Último verso do poema "Novíssimo Orfeu", de *As metamorfoses*.

um eixo com as estrelas", e que será longamente comentado mais adiante. As estrelas representam a realidade mais palpável, enquanto a lei pertence à esfera do absurdo. Seria possível observar alguma analogia com o poema "Jornal, longe", de Cecília Meireles, no qual a natureza prevalecia sobre o "recado de loucura". A diferença essencial é que o poema de Cecília Meireles é defensivo, enquanto o de Murilo Mendes é desafiador até o limite da petulância.

A convenção, a "lei", é uniformizadora e unívoca; as "estrelas" advêm como símbolo do inumerável e de uma realidade transbordante, cósmica, a única que deveria contar. Assim, não faz mal que as estrelas apareçam de "manhã", quando elas não são mais visíveis. Já que o canto à manhã é também um canto à criação, as estrelas — que o poeta quando criança considerava "umas goiabas inacessíveis" — podem ser convocadas como a manifestação mais exuberante daquela criação. Afinal, se é possível mover o braço das estátuas, por que não seria possível juntar o dia e a noite?

O poema termina, coerentemente provocativo, com uma declaração que evoca as fórmulas jurídicas e lógicas que ele acabou de desqualificar: "Sou poeta irrevogavelmente". Isto é, o poeta é necessariamente rebelde, do contra. Essa disposição Murilo Mendes manteve até o fim, apesar dos riscos implícitos pela proximidade excessiva do silêncio e pela impossibilidade de cantar. É instrutivo recordar, nesse contexto, uma de suas últimas entrevistas (1972), na qual ele diz ter se sentido revigorado com a eclosão do movimento jovem em todo o mundo, ele que então trabalhava na Universidade de Roma, onde foi considerado pelos alunos o "professor do futuro".

Mas devo lhe dizer que comigo se passou um fenômeno curioso. Desde há muitos anos que eu me sinto indisposto em relação ao sistema de vida desta civilização. Há quarenta anos eu já exprimia isso, não de forma polêmica, demagógica, mas poética. É uma espécie de rejeição de formas de viver erradas: o culto do dinheiro, a pressa, a incompatibilidade entre uma vida cultural e a velocidade dos tempos modernos, a mecanização do homem e todas essas coisas que sabemos. Num primeiro tempo eu julgava que era contra esse sistema porque estava envelhecendo. Depois, quando vi os jovens nos anos 60 se revoltarem contra essa forma, recebi como que uma injeção de vitalidade, eu me senti jovem também.[5]

O último verso do poema é explicativo de todos os anteriores, uma "conclusão matemática" a tudo o que foi dito previamente. Como "prova", num poema que apregoa a lógica do avesso, poderíamos acoplá-lo a cada um dos versos enunciados no poema. Deste modo:

> Sem mim as estátuas não podem mover os braços/
> Sou poeta irrevogavelmente
> Sem mim as antigas namoradas não podem amar.../
> Sou poeta irrevogavelmente
> etc.

E inclusive:

> Mesmo explorado pelos outros homens/ Sou poeta irrevogavelmente

Essa última fórmula merece um comentário. Ser explorado pelos outros homens é uma turvação na manhã iluminada pelas estrelas, turvação que, paradoxalmente, reforça o brilho mas também o torna opaco. O pensar pelo avesso tem dessas armadilhas: fica-se na dependência da esfera que se procurou inverter. A poesia de Murilo Mendes incorpora o negativo como contraste à luz que inspira o canto, de maneira que, no momento de afirmar-se, o canto atualiza também aquilo que o nega e que ele intenta negar.

---

[5] "Não quero ser popular", entrevista concedida a Léo Gilson Ribeiro, revista *Veja*, nº 209, 6/9/1972, pp. 3-5.

A dimensão social em Murilo Mendes surge sempre desse paradoxo, ou, dito de outra forma, a sua lírica é social porque quis ser apenas lírica numa situação em que o canto pleno já não se mostrava possível. "Tornam teu amor invisível/ E administram teus sonhos", escreveu o poeta em 1941, e, no ano seguinte: "O oposto chega sempre/ Tudo o que se não pediu". Entretanto, o poeta não cedeu em seu desafio (ceder seria calar-se):

> O mundo inteiro se tinge
> Do sangue do Minotauro,
> Até que a branca Poesia
> Lhe mostre o dedo mindinho.[6]

Contar um pouco da história desse confronto estranho e desigual é o propósito do presente capítulo e, em certo sentido, de todo este livro.

A GUERRA TRANSFIGURADA

No Brasil, a obra de Murilo Mendes é sem dúvida aquela em que mais se faz notar a presença da Segunda Guerra Mundial.[7] Mas é inútil procurar referências diretas aos acontecimentos, cuja aparição é quase sempre oblíqua e metamorfoseada. O livro *Mundo enigma*, por exemplo, tem seus poemas individualmente datados, como num diário. O período é dos mais dramáticos da guerra (os meses de junho e julho de 1942), contemporâneo da destruição de Lídice e imediatamente anterior à batalha de Stalingrado e à entrada do Brasil na guerra, para citar eventos já discutidos neste livro. Mas nada de nomes ou de referências explícitas, como

---

[6] Os três trechos citados nesse parágrafo encontram-se, respectivamente, nos seguintes poemas: "Novos tempos" (*As metamorfoses*); "A espada de dois gumes" (*Mundo enigma*) e "A bela e a fera" (*As metamorfoses*).

[7] A guerra está presente em cerca de sessenta poemas, quase a metade de todo o conjunto da poesia brasileira relativa ao tema.

ocorria nos livros de Marques Rebelo ou mesmo em poemas de Drummond. É o que acontece também nos outros dois livros escritos pelo poeta no período da guerra: *As metamorfoses* (1938-1941) e *Poesia liberdade* (1943-1945), sobretudo no primeiro. Igualmente, a prosa oracular de *O discípulo de Emaús*, livro de 1943, nem sempre se entrega de imediato ao leitor.

    A guerra se insinua literalmente por todos os poros, mas quase sempre se manifesta de maneira indireta. Como abordar essa poesia, ao mesmo tempo tão historicizada e tão transfiguradora? Consideremos, inicialmente, algumas imagens isoladas, nesse poeta afeito ao fragmento e ao aforisma:

> Os mitos do mal desencadeados sobre mim
> Me envolvem sem que eu possa respirar.

> O ar puro e a inocência
> Estão mais recuados do que os deuses gregos.

> O enorme monumento de ódio atinge as nuvens
> O mundo envenenado
> Sitia meu corpo exausto.

> O longo ai das criaturas
> Sobe para o céu
> Forrado de espadas.

> Bola azul sopraram-na
> Os ventos do malefício.

> A quinta coluna que existe
> Desde o princípio do tempo
> Não me deixa respirar.

> Os rochedos colocam-se máscaras contra pássaros
>   [asfixiantes.

O que se lê acima são fragmentos de sete poemas[8] escritos entre 1938 e 1944. Eles foram transcritos na sequência cronológica, mas uma outra ordem poderia ser tentada, já em termos de composição poética. Isto é, seria possível juntá-los como se formassem um poema razoavelmente íntegro, embora constituído de pedaços de vários outros. Essa operação adotaria, de resto, um procedimento fundamental no poeta — o da montagem.

Sempre perseguindo um acordo com o universo poético do autor, a abertura desse poema-colagem talvez devesse se dar com o fragmento da "Bola azul" inflada pelo mal. É um começo adequado a uma poética agressiva, do "choque", que faz o leitor topar, de chofre, com o miolo do problema proposto. E esse núcleo particular — a experiência da guerra total — estaria, também conforme o gosto do autor, emoldurado por uma imagem cósmica de grande amplitude. Do mesmo modo, as tensões entre o particular e o geral poderiam ocorrer, nesse poema híbrido, sob a forma de alternâncias, em que a opressão do indivíduo isolado é explicada pela opressão geral, e esta concretizada por aquela.

É desnecessário sublinhar o quanto esses fragmentos escolhidos contêm de sugestões religiosas: a Queda, a luta entre irmãos desde o princípio do tempo... Além do mais, a visão religiosa do poeta não poderia deixar de associar ao sofrimento coletivo a imagem de um céu fechado e hostil, especular da destruição processada aqui embaixo. Era de se esperar, também, a crítica à busca deformada de auto-superação do homem, simbolizada pelo "grande monumento de ódio", uma variante da Torre de Babel em seu sentido forte de caos, originado da incompreensão e da intolerância entre os homens. O vocabulário e as referências bíblicas estariam, assim, associados a referências e ao vocabulário da atualidade ("quinta-coluna", por exemplo), tudo sempre coerente com

---

[8] São eles, respectivamente, "Jerusalém" (*As metamorfoses*); "1941" (*As metamorfoses*); "O pensamento descalço"(*Mundo enigma*); "Lamentação" (*Mundo enigma*); "A espada de dois gumes" (*Mundo enigma*); "Gaspar Hauser" (*Poesia liberdade*); "Aproximação do terror" (*Poesia liberdade*).

a poética do autor, que se dizia instigado a reunir "palavras extraídas tanto da bíblia como dos jornais, procurando mostrar que o 'social' não se opõe ao 'religioso'".[9]

Talvez um final apropriado correspondesse ao único verso isolado da série, que fornece uma imagem sucinta e eloquente do caráter antinatural da guerra. O "novo" poema, ou o poema "desentranhado" de outros poemas, assumiria a seguinte feição:

> Bola azul sopraram-na
> Os ventos do malefício.
>
> Os mitos do mal desencadeados sobre mim
> Me envolvem sem que eu possa respirar.
>
> O ar puro e a inocência
> Estão mais recuados do que os deuses gregos.
>
> O enorme monumento de ódio atinge as nuvens
> O mundo envenenado
> Sitia meu corpo exausto.
>
> O longo ai das criaturas
> Sobe para o céu
> Forrado de espadas.
>
> A quinta coluna que existe
> Desde o princípio do tempo
> Não me deixa respirar.
>
> Os rochedos colocam-se máscaras contra pássaros
>   [asfixiantes.

---

[9] Cf. Murilo Mendes, "A poesia e o nosso tempo", em *Antologia poética* (São Paulo, Cosac Naify, 2014, p. 251).

Não seria surpreendente um poema assim em Murilo Mendes, seria até bem verossímil. Mas, é claro, tudo poderia ser também diferente, como num jogo de armar em que as peças apresentam inúmeras valências. Quem sabe até aquela sequência cronológica não seja ainda mais convincente em termos de criação poética... Essa poética do "fragmento explosivo", para relembrar a formulação de José Guilherme Merquior,[10] é certamente a maior responsável pelo processo de transfiguração da realidade na obra do autor de *Poesia liberdade*. As referências imediatas são incorporadas com um grau de abertura enorme, e se tornam passíveis das associações mais inesperadas.

De fato, em Murilo Mendes o modo de inserção dos dados objetivos dá-se por uma gama bastante ampla de fatores, inclusive os mais imediatamente biográficos. Não será demais especular que os sintomas iniciais da tuberculose, que acometera o poeta justamente naqueles anos, a ponto de levá-lo à internação em 1943, no mesmo Sanatório de Correias, onde tinha sido internado uma década antes o grande amigo Ismael Nery, tenham sugerido a sensação de "asfixia" como uma das imagens fundamentais para se traduzir a "atmosfera" do mundo em guerra.[11]

Essa imagem, que percorre a obra poética daquele período como um estribilho, contém muita coisa e, bem antes de ser redundante, é econômica: além da doença do poeta, ela abarca a guerra

---

[10] Cf. José Guilherme Merquior, "À beira do antiuniverso debruçado", em Murilo Mendes, *Antologia poética* (Rio de Janeiro, Fontana/MEC, 1976, p. XX).

[11] Leia-se a propósito o belo poema "Entrada no sanatório", de *Poesia liberdade*. Como em tantos poemas desse livro, observa-se uma concepção dramática, operística mesmo. O corte com o mundo exterior, sucintamente expresso pelo verso isolado de abertura ("Perdi o braço de Maria da Saudade"), é acompanhado pelos clarões e barulhos da tempestade noturna, que se confundem com as notícias radiofônicas da guerra, espécie de espetáculo apocalíptico que conta com a participação do "espectro de Ismael Nery"; a manhã seguinte, com seu "coro de tosses", acentua o traço ruidoso e agitado, a que vêm se associar "martelos e serrotes", imagens obsessivas do terror para o poeta.

em si, com sua carga de veneno e de destruição; o fechamento entre céu e terra, responsável pela divisão sangrenta entre os homens, entregues à sua imanência destrutiva; dá conta ainda de um tema recorrente em alguns de seus poemas de guerra: uma espécie de enfraquecimento do sopro vital, com a consequente dificuldade de fazer propagar o canto,[12] o qual se produzia fácil e deslizante em "Manhã", por exemplo.

As esferas biográfica, histórica, religiosa e estética encontram-se assim amalgamadas numa única imagem. A doença individual associa-se à doença coletiva, ditada pela guerra presente, mas também instalada desde sempre pela Queda. Quanto à poesia, ela deverá ser, ao mesmo tempo, um testemunho e um processo de cura, lamentação pelo mal e tentativa de exorcizá-lo. Evidentemente, a asfixia, com os seus correlatos (doença, exaustão, fechamento, opressão, terror, morte etc.), não foi a única concepção nascida da experiência da guerra em Murilo Mendes. Houve outras, igualmente importantes: a guerra como inversão dos valores vitais, dos quais a poesia procura ser a guardiã; a guerra como profanação da "unidade sagrada" entre os homens; a guerra experimentada como pânico apocalíptico etc. Como era de se esperar, muitas vezes essas visões se interpenetraram.

Essa concentração sobre alguns núcleos — tão presente nos livros redigidos entre 1938 e 1945 (*As metamorfoses*, *Mundo enigma* e *Poesia liberdade*) — produz outro efeito fundamental: a tensão entre fragmentação e unidade. É uma poesia feita de pedaços aparentemente avulsos, mas que tendem a se imantar numa unidade de fundo. Talvez por esse fato, o autor tenha escrito em 1943: "um poeta escreve um único poema".[13] É claro que essa declara-

---

[12] Jean-Michel Maulpoix, em estudo sobre Henri Michaux, recorda uma formulação de Celan que não deixa de ter alguma conexão com essa crise experimentada pela poesia de Murilo Mendes durante os anos de guerra. "Como sugere uma expressão de Paul Celan, convém ouvir na poesia 'o sopro cortado da arte'", em *Par quatre chemins* (Paris, Pocket, 2013, p. 95).

[13] Murilo Mendes, *op. cit.*, p. 832. Trata-se do fragmento nº 179 do livro *O discípulo de Emaús*.

ção estimulou o exercício tentado acima, de fabricar um poema a partir de recortes de outros, assim como foi instigante a sugestão de João Cabral de Melo Neto, contida numa famosa carta ao próprio Murilo Mendes, datada de 1959:

> Eu, por exemplo, sempre vi seus livros não como coleções de quarenta ou cinquenta poemas, mas como: 1º) ou um poema só, ou 2º) duas, ou três, ou quatro sequências, reunidas num só livro [...]. Podem-se descobrir essas sequências, ou vendo-se as datas, quando você as bota, ou estudando-se os poemas e agrupando-os pelo espírito, pelo vocabulário etc.[14]

O propósito da carta de João Cabral foi o de elogiar o livro *Tempo espanhol*, que acabara de ser publicado, como um avanço em relação aos livros anteriores do poeta mineiro, sobretudo pela presença do que ele chama então de um "tema exterior", no caso, dado pela Espanha, em suas dimensões geográfica, cultural e artística. Anteriormente, teria havido a preponderância problemática de "poemas subjetivos". Como quase sempre acontece nesses casos, a carta diz mais de João Cabral do que de Murilo Mendes, mesmo porque o "tema exterior" também já estava claro antes, apenas configurado de outro modo.

A aparência de "subjetividade", e mesmo de arbitrariedade, em uma poesia tão tocada pelos acontecimentos objetivos, poderia ser vista, ao contrário, como uma virtude, pois revela uma proposta de representação que, ao mesmo tempo, se esquiva e se apropria do "tema exterior", dado aqui pela guerra, diante da qual toda astúcia e delicadeza parecem insuficientes.

---

[14] *Apud* Laís Corrêa de Araújo, *Murilo Mendes* (Petrópolis, Vozes, 1972, pp. 191-4).

Labirintos

"Abismo"

Todos me indicam o caminho contrário.

Bebi na música
E fechei-me a sós com o sonho.

Quando acordei
Haviam destruído os gramofones
E a treva anterior envolvia a cidade.

O mar passava nos braços
Uma pulseira de mortos.

Abri um pé de magnólia
Dando sombra ao Minotauro.
Desde então
Meu peito é zona de guerra,
Fiz um eixo com as estrelas.

A poesia em paraquedas
Tanto desce como sobe.[15]

    Visto à distância, o "abismo" figurado pelo poema já apresenta um arranjo singular, em que se interpenetram a realidade da guerra ("pulseira de mortos", "zona de guerra", "eixo", "paraquedas"), a dimensão do mito ("Minotauro"), a esfera da arte ("música", "gramofones", "poesia"), e a situação imediata do sujeito lírico na cidade, com os outros homens ("todos me indicam o caminho contrário", "fechei-me a sós", "a treva anterior envolvia a cidade"). Ao lado desses elementos, observam-se outros

---

[15] Murilo Mendes, *Antologia poética* (São Paulo, Cosac Naify, 2014, p. 92). O poema pertence ao livro *As metamorfoses*.

igualmente importantes no universo poético do autor: a natureza (o "mar", a "magnólia") e o mundo onírico ("o sonho").

O arranjo é dos mais complexos, as fronteiras entre esses elementos estão longe de ser demarcadas, de modo que a impressão é de coisa inextricável. Imagens como a do mar com sua "pulseira de mortos" e, sobretudo, aquela do "pé de magnólia", aberto pelo poeta para dar "sombra ao Minotauro", são algumas das dificuldades a enfrentar. Mas há outras. Fala-se do despertar sobressaltado do poeta, depois do seu fechamento solitário com o sonho e a música; o sobressalto advém da consciência da tragédia coletiva como fato já consumado, diante da qual é forçoso posicionar-se ("Desde então meu peito é zona de guerra").

Neste caso, o sentido parece ser mais ou menos claro: a atitude anterior do poeta, absorto em um mundo de delicadezas e de pura introspecção, perdeu todo o amparo que tinha, e àquele mundo ele deve dar adeus e preparar-se... para confrontar uma outra realidade, brutal e pública, de "gramofones destruídos" e de "trevas". Essa tensão ríspida entre as esferas da intimidade e a realidade da guerra parece ser, portanto, a situação de fundo do poema, a qual não exclui um possível traço de autocrítica ou de sentimento de culpa ("Quando acordei...").

Talvez possa vir em nosso socorro a abertura do poema "Sentimento do mundo", de Drummond, em que o eu lírico também se encontra na faixa da intimidade, embora esta apareça impregnada de imagens que já transbordam do particular, indicando a mesma pressão incontornável dos acontecimentos,[16] a qual o poeta cede de modo culposo:

---

[16] O poema havia sido publicado na imprensa antes do livro *Sentimento do mundo* (1940), mais precisamente em 1935. De todo modo, ele apresenta o mesmo espírito dos poemas de Drummond (e de outros poetas brasileiros) efetivamente escritos durante a guerra. Cf. John Gledson, *Poesia e poética de Carlos Drummond de Andrade* (São Paulo, Duas Cidades, 1981, p. 301). Na edição crítica preparada por Júlio Castañon Guimarães, informa-se que o poema foi publicado originalmente em *O Jornal*, em 26/5/1935, *op. cit.*, p. 205.

[...]
Quando me levantar, o céu
estará morto e saqueado,
eu mesmo estarei morto,
morto meu desejo, morto
o pântano sem acordes.

Os camaradas não disseram
que havia uma guerra
e era necessário
trazer fogo e alimento.
Sinto-me disperso,
anterior a fronteiras,
humildemente vos peço
que me perdoeis.

Ou, ainda, no seguinte trecho de "Idade madura" (de *A rosa do povo*), em que o eu lírico é outra vez surpreendido por um chamado "de longe", e, desprevenido, sente-se incapaz e indisposto para atendê-lo de imediato. O final do fragmento é cômico-sério, todas as suas reservas eram insuficientes, e deslocadas apenas para o particular irrisório:

De longe vieram chamar-me.
Havia fogo na mata.
Nada pude fazer, nem tinha vontade.
Toda a água que possuía
irrigava jardins particulares
de atletas retirados, freiras surdas, funcionários demitidos.

Como se vê, os dois poetas, nos trechos em questão, foram literalmente *convocados*. Mas, no momento de aceitar essa convocação, vista como inevitável, eles também demonstram a sua contrariedade, alegando a inaptidão de seu instrumento de ofício — a poesia lírica — para tal tarefa. Isto é, o deslocamento escancarado para o mundo público é feito com um misto de reserva e de culpa: por um lado, eles deixam claro que estão sendo expulsos ou retirados de um território de eleição, ao qual, por outro lado, manter-se apegado em demasia seria já um crime de omissão, que eles também não querem cometer.

Mas em "Abismo", o poeta, embora constrangido à participação, lança mais um de seus desafios, procurando tomar a dianteira numa situação que era de aparente recuo, ou, dito de outra forma, transformando-se em agente quando tudo indicava que ele apenas sofreria passivamente as pressões de seu tempo. O desafio fica claro pela "declaração de guerra" expressa pelo poema, e também pela arma a ser utilizada: a poesia, vestida de paraquedas e contrariando a lei da gravidade, tal como aparece no último verso.

Mas para entender essa "ofensiva" do poeta, é preciso situá-lo em meio ao emaranhado de tempos verbais que o poema instaura. É possível detectar três tempos diferentes no poema: o atual (o primeiro verso e os dois finais); um passado recente (vv. 4-11) e um passado mais recuado (vv. 2-3, confirmado pela expressão "treva *anterior*"). Esse passado recuado nos informa acerca da posição preliminar do poeta, autobastante em seu espaço onírico e criador. O passado recente começa quando o poeta "acorda" e toma contato com o terror, o que precipita a sua declaração de guerra (os dois marcos temporais são claros: "Quando acordei" e "Desde então"). Essa fusão de planos temporais, num poema muito breve e eminentemente lírico, é significativa, pois dá a ele uma dimensão narrativa. E a história narrada é exemplar: a circunscrição do poeta e de sua poesia, retirados de um espaço próprio e autônomo e reconduzidos à esfera pública.

As duas passagens relativas ao tempo presente, já em meio à guerra, iniciam e encerram o curto poema. Ora, entre o início e o encerramento há um contraste flagrante. "A poesia em paraquedas/ Tanto desce como sobe" é outra daquelas declarações em que se sustenta que a poesia é o polo dominante e soberano, capaz de dar a última cartada no desafio ao Minotauro. Por sua vez, o verso inicial nos mostra o poeta literalmente perdido, em busca de um "caminho" que lhe é dificultoso, e, ao que parece, apenas acessível de uma perspectiva solitária, já que ele está contra a corrente ("caminho contrário").

Novamente, Murilo Mendes propõe uma abertura perturbadora e compacta: lança o leitor, sem transição ou preparo, no meio do caminho. A imagem do caos é uma das primeiras que ocorrem após a leitura do verso, e pode-se entrever naquele caminho uma espécie de balbúrdia em que todos buscam uma saída, mas onde o atropelo e a errância prevalecem. A associação óbvia desse verso com outras partes do poema, particularmente com aquela em que surge o Minotauro, especifica a natureza desse caos: é um *labirinto*, no qual o poeta se debate, ainda "sem achar escape", para lembrar o verso de Drummond.

Portanto, o poema apresenta um percurso nítido: da busca desencontrada, que se processa no interior do labirinto, ao final positivo, produzido pela capacidade da poesia de executar os movimentos mais insuspeitados, assegurando a possibilidade de salvação.

A citação, feita logo acima, do quarto verso do célebre poema "Áporo" de Drummond, não foi fortuita. Há entre esses dois poemas um profundo parentesco. São textos nascidos da experiência das "trevas" ou do "bloqueio", que apresentam o mesmo desenho: a busca aflitiva, o percurso tortuoso e a resolução final contra todas as expectativas ("Eis que o labirinto/ (Oh razão, mistério)/ Presto se desata"). Em "Áporo", a "formação" da "orquídea" contrariava toda a lógica ("antieuclidiana"), exatamente como acontece nos movimentos impossíveis do paraquedas ou na abertura do pé de magnólia no poema de Murilo Mendes. No entanto, é essa espécie de intervenção mágica que estabelece a solução do conflito. Talvez os dois poemas estejam propondo alegorias de uma situação, surpreendentemente próximas em dois poetas tão dessemelhantes: a vitória da poesia, pelo menos a afirmação de suas possibilidades, no labirinto daquela época terrível. No detalhe, as diferenças entre os poemas podem ser enormes, mas o contorno geral é idêntico. Esse é outro índice de intersecção entre vários poetas brasileiros daquele tempo, os quais, sem uma plataforma de ação propriamente tramada (a não ser, é claro, aquela herdada do modernismo), trabalharam numa frente comum.

Essa profunda confiança na poesia merece uma atenção maior. Nenhum dos dois poemas sustenta que a poesia possa, por exemplo, deter a guerra ou o autoritarismo (como ela poderia detê-los, quando nada nem ninguém pôde fazê-lo naquele momento?), mas sim que ela é capaz de se afirmar apesar deles e, com isso, preservar um espaço de liberdade e de dignidade para o homem. Desse modo, a dimensão mais profundamente lírica se mostra uma defesa consistente contra a fúria extrovertida da época. Isso demonstra, também, que a aceitação daquela convocação, isto é, o envolvimento entre voluntário e inevitável dos poetas nos acontecimentos de seu tempo, particularmente em relação à guerra, foi complexo e meditado, como estamos procurando sublinhar ao longo deste estudo.

Em relação a esse último aspecto, cabe lembrar um fato curioso. Drummond e Murilo Mendes participaram então, como jurados, de um concurso literário singular: a seleção da melhor "poesia estudantil de guerra".[17] Provavelmente tal iniciativa partiu do Estado, interessado em estimular um sentimento patriótico e o envolvimento de todos no esforço de guerra, mas não é esse o ponto principal. O fato de ambos terem sido convidados revela que, já naquele momento, eles eram vistos como dois de nossos escritores mais comprometidos com a realidade da guerra; e, mais significativo, eles estavam absortos em tal assunto como poetas que estavam alcançando a sua plena maturidade artística. Nesse sentido, é preciso rediscutir aquela intervenção aparentemente mágica no arremate dos dois poemas. Pois, disposta contra os acontecimentos, a poesia foi refletida e trabalhada, árdua e astuciosamente. A repetição "cava/cava" e o adjetivo "exausto" no poema de Drummond, assim como a tarefa hercúlea de enfrentar o Minotauro no poema de Murilo Mendes, são índices marcantes de uma empresa difícil e extenuante. Nota-se, ainda, em ambos, a

---

[17] Cf. Carlos Drummond de Andrade, *O observador no escritório* (Rio de Janeiro, Record, 1985, pp. 9-10).

presença de uma solidão fecunda, que antecede a afirmação da poesia sobre o silêncio ou da expressão singular sobre a homogeneização autoritária: o sonho e o subterrâneo. Desse modo, o inseto que se abre como orquídea ao atingir a superfície e o pé de magnólia que se abre como um paraquedas em ascensão constituem na verdade símbolos de um trabalho clandestino mas tenaz, que alcançou, afinal, uma concretude.[18]

É preciso, porém, acentuar as diferenças entre os dois poemas para prosseguir na análise de "Abismo". A diferença mais sensível é que, em Drummond, a imagem do labirinto condensa uma série de dados de sua mitologia pessoal. O verso "enlace de noite, raiz e minério", por exemplo, evoca várias outras passagens do poeta, em que também se mostra o "eu retorcido", o "ser noturno e miserável", topando com obstáculos por toda a parte: o "ferro na alma" e a "pedra no meio do caminho". Já em Murilo Mendes, o particular se produz pelo contato com a mitologia genérica, como se nota aqui pela incorporação transfigurada da lenda de Teseu e do Minotauro. Uma narrativa arquetípica do terror e da sua superação é atualizada, pelo poeta, numa situação concreta tanto da

---

[18] Gaston Bachelard refere-se ao sonho de um paciente, no qual este "*sobe* no interior de um tubo, fino como um fio de cabelo": "Eu devo confessar que não me sinto muito à vontade aí dentro, pois ter uma caixa torácica cuja espessura é a de um fio de cabelo não permite ao ar circular facilmente. Essa subida me sufoca portanto; mas cada tarefa não comporta sua pena? Já meu caminho floresce. Ela está diante de mim, a flor, recompensa de meus esforços. Oh! Ela pica um pouco e ela é seca, é a flor das sarças, espinhosa e sem perfume, mas é de todo modo uma flor, não é?" Bachelard comenta: "Eis aí um sonho comum, apesar do absurdo dimensional. Um labirinto do qual se sai evadindo-se, muito frequentemente, floresce na evasão". Cf. Gaston Bachelard, *La terre et les rêveries du repos* (Paris, José Corti, 1982, pp. 226-7). As imagens conjugadas do labirinto e da flor (orquídea, magnólia) parecem constituir, portanto, um arquétipo do trabalho humano, em seu duplo aspecto de corveia e de prêmio, isto é, em que o processo é penoso, mas o resultado compensador. Considere-se ainda a semelhança entre os finais do relato do sonho supracitado e do poema "A flor e a náusea", de Drummond; também a aparição do "nelumbo" no final da guerra, em "Visão 1944", que já foi analisado aqui.

sua história pessoal como da história humana. Não por acaso, o poema é contemporâneo de trechos como estes:

> Esquadrilhas de mitos são enviadas para nos protegerem.
> Hospedamos companheiros imprevistos,
> O Máscara de Ferro, Nosferatu,
> Ou então a Órfã do Castelo Negro.
>
> Não me podes dispensar, crescimento do mito:
> É preciso continuar a trama fluida
> Pela qual Lilith, Ariadna, Morgana receberão o alimento.[19]

O título do poema que contém esse último fragmento é muito significativo: "Corrente contínua". O poder do poeta provém desse nexo com uma história humana geral, fornecida pelos mitos; o poder da poesia, da capacidade de reconstituir a todo instante esse mesmo elo. Haveria, assim, uma espécie de tradição de combate ao mal (a "trama fluida"), como na lenda do Minotauro, tradição diante da qual o poeta se posiciona como herdeiro. O terror da guerra total é um capítulo da história humana decaída, que foi dado ao poeta testemunhar, mas há também outra história ("crescente", como os mitos) — de elevação — que a poesia conserva em sua natureza mais íntima, e que o poeta deve portanto rememorar.[20] Essa visão eminentemente construtiva e mesmo funcional da poesia decerto contribuiu para que a guerra tenha sido, na obra de Murilo Mendes, um assunto tão vital. Da perspectiva do avesso, a poesia poderia não propriamente salvar o que a guerra destrói, mas opor à desagregação a "trama fluida" e íntegra da experiência humana.[21]

---

[19] Respectivamente, "Pastoral" e "Corrente contínua", ambos de *As metamorfoses*.

[20] "As mais antigas tradições, quase imemoriais, constituem o lastro da poesia", escreveu o poeta em 1943. Trata-se do fragmento nº 100 de *O discípulo de Emaús*.

[21] Creio que o conceito de "poesia resistência" tal como proposto por

Do labirinto, diz uma versão da lenda, é preciso sair dançando. Mas a música cessou: os gramofones foram destruídos; além do mais, o labirinto do poema tem um nome: "abismo", do qual se escapa antes... voando. Não se trata de um espaço (ou de um caminho) plano, horizontal, mas sim dotado de profundidade e de planos superpostos. É um labirinto orientado por um eixo vertical. A palavra "eixo", efetivamente utilizada no poema (como inversão provocativa do eixo nazifascista), está referida ao alto: "as estrelas". "Abismo" e "estrelas", o baixo e o alto, são portanto os polos do poema, assim como o subterrâneo e a superfície eram os polos do poema "Áporo". As diferenças entre essas duas concepções de espaço (no caso, de labirinto) correspondem certamente às diferenças entre um poeta que acredita na transcendência e outro que é agnóstico.

Essa verticalidade, cifra da união do profano e do sagrado, do banal e do extraordinário, é onipresente na obra de Murilo Mendes. Quase sempre, ela é evocada pelas montanhas (a paisagem infantil), o que provavelmente levou o poeta a adotar o seu mito predileto: Prometeu, do qual alguns parentes próximos, como o Teseu da lenda do Minotauro, eventualmente aparecem.[22] É essa verticalidade que pode explicar também os movimentos incongruentes do paraquedas: "tanto desce como sobe", isto é, a poesia percorre o eixo estabelecido pelo poeta com as estrelas — do baixo ao alto, e pode, portanto, proporcionar a saída do abismo.

A imagem do paraquedas é ainda importante por outro motivo. Ela contém mais um movimento fundamental no poema, além daquele de descida e subida: o de abertura e fechamento. "*Fechei-*

Alfredo Bosi, em particular na modalidade da "poesia mítica", condiz essencialmente com a concepção aqui adotada por Murilo Mendes. Cf. "Poesia resistência", em *O ser e o tempo da poesia* (São Paulo, Cultrix/Edusp, 1977, pp. 139-92).

[22] Paolo Santarcangelli, em seu estudo sobre a simbologia do labirinto, afirma que "Teseu é um aluno de Prometeu". Cf. Paolo Santarcangelli, *Le livre des labirinthes: histoire d'un mythe et d'un symbole* (Paris, Gallimard, 1967, p. 14).

-*me* a sós com o sonho"// "*Abri* um pé de magnólia". Fechamento e abertura do sujeito e do poema: o poeta sai de seu retiro e abre o pé de magnólia e o paraquedas, e estes, já se lê de imediato, são a própria poesia.

Por outro lado, as antíteses entre abertura e fechamento, e aquela entre descida e subida, podem ser relacionadas ao primeiro verso: "Todos me indicam o caminho *contrário*". Desse modo, o poeta está na contramão dos outros homens, mas de que maneira? Talvez a resposta esteja na imagem mais enigmática do poema:

> Abri um pé de magnólia
> Dando sombra ao Minotauro.

Abrir o pé de magnólia é uma ação evidentemente paralela à da abertura do paraquedas. Ambas as ações, ainda, estão dispostas contra o mesmo oponente: o Minotauro, arquétipo do terror. Se tal leitura estiver correta, então uma outra surpresa acontece: a declaração de guerra consistiu em abrir uma espécie de guarda-sol para dar sombra ao inimigo; nesse contexto, dar sombra às trevas deve significar neutralizá-las. Vista de um ângulo mais próximo à visão cristã do poeta, a declaração de guerra é uma espécie de gentileza, cujo fundamento é opor o bem ao mal. E essa postura pacífica e pura diferenciaria o poeta dos outros homens, permitindo-lhe também mostrar-lhes a saída do labirinto destrutivo. De outro ângulo, mergulhando mais fundo na poética de Murilo Mendes, trata-se sobretudo de criar sucedâneos para a criação poética, ou de encontrar equivalentes plásticos ou *metamórficos* da harmonia do mundo — no caso, a magnoleira, capaz de confrontar o monstruoso, *sobrepondo-se* a ele.

"Dai-me uma fábula grega, um 'mitologema', e eu recriarei o mundo", declarou o poeta em um texto tardio.[23] Em certo sentido, foi o que fez em "Abismo", a partir da lenda de Teseu e do Mino-

---

[23] Murilo Mendes, *Poesia completa e prosa*, op. cit., p. 1.053. Trata-se do texto de título "Grécia e Atenas", do livro *Carta geográfica*, escrito entre 1965 e 1967.

tauro. Mas a versão muriliana do mito tem alcance e dicção próprios — ela não quer apenas confirmar a tradição, mas contribuir ativamente para o seu "crescimento".

Murilo Mendes retornou diversas vezes às duas imagens centrais do poema "Abismo": a magnólia e o Minotauro. No livro *Poliedro*, por exemplo, há um longo texto, "A magnólia", em que o poeta confessa o seu fascínio desde muito cedo pelas "largas folhas e flores" ou pela "dimensão espetacular das folhas em copa" das magnoleiras. Além da "forma generosa", dizia-se atraído, também, pelo seu "aroma esdrúxulo extraído ao oriente". A magnólia, na série de correspondências pessoais do poeta, era associada à mulher: "Quanto a mim nutro-me da sua forma aberta, do seu aroma especioso, dos seus peitos, da sua cor entre branco e creme". Como mediadora para a poesia e para a experiência erótica, a magnólia é ainda um estímulo ao desafio à "lógica" ou às "convenções": "Devido à magnoleira gazeio aulas, mormente a de matemática: uma flor de magnólia vale bem uma equação". Além do poético e do erótico, também há, como era de se esperar, um sentido religioso, alusivo à máxima harmonia: "Imagino também o paraíso terrestre sem Adão e Eva, sob a figura da magnólia".[24]

Num poema como "Abismo", que propõe uma encenação da guerra, os oponentes tendem a assumir formas muito polarizadas, e assim como o pé de magnólia traduz a positividade vista acima, cabe ao Minotauro toda a carga de trevas e de negatividade. Numa viagem a Creta e ao Palácio de Cnossos, Murilo Mendes fornece outra de suas versões do Minotauro: "Entretanto neste palácio a presença mais tangível é a do próprio Minotauro que existiu desde o começo do mundo; temo que, cumprindo o seu destino destruidor, elevado hoje à dimensão do cosmo, subsista para sempre".[25] Na década de 1960, quando foi escrito esse texto, as manifestações do Minotauro eram a guerra do Vietnã ("Le mie fines-

---

[24] *Idem*, p. 1.002.

[25] *Ibidem*, p. 1.059. Trata-se do texto intitulado "Herakleion", incluído no livro *Carta geográfica*, escrito em Roma entre 1965 e 1967.

tre insonne/ danno sul Vietnam"),²⁶ a ameaça da guerra atômica e a corrida espacial (a "dimensão do cosmo"). Mas o importante é a persistência da mesma concepção do Minotauro, símbolo do mal inerente à Queda ("desde o começo do mundo"), entranhado no homem e na história, e atualizado poderosamente neste século. É a esse mal que é contraposto o pé de magnólia como o símbolo de um bem perdido, mas conservado pela poesia. Assim, a oposição entre magnólia e Minotauro foi trabalhada pelo poeta em diversos níveis, cada vez mais abstratos: "a branca Poesia"/ "o sangue do Minotauro"; "a branca flauta da ternura"/ "o vermelho clarim de sangue"; "a branca harmonia"/ "a harmonia do terror" etc.²⁷ É muito significativo ainda o seguinte trecho de carta de Murilo Mendes a René Char, incluído em "Herakleion": "Recebo agora neste maravilhoso país a recompensa devida a alguém que desde o princípio acreditou na existência pessoal de Apolo, Diana e demais".

Como provocação, no estudo de um autor provocativo, poderíamos especular sobre as situações que podem ter precipitado a criação do poema, tentando mostrar como ele atinge o mito a partir da vivência mais cotidiana ou da experiência imediata da história, e que tal procedimento é nele uma atitude fundamental, que exclui qualquer mecanismo passivo, ou pejorativamente "literário", de assimilação.

Em um poeta como Murilo Mendes, que compartilhava com os surrealistas um pensamento analógico desenvolvido, a abertura de um guarda-sol na praia, por exemplo, poderia ser suficiente para evocar a abertura de um paraquedas e com ele a realidade da guerra. E tal associação motivaria a transfiguração da paisagem

---

[26] "As minhas janelas insones/ dão sobre o Vietnã". Verso do poema "Il programma", do livro *Ipotesi*, em *op. cit.*, p. 1.543.

[27] Os poemas que contêm essas dualidades são contemporâneos, demonstrando a sua importância para o poeta naquele período. São eles, respectivamente, "A bela e a fera" (*As metamorfoses*), "Ofício humano" (*Poesia liberdade*) e "Janela do caos" (*Poesia liberdade*).

em diferentes graus: o mar, personalizado pela "pulseira de mortos", poderia ser relacionado ao terror da guerra e à própria figura do Minotauro e seu labirinto, já utilizados pelo poeta em outros poemas da época. Seja pela proximidade do mar, que está defronte, seja pela visão católica do poeta, tal labirinto poderia assumir a forma de um "abismo". O Minotauro deve ser enfrentado, mas o poeta só pode fazê-lo com a única arma de que dispõe: a poesia, já então impregnada pelo mito. E na esfera do mito ou da criação livre, o poeta tudo pode: descer no abismo para neutralizar o Minotauro com um pé de magnólia (assim como fizera, através do canto, Orfeu, outro ancestral reinvidicado por Murilo Mendes), e subir de paraquedas até as estrelas, com as quais fizera uma aliança cósmica para combater o eixo maligno. Diante de tal abertura de associações, não devemos nos surpreender que "trevas anteriores", sol ("sombra") e "estrelas" possam coexistir no mesmo céu, pois a realidade está aqui constituída de vários planos, que o poema monta e desmonta à sua maneira.

Alguns dados contextuais podem nos levar, no entanto, a uma leitura mais precisa. "Abismo" está contido na segunda parte do livro *As metamorfoses*, denominada "O véu do tempo", inteiramente composta em 1941. Entre 20 de maio e 1º de junho desse mesmo ano, ocorreu uma das batalhas mais singulares da Segunda Guerra Mundial, conhecida como "a batalha de Creta", que terminou com a vitória das forças do Eixo. O que houve de especial nessa batalha foi a utilização em massa, pelo exército alemão, de paraquedistas (mais de dez mil). No seu diário, Marques Rebelo assim dá notícia da batalha:

> *20 de maio*
> Não são boas as notícias de Creta, pois os alemães conseguiram estabelecer quinze mil paraquedistas na ilha, que vão dominando as tropas aliadas que a defendem.
>
> [...]

27 de maio
E Creta pega fogo![28]

A batalha de Creta foi particularmente feroz: civis bombardeados, combates corpo a corpo entre os invasores e a resistência aliada, inúmeros soldados aliados aprisionados ou mortos na tentativa de evacuação da ilha (talvez a origem da imagem do mar com a "pulseira de mortos"), além da enorme quantidade de baixas entre os paraquedistas. Por esse último fato, apesar do sucesso na ocupação da ilha, nunca mais o exército alemão utilizaria tropas aerotransportadas: "Creta foi o túmulo dos paraquedistas alemães".[29] É preciso recordar também um outro fato: em maio de 1941, nem a União Soviética nem os Estados Unidos tinham entrado na guerra, e a Inglaterra era o único país que ainda não havia sucumbido aos exércitos do Eixo. Nesse sentido, a tomada de Creta foi vista por muitos como um ensaio bem sucedido de uma invasão em massa da Grã-Bretanha, já que, militarmente, nenhuma ilha poderia mais considerar-se segura.

Ora, para um poeta da mentalidade de Murilo Mendes não podia passar despercebida essa súbita junção entre a guerra técnica moderna e a esfera arcaica do mito. A utilização de paraquedistas do "eixo" na batalha travada na ilha de Creta, terra natal do Minotauro e do seu labirinto, vinha atestar, por assim dizer, a persistência do terror antigo nas técnicas modernas de destruição: uma parábola do mal. Ao descerem no abismo trevoso de Creta em 1941, os paraquedistas reviviam, agora, o outrora sempre atual do mito. Era como se o particular fosse uma prova cristalina do arquétipo genérico, e este uma explicação consistente daquele.

[28] Marques Rebelo, *A mudança* (Rio de Janeiro, Nova Fronteira, 1984, pp. 428 e 431 respectivamente).

[29] A declaração é do próprio general Kurt Student, que organizou a invasão de Creta. *Apud* D. M. Davin, "A batalha de Creta", em *História do século XX* (São Paulo, Abril Cultural, 1968, pp. 1.919-21, vol. IV). Na batalha foram mortos, segundo os historiadores, cerca de 7.000 paraquedistas e soldados alemães.

É importante observar que a imagem do Minotauro surge na poesia de Murilo Mendes precisamente naquele momento (e depois só reaparece na "literatura de viagem" da fase final). "Temas eternos", "Novos tempos" e "A bela e a fera" são os outros três poemas da seção "O véu do tempo" em que esse mito comparece, e formam uma quase sequência com "Abismo".

Mas há ainda alguns textos da época que podem fortalecer amplamente essa hipótese de o poema ser de fato uma resposta à batalha de Creta. Em artigo sobre Maria Helena Vieira da Silva, o poeta se reporta a um crítico inglês, segundo o qual "a guerra inspirou relativamente poucos grandes pintores" — Goya, Callot, Van der Meulen, Ticiano, Leonardo, Michelangelo e Uccello são os mencionados. Aparentemente concordando com tal crítico, Murilo Mendes observa: "Atribuo esse fato à própria dificuldade de execução de tão vasto assunto" — e acrescenta algo decisivo para a nossa leitura: "Quando da tomada de Creta pelos alemães, eu refletia: Como se poderia representar num quadro (ou num mural) um tão complexo episódio — o ataque a uma ilha por meio de couraçados, aviões, tanques despejados de aviões, paraquedistas, o diabo? Talvez até um pequeno quadro com um detalhe do combate, mostrando um aspecto, não mecânico, mas humano, do mesmo pudesse dar mais a medida de tão extraordinária e movimentada ação".[30] Fica claro que o detalhe, o recorte fragmentário, foi a opção escolhida pelo poeta em seu brevíssimo mas exemplar poema.

A batalha de Creta realmente fascinou o poeta, como revela ainda um curioso texto intitulado "Notícia do Loplop", em que ele amplia o sentido da palavra extraída de Max Ernst,[31] associan-

---

[30] O artigo "Maria Helena" foi publicado no jornal *A Manhã*, do Rio Janeiro, em 10 de dezembro de 1944. Li o texto no livro *Vieira da Silva no Brasil* (São Paulo, MAM, 2007, p. 274), livro organizado por Nelson Aguilar e contendo textos de outros estudiosos, como Valéria Lamego.

[31] Em *Ipotesi*, Murilo Mendes refere-se assim ao termo *loplop*: "palavra cunhada por Max Ernst em seu livro *La femme 100 têtes*. Loplop, ora um

Paraquedistas alemães saltam sobre Creta, em maio de 1941. Conforme diretiva do próprio Hitler, a ilha era estratégica para a instalação de "uma base para a guerra aérea no Mediterrâneo Oriental". A vitória alemã, que mobilizou cerca de 15 mil paraquedistas, teve um custo altíssimo de vidas.

do-a a "tudo o que é misterioso, ou sombrio, ou teatral, ou terrificante, ou imprevisto; sobretudo o que é estranho". Perto do final do longo texto, lê-se:

> A guerra atual é uma sucessão de episódios com *loplop*. Mas a tomada de Creta com centenas de paraquedistas, e tanques trazidos em aviões, a descida de Rudolf Hess na Inglaterra, a resistência de Stalingrado, merecem um registro à parte.[32]

Finalmente, cabe mencionar a versão bastante diversa de "Abismo" na primeira edição de *As metamorfoses*:

> Todos me indicavam o caminho contrário
>
> Bebi na música
> E fechei-me a sós com o sonho
>
> Quando acordei
> Haviam destruído os gramofones
> E a grande treva dominava a cidade
>
> O mar passava nos braços
> Uma pulseira de mortos
>
> Abri um pé de magnólia
> Saiu urrando o Minotauro

homem, ora um pássaro, é encarregado de alimentar os lampiões de Paris. No meu léxico pessoal emprego-o como adjetivo: designa algo insólito, bizarro etc. O próprio Max Ernst poderá ser considerado como o artista mais loplop do século". Cf. *Ipotesi* (Milão, Guanda, 1977, p. 97).

[32] O texto foi publicado em duas partes, em 17 e 24 de junho de 1944, no jornal *A Manhã*. Tive acesso a ele (e a vários outros textos inéditos de ou sobre poetas brasileiros do período) graças às pesquisas de Augusto Massi.

Desde então meu peito é Creta
Fiz um eixo com as estrelas

A poesia em paraquedas[33]

É conhecida a atitude "variantista" do poeta (a expressão é de Luciana Stegagno Picchio), que revia incessantemente os seus trabalhos, mas as mudanças aqui foram talvez mais profundas do que o usual. A construção temporal era mais simplificada, o verso final parecia demasiado avulso, o confronto entre a magnólia e o Minotauro era mais direto, principalmente foi suprimida a menção à Creta. A mudança foi feita para a edição de 1959 — o poeta terá então considerado o poema excessivamente datado ou referencial?

Seja como for, a "versão final" realiza com enorme maestria e com grande liberdade a associação entre a batalha de paraquedas e o mito do Minotauro, numa prova contundente do quanto a poesia de Murilo Mendes confronta diretamente a história, mas em termos que lhe são próprios. Supondo que essa leitura esteja correta, o poema seria absolutamente referencial, mas seria também absolutamente transfigurador. Mais do que isso: o fato de a guerra imediata estar tão presente mas, ao mesmo tempo, tão submetida à operação poética é um manifesto raro de confiança na poesia e também uma demonstração convincente da sua eficácia, sobretudo se considerarmos a época em que foi escrito. Em "Abismo", estamos novamente diante de um desafio ou de uma contraofensiva: o despertar do Minotauro, pela guerra moderna, desperta também o poeta, que lhe contrapõe a sua poesia-liberdade. Nessa mesma linha, leia-se a seguinte afirmação de Murilo Mendes:

É preciso que consideremos filosófica e abstratamente a guerra, para condená-la sem cessar: do contrá-

---

[33] *As metamorfoses* (Rio de Janeiro, Editora Ocidente Limitada [1944], p. 99).

rio seremos seduzidos pelo seu aspecto de perigo, aventura e imprevisto, que é sem dúvida fascinante.[34]

Essa visão da guerra como espetáculo fascinante decerto agiu sobre os espíritos da época. Oswald de Andrade, por exemplo, dizia:

> Tanto a *Odisseia* como o *Gibi* perderam toda a importância diante dos jornais. Já aquela fuga rocambolesca do general MacArthur, escapando de lancha aos japoneses, depois de uma *épica* resistência, havia deixado num chinelo as assustadoras proezas que fizeram a fortuna dos mais denodados folhetins.
> [...]
> Tudo isso, no entanto, não passa dum estado mental coletivo.
> [...]
> A guerra tinha que exaltar as nossas florestas inconscientes e daí a necessidade que se tem de acompanhar com os olhos acesos e o coração pulando, essa cinemática onde *mocinho* e vilão se defrontam no fragor das armas automáticas sob o voo espetacular dos paraquedas.[35]

Ora, Murilo Mendes, em "Abismo", certamente estava atento para essa dimensão, e pensou o seu poema como o maravilhoso da arte contraposto ao espetáculo da guerra. Se parecia prodigioso o engenho humano aplicado à guerra, mais prodigiosa ainda seria a poesia, capaz de invertê-lo: ao invés do paraquedas que desce e (se) destrói, aquele que sobe e salva, associado à magnólia.

[34] Trata-se do fragmento nº 411 de *O discípulo de Emaús*. Cf. Murilo Mendes, *Poesia completa e prosa, op. cit.*, p. 856.

[35] Cf. Oswald de Andrade, em *Telefonema* (São Paulo, Globo, 1996, pp. 114-5). Os grifos são do próprio Oswald. A crônica se chama "Guerra detetive" e foi publicada em junho de 1944.

Oswaldo Goeldi passou a Primeira Guerra Mundial na Suíça, onde serviu num posto de fronteira. Em relação à Segunda Guerra, já no Rio de Janeiro, produziu obras impressionantes como as gravuras da série *Balada da morte* (1944). Em *O paraquedista*, desenho de 1942, a figura paira de ponta-cabeça sobre o perfil soturno de uma cidade, iluminando a realidade histórica através do insólito e do grotesco.

Digamos, para encerrar, que as hipóteses propostas acima não sejam verdadeiras. Tampouco isso importa, pois elas apontam certamente para uma verdade essencial do poema "Abismo". Nele tudo obedece a um princípio poético, afirmativo e negativo a um só tempo, que procura transformar e não aceitar o princípio de realidade (no caso, dado pela guerra). Desse modo, o sonho, do qual o poeta aparentemente despertara, prossegue na vigília, isto é, o poeta mantém, na realidade diurna, a liberdade noturna da atividade onírica. O poema, com seu impulso mítico-religioso e sua montagem de surpresas, não deixa de desenvolver um devaneio acordado, cujo protagonista é o poeta solitário mas envolvido, ao revés de seu tempo, indicando aos que descem o caminho do alto.

Intermezzo comparativo: Henri Michaux

O mundo em guerra identificado a um labirinto, e a guerra como doença são imagens também nucleares em outro poeta eminentemente transfigurador — Henri Michaux, a quem Murilo Mendes conheceu no Rio de Janeiro no final de 1939 e de quem se tornaria razoavelmente próximo durante a sua permanência na Europa. Henri Michaux estava no Brasil[36] quando a guerra come-

---

[36] Michaux parece não ter gostado muito de sua temporada brasileira (Rio de Janeiro e Minas Gerais, entre julho de 1939 e janeiro de 1940), que coincidiu com o início da redação de um de seus livros mais famosos, *Au pays de la magie*: "Assim, os magos [*Michaux refere-se aos textos do livro*] tiveram início logo que cheguei ao Rio de Janeiro, mantendo-me tão separado desses brasileiros, com os quais eu não conseguia estabelecer contato (sua inteligência cafeinada, toda feita de reflexos, nunca de reflexões), que eu quase poderia dizer, malgrado o tempo passado lá, que eu não conheci nenhum." *Apud* Peter Broome, *Michaux: Au pays de la magie* (Londres, The Athlone Press, 1977, p. 5). Em carta a Jean Paulhan, a indisposição é ainda maior: "O brasileiro vinte vezes mais insignificante do que o argentino. Insuportável. Antes o bombardeio do que a insignificância. Eu volto." *Apud* Brigitte Ouvry-Vial, *Henri Michaux: Qui êtes-vous?* (Lyon, La Manufacture, 1989, p. 159). De todo modo, ele recomenda a tradução do romance *Calunga* de Jor-

çou, mas tomou o "caminho contrário" de muitos e "desceu" para a França em 1940, talvez para observar de perto o colapso da Europa, a qual, em partes iguais, ele amava e repelia. De lá, segundo suas palavras, "viu a época, a época tumultuosa e perversa, adulterada pelos hormônios do ódio e pelas pulsões da dominação, a época destinada a tornar-se famosa, a tornar-se a História". Em uma das "cartas" que então escreveu ("Eu vos escrevo de um país outrora claro. Eu vos escrevo do país do capote e da sombra"),[37] o poeta belga já adverte que é impossível manter-se imune aos acontecimentos: "'Guardar-se a si mesmo no seu?' Nem pensar! A casa solitária não existe na ilha dos papagaios".[38]

Essa invasão inevitável da destruição e do totalitarismo aparece, nos textos de Michaux, através de imagens da desdiferenciação ou do difuso ("grude", "embrulho", "substância láctea", "grande hemorragia", "pântano"), em que o próprio corpo perde a sua definição natural, como nos mostra um trecho de outra carta: "Sabei também: Nós não temos mais nossas palavras. Elas recuaram em nós mesmos. Em verdade, ela vive, ela erra no meio de nós A FACE COM A BOCA PERDIDA".[39]

O posicionamento do poeta foi claro, embora dramático e difícil: sustentar a possibilidade do canto, mas cultivar no canto, "astuciosamente", uma negatividade afiada, a qual sempre come-

ge de Lima e também de sua poesia (*idem*, p. 157). Michaux e Murilo Mendes (juntamente com Jorge de Lima) se conheceram então no Rio de Janeiro (o poema que abre *As metamorfoses*, "O emigrante", foi dedicado ao poeta belga). Há informações sobre esse primeiro encontro entre ambos, do ponto de vista de Murilo Mendes, em seu retrato-relâmpago "Henri Michaux". Cf. Murilo Mendes, *op. cit.*, pp. 1.226-9.

[37] "Je vous écris d'un pays autrefois clair. Je vous écris du pays du manteau et de l'ombre." Cf. "La lettre", em *Épreuves, exorcismes* (Paris, Gallimard, 1973, pp. 50-2).

[38] No original, "'Se garder soi dans le sien?' Vous n'y songez pas! La maison solitaire n'existe pas dans l'île aux perroquets". Cf. *op. cit.*, p. 51.

[39] "Sachez-le aussi: Nous n'avons plus nos mots. Ils ont reculé en nous--même. En vérité, elle vit, elle erre parmi nous LA FACE À LA BOUCHE PERDUE." Cf. "La lettre dit encore", em *op. cit.*, p. 54.

ça como oposição ao silêncio desdiferenciador pela afirmação do traço individual. O primeiro poema do livro *Épreuves, exorcismes (1940-1944)* [Provações, exorcismos],[40] escrito durante a ocupação nazista na França, já expõe esse desgarramento, entre orgulhoso e amargo, que será a marca de toda a coletânea:

> Immense voix
> qui boit
> qui boit
>
> Immenses voix qui boivent
> qui boivent
> qui boivent
>
> [...]
>
> Immense voix qui boit nos voix
> immense père reconstruit géant
> par le soin, par l'incurie des événements
>
> Immense Toit qui couvre nos bois
> Nos joies
> Qui couvre chats et rats
>
> [...]
>
> Immense "doit" "devoir"
> devoir devoir devoir
> immense impérieux empois.
>
> [...]

---

[40] O livro é unanimemente elogiado pela crítica. René Bertelé, por exemplo, o considera um dos "três ou quatro grandes textos da poesia francesa durante a guerra", em *Henri Michaux* (Paris, Seghers, s/d, p. 24).

Suffit! Ici on ne chante pas
Tu n'auras pas ma voix, grande voix
Tu n'auras pas ma voix, grande voix

Tu t'en passeras grande voix
Tu aussi tu passeras
Tu passeras, grande voix.[41]

Essa última estrofe faz lembrar uma espécie de praga ou fórmula de imprecação lançada contra a "imensa voz" devoradora e hostil. Em várias declarações, Michaux atribuiu ao ato de escrever uma função liberadora, quase mágica, capaz de eliminar as tensões ou de expulsar as dominações de que o sujeito é presa ("Eu escrevo para que aquilo que era verdade não seja mais verdade/ Prisão revelada não é mais prisão").[42] Nos anos de guerra, ele deu a essa operação um nome preciso: "exorcismo".

O conceito de "exorcismo", naturalmente, está sempre relacionado à experiência do mal, ou das "provações", como já aparece no título do livro, provações estas que têm uma natureza histórica clara. O poeta, no importante prefácio a *Épreuves, exorcismes*, distingue dois tipos de exorcismo. O primeiro deles: "O exorcismo, reação como força, como ataque de aríete, é o verdadeiro poema do prisioneiro". O segundo: "Numerosos poemas contemporâneos, poemas de libertação, têm também um efeito de exorcismo, mas de um exorcismo pela astúcia". A "astúcia", por sua

[41] "Imensa voz/ que bebe/ que bebe// Imensas vozes que bebem/ que bebem// [...]// Imensa voz que bebe nossas vozes/ imenso pai reconstruído gigante/ pelo cuidado pelo descuido em relação aos acontecimentos// Imenso Teto que cobre nossos bosques/ Nossas alegrias/ Que cobre gatos e ratos// [...]// Imenso 'deve' 'dever'/ dever dever dever/ Imensa imperiosa goma// [...]// Basta! Aqui não se canta/ Não terás minha voz, grande voz/ Não terás minha voz, grande voz// Tu passarás grande voz/ Tu também passarás/ Tu passarás, grande voz." Cf. "Immense voix", *op. cit.*, pp. 11-3.

[42] No original, "J'écris afin que ce que était vrai ne soit plus vrai/ Prison montrée n'est plus prison". *Apud* Robert Bréchon, *Michaux* (Paris, Gallimard, 1969, p. 83).

vez, aparece vinculada aos sonhos ou à capacidade imaginativa, vistos como liberadores por excelência: "Astúcia da natureza subconsciente que se defende por meio de uma elaboração imaginativa apropriada: os sonhos. Astúcia calculada ou tateante, que procura seu ponto de aplicação ótimo: os sonhos acordados". Dois modos de exorcismo, portanto, e, consequentemente, dois modos de poesia: aquela mais direta ("réaction en force", "en ataque de bélier") e outra mais oblíqua, "por astúcia" ("par ruse"). É para essa última modalidade que pende a produção poética de Michaux, como aparece no último parágrafo do prefácio:

> A maior parte dos textos que seguem são, de algum modo, exorcismos por astúcia. A sua razão de ser: solapar os poderes circundantes do mundo hostil.[43]

Essa proposta de dispor a poesia, associada à atividade onírica, *contra* os acontecimentos é de matriz surrealista, mas há muita distância entre Michaux e os surrealistas, e, pelo mesmo motivo, entre ele e Murilo Mendes. Michaux mergulha no absurdo e na doença (a realidade mais obsedante do livro), e se recusa a transmitir dali qualquer sinal de esperança, bem ao contrário dos surrealistas ("l'amour, la poésie, la liberté") e do próprio Murilo Mendes, como estamos vendo; por outro lado, entre este e aqueles há pelo menos uma diferença profunda, pois o impulso afirmativo do poeta brasileiro está muitas vezes amparado pela visão religiosa, a qual os surrealistas menosprezavam. Apesar dessa e de outras diferenças, o paralelo é mais do que possível, pois Henri Michaux propõe, por assim dizer, uma espécie de método de transfiguração da realidade imediata da guerra, que tem inúmeros pontos de contato tanto com a poética de Murilo Mendes quanto com a poética surrealista.

---

[43] "La plupart des textes qui suivent sont en quelque sorte des exorcismes par ruse. Leur raison d'être: tenir en échec les pouvoirs environnantes du monde hostil", em *op. cit.*, pp. 7-9.

Para ser muito sucinto, tratava-se de construir, contra a realidade, mas a partir dela, uma fantasia calculada ou um sonho provocado (baseados num "furor lúcido", diria o próprio autor), prática que Michaux levaria às últimas consequências nas suas experiências com a mescalina, cerca de dez anos mais tarde. É importante observar que essa postura não quer ser fuga ao real, mas lugar privilegiado de observação crítica deste. É até possível resumir essa proposta numa equação simples, mas é preciso ter em mente que os seus resultados são quase sempre bastante enigmáticos: diante dos "poderes circundantes do mundo hostil", manter a atitude de maior *fechamento* possível, a única atitude que pode propiciar a *abertura* para o devaneio ou para o impulso imaginativo, os quais, capturados na linguagem, são capazes de configurar a crítica também mais frontal àqueles mesmos poderes. Segundo essa ideia, é o distanciamento do terror *dentro do terror* o que pode engendrar a criação de uma poesia ao mesmo tempo autoreferente e referencial, capaz de explicar uma época sem justificá-la, isto é, de produzir uma poesia negativa a partir de suas próprias leis. Não seria difícil constatar o essencial dessa posição no poema "Abismo" e em grande parte da poesia de guerra de Murilo Mendes. René Magritte, outro artista também próximo do surrealismo e que adotou uma tática semelhante (embora na vertente, digamos, afirmativa, como o poeta mineiro), fez a seguinte declaração, em 1947:

> Antes da guerra, minhas obras refletiam a inquietação. A experiência do conflito, os sofrimentos acumulados, demonstraram-me que importa, antes de tudo, celebrar a alegria dos olhos e do espírito. É muito mais fácil aterrorizar do que encantar... Eu vivo em um mundo muito desagradável [...]. É por isso que a minha pintura é um combate, ou melhor, uma contraofensiva.[44]

---

[44] René Magritte, *Écrits complets* (Paris, Flammarion, 1979, pp. 250-1).

O exemplo talvez mais direto e marcante da posição de Henri Michaux, tendo em vista os interesses do presente trabalho, encontra-se no longo e inacabado poema "Marche sous le tunnel" [Marcha no túnel][45] (cujo título inicial era "Chant dans le labyrinthe" [Canto no labirinto]). O poema, escrito entre 1940 e 1943, está composto de 23 cantos — uma prolongada prosa poética (há passagens avulsas escritas em versos), cujo objetivo claro foi o de relatar não apenas a experiência individual e imediata de viver em um "país bloqueado", mas o de fornecer um grande painel do mundo em guerra.

Efetivamente, "Marche sous le tunnel" é um repositório impressionante de temas e imagens surgidos da experiência da guerra. A linguagem do poema é uma encruzilhada entre os relatos míticos e bíblicos e formas literárias da tradição épica, entre as quais os críticos reconhecem principalmente Homero e Lautréamont, pelo enorme recurso às comparações e aos símiles. Mas há ainda outra encruzilhada, mais surpreendente, e bastante próxima de Murilo Mendes: o poema só pode ser inteiramente compreendido se projetado sobre os acontecimentos, mas estes têm no poema uma presença muito indireta. Todo o engenho de Michaux consistiu, aqui, em explorar essa tensão: o tom bíblico e mítico transforma a História em lenda, uma lenda de tonalidade épica acerca da barbárie absoluta e total; mas essa transformação, curiosamente, não atenua a violência dos fatos, antes a agrava.[46] Trata-se de um olhar alegórico, sem dúvida, mas é uma alegoria que

---

[45] O poema foi publicado, pela primeira vez, na revista *Confluences*, em 1943, com o título "Chant dans le labyrinthe". Depois, já com o título definitivo, "Marche sous le tunnel", na revista *Lettres Françaises* (Buenos Aires, janeiro de 1944), sob o pseudônimo "Pâques-vent", escolhido pelo próprio Michaux. No Brasil, o poema também foi publicado na revista *Planalto* (nº 8, junho 1945, pp. 102-10). Para uma leitura extensa do poema e de toda a coletânea *Épreuves, exorcismes*, ver, entre outros, Jean-Pierre Martin, *Henri Michaux: écritures de soi, expatriations* (Paris, José Corti, 1994, pp. 487-529), e Robert Bréchon, *Michaux* (Paris, Gallimard, 1969).

[46] Segundo Jean-Michel Maulpoix, Michaux "exaspera para exorcizar", em *Par quatre chemins, op. cit.* p. 99.

propõe a distância para melhor dissecar o terror próximo, ou para fornecer deste uma anatomia objetiva, o que é realizado com uma concretude de dar calafrios. Um dos modos de efetuar esse distanciamento é o de utilizar tempos verbais do passado (em especial o passado simples francês, mais literário) assim a experiência imediata mais dolorosa é trabalhada com objetividade épica.

Outro procedimento é o de incorporar a voz (a "imensa voz") do mal, que surge como um bordão apocalíptico ao longo do poema, de modo a dramatizar ainda mais as várias forças então em conflito. Há, na verdade, uma voz ubíqua que percorre o poema — quem sabe, não fosse assim percebida na época a voz ouvida nos rádios? —, capaz de referir-se à guerra em várias frentes, aos padecimentos mais íntimos, aos sofrimentos mais gerais. "Eu não posso escrever senão falando em voz alta", disse então Michaux, e aqui ele também se aproxima dos poemas de guerra mais longos e sobressaltados de Murilo Mendes, presentes sobretudo em *Poesia liberdade*.

Como em Murilo Mendes, fundem-se no poema referências brutas aos acontecimentos (é possível, por exemplo, estabelecer um calendário e mesmo uma geografia da guerra) e alusões profundamente enigmáticas. A imagem da doença é central, não apenas no poema mas em todo o livro. Em "Marcha no túnel", ela aparece logo no primeiro canto, com um doente no leito, e, perto do final, a mesma situação é retomada, mas já como o "leito da história" ("le lit de l'histoire"), onde toda a humanidade padece.

A imagem do túnel (e, como na primeira versão do poema de Michaux, do labirinto) foi também amplamente utilizada por Murilo Mendes: além de "Abismo", "O túnel do século", "Janela do caos" ("corredores aéreos", "galeria sem lâmpadas"), e em tantas outras passagens esparsas. Igualmente, os ruídos e a pompa da guerra foram trabalhados intensamente pelos dois poetas ("A época era trombeta"; "O mundo era todo estandarte"), como também uma capacidade de fazer deslocar, sem transições, o sofrimento físico para a dor moral, e vice-versa.

Seria aqui despropositada uma leitura minuciosa do poema de Michaux. Traduzo, mais abaixo, alguns fragmentos que deixam entrever uma associação mais pontual com a poesia de guerra de Murilo Mendes, consideradas as diferenças já comentadas: [47]

Canto primeiro
Eu ouvi palavras no negro. Elas tinham a gravidade das situações perigosas no coração da noite entre personagens de importância.
Elas diziam, essas palavras, na sombra obscura. Elas diziam confusamente. Elas diziam todas: "Desgraça! Desgraça!". E não cessavam, gritando sempre: "Desgraça! Desgraça!".
Eu vi um homem no leito, e a doença lhe falava: "Infeliz, dizia ela, não sabes que os teus rins, inimigos certos, colocam, a partir de agora, tua morte a teu lado no leito. Saberás mais tarde o meu nome, mas o bico do pássaro urinário em ti começa a picar e pagarás caro o pouco que tiveste..."
Depois, ouvi uma voz mais forte que disse:
"Vá não tardes mais, aqui só há um homem. Alhures eles são milhares e milhares de vezes milhares e há ainda mais deles e todos em grande perigo.
Não sejas mais distraído e olhe. Após tudo, deves viver aí dentro tua pequena vida."
Então explodiu uma voz como não se conhecia e as flores da vida puseram-se a feder, e o sol não era mais do que uma lembrança, um velho capacho colocado atrás de uma porta que não será aberta, e os homens, perdendo a fé, calavam-se, calavam-se com um silêncio que prende a respiração, como ocorre no verão, no campo, quando os últimos pássaros, e depois os últimos insetos do dia se retiram, sem que aqueles da noite ainda tenham chegado, e produz-se um silêncio tumular.

---

[47] Nesta seleção de fragmentos, várias sequências foram cortadas, traindo a integridade do poema.

Desde esse momento, a morte, os seus golpes de foice foram grandes.

Buracos enormes formavam-se de súbito como colinas invertidas. As casas, como se perdessem peso, eram assopradas. E de seus habitantes, o que dizer?... Para eles a ferida de ser homem se fechava.

Em vão se arranhava nas portas do amanhã e o presente gritava.

Fez frio, esse ano.

Quilometros de caras esportivas, escalonadas sobre a neve do continente, não sabiam que expressão tomar. O vento do inverno demasiado duro para seu metabolismo basal soprava soberanamente.

A força estava em toda parte, mas o desgosto parafusado por dentro.

As águas foram atingidas, o ar foi atingido. Os atuns apavorados desertavam de seus mares habituais e as águias, fazendo-se pequenas, fugiam a toda pressa.

O metal jamais fora assim duro, a pólvora jamais assim forte. Juntos eles caíam sobre as multidões, e os homens paralisados pela morte se curvavam para não mais se levantarem nesse século.

Mas, mais adiante, tudo continuava.

Os piões giravam firme sob os chicotes implacáveis.[48]

---

[48] "*Chant premier* — J'entendis des paroles dans le noir. Elles avaient la gravité des situations périlleuses au coeur de la nuit entre personnages d'importance./ Elles disaient, ces paroles, dans l'ombre obscure. Elles disaient avec confusion. Elles disaient toutes: 'Malheur! Malheur!' et ne cessaient pas, criant toujours: 'Malheur! Malheur!'/ Je vis un homme dans un lit, et la maladie lui parlait:/ 'Malheureux, disait-elle, ne sais-tu pas que tes reins, ennemis sûrs, se corrompant, te mettent, à partir de maintenant, ta mort au lit avec toi. Tu sauras plus tard mon nom, mais le bec de l'oiseau urinaire en toi commence à piquer et tu paieras cher le petit peu que tu as eu...'/ Puis j'entendis une voix plus forte qui dit:/ 'Va ne t'attarde pas, ici n'est qu'un

Canto segundo
As ideias como bodes estavam dirigidas umas contra as outras. O ódio assumia uma atitude sanitária. A velhice fazia rir e a criança foi promovida a morder. O mundo era todo estandarte.
[...]
Fez frio para todos esse ano. Foi o primeiro inverno total.
[...]
A raça da Sabedoria não foi poupada.
Pega de surpresa, ela lutou ano após ano, sua paciência severa submetida a um teste ultrassevero.
O povo predestinado, também ele, e o primeiro,

homme. Ailleurs ils sont des milliers et des milliers de fois des milliers et plus encore il y en a et tous en grand danger./ Ne sois plus distrait et regarde. Après tout, tu dois vivre là-dedans ta petite vie.'/ Alors éclata une voix comme on n'en connaissait pas et les fleurs de la vie se mirent à puer, et le soleil n'était plus qu'un souvenir, un vieux paillasson mis derrière une porte qu'on ne franchira plus, et les hommes, perdant la foi, se taisaient, se taisaient d'un silence que vous prend le souffle, comme il arrive en été, le soir à la campagne, quand les derniers oiseaux, et puis les derniers insectes du jour étant rentrés, et ceux de la nuit pas encore venus, il se produit soudain un silence tombal./ Dès ce moment, la mort, ses fauchées furent grandes./ Des trous énormes se formaient d'un coup comme des collines retournées. Les maisons comme perdant pois, étaient soufflées. Et leurs habitants, qu'en dire?... Pour eux la plaie d'être homme se fermait./ En vain on grattait à la porte de demain et le présent hurlait./ Il fit froid, cette année./ Des kilomètres de gueules sportives, échelonnées sur la neige du continent, ne savaient quelle expression prendre. La bise de l'hiver trop dure pour leur métabolisme basal soufflait souverainement./ La force était partout, mais la détresse visée dedans./ Les eaux étaient atteintes, les airs étaient atteints. Les thons effrayés désertaient leurs mers coutumières et les aigles se faisant petits s'enfuyaient à tire-d'aile./ Le métal n'avait jamais été si dur, la poudre n'avait jamais été si forte. Ensemble ils tombaient sur les foules, et les hommes stoppés par la mort s'affaissaient pour ne plus se relever en ce siècle./ Mis plus loin, tout continuait./ Les toupies tournaient ferme sous les fouets implacables." Cf. *Épreuves, exorcismes* (Paris, Gallimard, 1988, pp. 62-4).

sofreu. Dele tiraram até a camisa. Riu-se dele e, voltando-lhe as costas, acusavam-no da origem da desgraça.
Ao povo dos Templos perfeitos foram roubadas até as olivas.
As cabeças estavam abarrotadas de ninharias.
[...]⁴⁹

Canto terceiro
O ano era como um muro frente à raça dos homens.
A terra, até o mais alto, era uma única substância láctea da qual não se conseguia tirar a cabeça.
Entretanto, trabalhavam os homens e trabalhavam como jamais haviam trabalhado, sem olhar o sol, sem olhar o seu tempo que corria inexorável, e mais trabalhavam e mais eram empurrados ao trabalho, padejando, padejando sem cessar sob a gigantesca hemorragia; e a morte, com simplicidade, vinha no final como um pano surrado que se rasga ou como uma conta que havia sido esquecida e que nos é apresentada no momento de abrir a porta. [...]⁵⁰

⁴⁹ "*Chant deuxième* — Les idées, comme des boucs étaient dressées les unes contre les autres. La haine prenait une allure sanitaire. La vieillesse faisait rire et l'enfant fut poussé à mordre. Le monde était tout drapeau./ [...]/ Il fit froid pour tous cette année. Ce fut le premier hiver total./ [...]/ La race de la Sagesse ne fut pas épargnée./ Prise au dépourvu, elle lutta année après année, sa patience millénaire soumise à un test extra-sévère./ Le peuple prédestiné, lui aussi, et le premier, pâtit. On lui enleva jusqu'à sa chemise. L'on se rit de lui, et se retournant, on l'accusait de l'origine des malheurs./ Au peuple des Temples parfaits, il lui fut pris jusqu'à ses olives./ Les têtes étaient farcies de foutaises. [...]" Cf. *Épreuves, exorcismes, op. cit.*, pp. 64-5.

⁵⁰ "*Chant troisième* — L'année était comme un mur devant la race des hommes./ La terre, jusqu'au plus haut, était une seule laitance d'où l'on n'arrivait pas à sortir la tête./ Pourtant travaillaient les hommes et travaillaient comme jamais n'avaient travaillé, sans regarder le soleil, sans regarder leur

Canto quarto
[...]
Lúgubres e ferozes, desviando-se das recordações dos dias antigos, os homens marchavam sob o túnel, estendendo o punho ao seu passado, acusando os seios de terem sido demasiado belos, acusando o sol de ter sido amarelo e brilhante, tendo lançado irrefletidamente seus pincéis de doce calor.[51]

Canto quinto
[...]
Aqui, a areia era tão quente que fazia saltar a pele das pernas.
Acolá, tão densa era a lama que ela engolia os canhões, os homens, os cavalos, em um repugnante e gigantesco embrulho.
Em outra parte, o frio congelava o olho na órbita como uma bola.
[...]
O céu posicionou-se em bateria contra a terra e a terra contra o céu.
[...]
Os pensamentos, os propósitos eram metralhados. O próprio ar tornou-se policial. Muitos olhavam o pró-

---

temps qui s'écoulait inexorable, et plus travaillaient, plus étaient poussés à travailler, pelletant, pelletant sans cesse sous la gigantesque hémorragie; et la mort, avec simplicité, venait au bout comme une étoffe fatiguée qu'on découd ou comme une addition qu'on avait oubliée et qu'on vous présente au moment d'ouvrir la porte. [...]" Cf. *ibidem*, pp. 66-7.

[51] "*Chant quatrième* — [...] Lugubres et farouches, se détournant des souvenirs des jours anciens, les hommes marchaient dans le tunnel, tendant le poing à leur passé, accusant les seins d'avoir été trop beaux, accusant le soleil d'avoir été jaune et brillant, jetant inconsidérément ses pinceaux de douce chaleur. [...]" Cf. *ibidem*, p. 68.

prio nariz, o próprio nome com inquietude, pesquisando no mais íntimo as tendências de uma raça maldita.[52]

Canto vigésimo
Eis que é chegada a Época dura, mais dura que a dura condição do homem.
Ela veio, a Época.
Eu farei de suas casas escombros, diz uma voz.
[...]
Eu farei de suas famílias hordas aterrorizadas.
Eu farei de suas riquezas aquilo que de um forro de casaco fazem as traças, não deixando senão o espectro, o qual tomba pulverizado ao menor gesto.
Eu farei de sua felicidade uma esponja suja que é preciso jogar fora. [...][53]

A tonalidade dramaticamente negativa do poema de Henri Michaux, o seu *pathos* apocalíptico exaltado, torna-o, em certo sentido, mais próximo da poesia de Jorge de Lima que da do próprio Murilo Mendes. Há passagens de *Anunciação e encontro de*

---

[52] "*Chant cinquième* — [...] Ici, le sable était si chaud qu'il faisait éclater la peau des jambes./ Là, si dense était la boue qu'elle engluait les canons, les hommes, les chevaux, dans un écoeurant et gigantesque empêtrement./ Ailleurs, le froid glaçait l'oeil dans l'orbite comme une bille./ [...]/ Le ciel était mis en batterie contre la terre et la terre contre le ciel./ [...]/ Les pensées, les propos étaient mitraillés. L'air même était devenu policier. Beaucoup regardaient leur nez, leur nom avec inquiétude, cherchant dans leur tréfonds les tendances d'une race honnie." Cf. *ibidem*, pp. 69-70.

[53] "*Chant vingtième* — Voici qu'est venue l'Époque dure, plus dure que la dure condition de l'homme./ Elle est venue, l'Époque./ Je ferai de leurs maisons des lieux de décombre, dit une voix./ [...]/ Je ferai de leurs familles des hordes terrifiées./ Je ferai de leurs richesses ce que d'une fourrure font les mites, n'en laissant que le spectre, lequel tombe en poussière au moindre geste./ Je ferai de leur bonheur une sale éponge qu'il faut jeter [...]." Cf. *ibidem*, p. 82.

Mira-Celi (o único livro de poemas de Jorge de Lima escrito durante a guerra)[54] e, sobretudo, de *Invenção de Orfeu* (que, embora escrito posteriormente, contém algumas referências imediatas à Segunda Guerra Mundial, como a destruição de Lídice e a explosão das duas bombas atômicas)[55] que poderiam ser confundidas com trechos dessa épica do mal de Michaux.

Fábio de Souza Andrade, a propósito de *Invenção de Orfeu*, sublinha as "metáforas demoníacas", "as imagens de desolação e noite, de caos" ou "as diversas imagens das regiões infernais que se distribuem pelo poema como um todo".[56] Em outra passagem, identifica a atividade onírica, da qual está impregnada a última criação poética de Jorge de Lima, a um "pesadelo frio", fórmula que seria adequada para designar também a poética de Michaux no texto em questão. Murilo Mendes, poeta mais solar (ou estelar...), não deixou de observar essa expressão objetiva do mal no famoso poema de Jorge de Lima: "Em certas páginas, o poeta se

---

[54] De *Mira-Celi*, entre tantos trechos possíveis: "[...] os homens se combatem entre ranger de dentes;/ a vida se tornou um museu de pássaros empalhados/ e as sirenes anunciam que os lobos fugiram das estepes para os corações"; "[...] explodem ódios no mundo,/ grandes flores carnívoras brotam de polo a polo,/ rios de sangue descem das órbitas esvaziadas"; "Paredes tumulares cercam-nos em seis direções;/ temos estampados na face signos de cativeiros". Jorge de Lima, *Obra completa* (Rio de Janeiro, Aguilar, 1958, pp. 510, 514 e 520, respectivamente).

[55] De *Invenção de Orfeu*: "[...] enforcar quem hoje enforca/ quem destruiu continentes:/ essa Lídice, esse Lorca,/ quem inventou as sementes/ das estrelas venenosas/ uranadas rubras rosas,/ enforcar quem hoje enforca// não só com laços de corda,/ mas apagar esse mundo/ do mundo que hoje acorda,/ e dar-lhe um canto jucundo/ de guerra contra guerreiros,/ de poetas e cordeiros,/ cordeiros que fazem corda// para unir os corações"; "A noite é de borrasca e um ar demente/ cobre as formas do mundo, cobre os dias./ Por detrás da vidraça choram olhos"; "No armistício os cordeiros se suicidaram,/ o mundo ia acabar, nasceu no mar/ um cogumelo imenso, um cogumelo.// Houve pedras suando, lianas vivas/ enforcando lilases, houve estupros/ nas corolas dos lírios inocentes". *Idem*, pp. 776, 796-7 e 905-6, respectivamente.

[56] Cf. Fábio de Souza Andrade, *O engenheiro noturno* (São Paulo, Edusp, 1997, pp. 117-70).

manifesta quase um frio realista, um técnico de laboratório".[57] É claro que, em Jorge de Lima (assim como em Murilo Mendes), a visão do mal quase sempre traz consigo o contraponto do sagrado, enquanto para Michaux, e de modo radical, não há transcendência possível. A seguinte invocação à musa, presente em *Mira-Celi*, seria impensável no poeta belga: "Intercede para que renasçam as memórias abolidas dos itinerários de ascensão".[58]

Como a poesia de guerra de Jorge de Lima não será aqui estudada,[59] cabe ao menos esse registro, sobretudo considerando as afinidades entre Murilo Mendes e o poeta alagoano.

"O TÚNEL DO SÉCULO"

Vimos acima o gosto de Murilo Mendes pela inversão desafiadora: estátuas podem mover os braços, o paraquedas pode subir, uma aliança concreta pode ser estabelecida com as estrelas. Esse é o modo como o poeta confrontou o mal ou a guerra em seus poemas mais afirmativos ou otimistas. Mas há outros, de tonalidades bastante sombrias, mais próximas do "inverno total" de

---

[57] Cf. Jorge de Lima, *Obra completa, op. cit.*, p. 919. No mesmo texto, há outra afirmação de Murilo Mendes, sobre *Invenção de Orfeu*, semelhante à que a crítica francesa, associando Lautréamont e Homero, faz sobre "Marche sous le tunnel": "Imagine-se o menino Lautréamont a se nutrir nos alentados peitos das musas de Dante, Camões e Góngora!"

[58] *Idem*, p. 532.

[59] A rigor, Jorge de Lima não escreveu nenhum poema específico sobre a guerra. Esta aparece em sua obra apenas fragmentariamente, sempre em contraponto com as musas da religião e da arte. É claro que tal aparição fragmentária tem por vezes um enorme impacto, mas é uma situação bem diferente daquela dos poetas aqui estudados, em que a realidade da guerra foi confrontada de modo sistemático. Na verdade, a guerra para Jorge de Lima sempre foi encarada como uma manifestação entre outras do demoníaco. Assim, a experiência concreta da guerra foi drasticamente alegorizada em sua poesia, de modo a perder muito da sua historicidade.

Henri Michaux. Neles, as possibilidades da poesia estão muito atenuadas; ainda há resistência, sem dúvida, mas há sobretudo desestruturação feroz.

A leitura de alguns desses poemas pode dar uma visão mais íntegra da poesia de guerra de Murilo Mendes. Como ele já nos alertava, "o oposto chega sempre".

Já foi associada a perspectiva do sujeito na obra de Michaux ao "ponto de vista de Santo Antônio",[60] rodeado de monstros. Em "Aproximação do terror", desde o título, focaliza-se também a situação do poeta atormentado pela expansão planetária da guerra, identificada à destruição apocalíptica, da qual ele procura dar testemunho enquanto aguarda o próprio aniquilamento.

Dos braços do poeta
Pende a ópera do mundo

[...]

O abismo bate palmas,
A noite aponta o revólver.
Ouço a multidão, o coro do universo,
O trote das estrelas
Já nos subúrbios da caneta:
As rosas perderam a fala.
Entrega-se a morte a domicílio

[...]

Tenho que dar de comer ao poema
Novas perturbações me alimentam:

---

[60] Gilbert Lascault, "Les monstres et l'*Unheimliche*", em Raymond Bellour (org.), *Cahiers de l'Herne: Henri Michaux* (Paris, Le Livre de Poche, 1984, pp. 294-314).

[...]

O ouvido soprando sua trompa
Percebe a galope
A marcha do número 666.

[...]

Vejo ouvindo, ouço vendo.

[...]

A grande Babilônia ergue o corpo de dólares.
Ruído surdo, o tempo oco a tombar...
A espiral das gerações cresce.[61]

O poema é gestual: tudo está personificado e agitado, o próprio poeta ao empunhar a caneta. O poema é ruidoso: excitadas, as coisas se manifestam fazendo barulho (só se cala o que é delicado). O poema é imagético: uma sucessão vertiginosa de seres e elementos trotam, galopam, caem, em escala universal. A percepção se dá à solta, de modo difuso: "vejo ouvindo, ouço vendo" — o poeta apanha o que pode. Trata-se de um modo de criar sobressaltado, que busca manter-se como centro (a caneta tem "subúrbios"), mas que tem no inacabado uma espécie de fatalidade da criação.

Talvez tudo possa ser reunido na imagem mais abrangente de "organismo", desde o poema, que precisa ser alimentado, até o "tempo", que também "cresce", amadurecendo-se para o fim.

[61] Cf. *Antologia poética, op. cit.*, pp. 119-20. O poema pertence ao livro *Poesia liberdade*. Escrevi com mais vagar sobre esse poema no texto "Os jasmins da palavra jamais", em *Leitura de poesia*, volume organizado por Alfredo Bosi (São Paulo, Ática, 1996, pp. 105-23).

Uma concepção se destaca aqui: o mundo em guerra é um *corpo em agonia*. Imagens afins, como já foi assinalado, se disseminam nos poemas de guerra do autor, como em "A ceia sinistra":

> 1
>
> Sentamo-nos à mesa servida por um braço de mar.
>
> Eis a hora propiciatória, augusta,
> A hora de alimentar os fantasmas,
> ? Quem vem lá, montado num trator de cadáveres,
> Com uma grande espada para plantar no peito da Rússia.
> Outros estendem bandeiras de todos os países,
> Fazem uma cortina de névoa que esconde o cavaleiro andante:
> O homem morre sem ainda saber quem é.
> A morte coletiva apodera-se da morte de cada um.
> A terra chove suor e sangue,
> As ondas mugem.
>
> 2
>
> O tanque comanda o homem.
> A alma oprimida soluça
> Num ângulo do terror.
> Alma antiquíssima e nova,
> ? Tua melodia onde está.
> O pássaro, a fonte, a flauta,
> A estrela, o gado manso te esperam
> Para os batizares de novo.
>
> Sentados à mesa circular
> Aguardamos o sopro do dia.

3

> Os mortos perturbarão a festa inútil.
> ? Quem lhes trouxe ternura e presentes — em vida.
> ? Quem lhes inspirou pensamentos e amores castos
> — em vida.
> ? Quem lhes arrancava das mãos a espada e o fuzil
> — em vida.
> Agora eles não precisam mais de carinho ou de flores.
> Agora eles estão libertos, vivos,
> Pisando calmos sobre nossas covas.
>
> Abraçados à vasta mesa circular
> Comemos o que roubamos aos mortos conhecidos
> e anônimos.[62]

Desde logo, "a ceia sinistra" é o oposto da "santa Ceia". O lugar de comunhão tornou-se lugar de desagregação violenta. Mas a inversão vem agora de fora para dentro e não, como em "Abismo", da iniciativa da operação poética. O *topos* do "mundo às avessas", frequente em Murilo Mendes, foi aqui deslocado da esfera construtiva da poesia para as "destruições morfológicas" da guerra. Isto é, diante do mal, o bem tem agora pouca eficácia ou astúcia, mas muita submissão; paralelamente, a poesia agora também pode menos, apenas lamentar, em meio à destruição, a aliança perdida ou a "trama fluida" desfeita. Aqui, se for cabível a inversão, não é a poesia que transfigura a guerra, mas é a guerra que transfigura a poesia. Certamente por esse fato, o poema é mais referencial.

---

[62] Murilo Mendes, *Antologia poética* (São Paulo, Cosac Naify, 2014), pp. 107-8). O poema pertence ao livro *Poesia liberdade*.

Por esse fato, também, o tom desafiador cede ao elegíaco. Há, é certo, passagens exaltadas no poema, mas já são gritos de amarga indignação e não mais articulações de uma oposição poética confiante em sua autoridade. O poeta se retrai e faz o que pode: testemunhar de *dentro* do labirinto, oprimido e aterrorizado como os demais.

Há ainda outro contraste notável. Em "Abismo", a visão religiosa estava presente, mas não era tão determinante como em "A ceia sinistra" e mesmo em "Aproximação do terror". A esfera larga do mito cedeu lugar à dualidade mais marcada do pensamento católico. Não se trata de hierarquizar os poemas, mas de compreender cada um deles em sua configuração particular: lá, o devaneio e o mito em que o herói triunfa; aqui, o pesadelo e a profanação do sagrado.

A abertura de um pesadelo é precisamente como poderia ser considerado o verso inicial do poema. Por um lado, nada mais corriqueiro: a mesa, os convivas ("nós"), mas um único aspecto vem perturbar tudo — o banquete é servido por "um braço de mar". Como compreender essa imagem? O mar na poesia de guerra de Murilo Mendes é quase sempre um lugar tétrico, seja pela sua ligação com o "exterior" ou com os palcos mais diretos da guerra, seja pela sua condição de cemitério dos mortos nos torpedeamentos e nas batalhas navais,[63] seja ainda pelos sons que o mar emite, algumas vezes associados pelo poeta aos sons da guerra ou dela resultantes. Sem desconsiderar essas associações, todas possí-

---

[63] Por exemplo: "Dormir no mar// Sem o grito dos náufragos,/ Sem os mortos pelos submarinos" ("A liberdade"); "Carregando conchas de mortos:/ o fantasma mecânico da guerra" ("Perturbação"); "O mar furioso devolve à praia/ Alianças de casamento dos torpedeados/ E a fotografia de um assassino,/ Aos cinco anos — inocente — num velocípede" ("Tempos duros"); "A morte submarina absolve os torpedeados" ("A noite e suas operações"). É preciso considerar ainda a provável sensibilização do poeta aos torpedeamentos de navios mercantes brasileiros, que causaram quase mil mortes (o dobro de perdas do exército brasileiro na Itália), movendo a opinião pública de todo o país e precipitando a entrada do Brasil na guerra.

veis aqui (a segunda é muito provável, a terceira é evidente), nenhuma delas parece ser tão central quanto a sugestão de *amplitude* contida na imagem. Pois o verso obriga o leitor a visualizar espacialmente a mesa em que se desdobra a ceia, e a menção ao "braço de mar" não deixa dúvidas: é a terra inteira, penetrada pelo mar como se fossem braços.

Por outro lado, a expressão "braço de mar" também é corriqueira, uma metáfora já banalizada, mas o poema revitaliza a metáfora, como se observa em passagens posteriores, já diretamente associadas à experiência da guerra. Essa personificação da natureza, ao somar-se à amplitude proposta pela imagem inicial, traz uma outra associação evidente, já aludida — a terra inteira é um vasto *corpo*, e um corpo que padece: "A terra chove suor e sangue/ As ondas mugem". Novamente, portanto, estamos diante da "bola azul soprada pelos ventos do malefício" ou no âmbito cósmico, onde o autor se compraz em nos conduzir. Nos termos utilizados pelo poema, "a mesa circular" ou "a vasta mesa circular", em torno da qual toda a humanidade ("nós") se reúne. No poema "Ofício humano", a imagem é retomada de modo ainda mais direto: "a mesa da terra"; também em "Janela do caos", já no mesmo tom "sinistro" do presente poema: "Nenhum sinal de aliança/ Sobre a mesa aniquilada".

Cada uma das três partes do poema traz a imagem da "mesa" em destaque (v. 1; vv. 20-21; vv. 29-30): "Sentamo-nos à *mesa* servida por um braço de mar" > "Sentados à *mesa circular*/ Aguardamos o sopro do dia" > "Abraçados à *vasta mesa circular*/ Comemos o que roubamos aos mortos conhecidos e anônimos". O que se observa é uma gradação progressiva, com o propósito de fornecer uma imagem cada vez mais ampla e abrangente e, simultaneamente, cada vez mais opressiva.

A "mesa aniquilada", em que se processa a "ceia sinistra", ou a "ópera do mundo", de "Aproximação do terror", são apenas duas das metáforas do mundo em guerra presentes na poesia de Murilo Mendes da época. Inúmeras outras imagens afins (isto é, totalizantes) poderiam ser citadas, em mais uma prova daquela "unidade" entre os poemas discutida acima: "abismo"; "abismo noturno"; "monumento de ódio"; "pirâmide de órfãos e miseráveis"; "torres golpeadas"; "subterrâneos"; "cidades malditas" ou "cidade maldita"; "grande Babilônia"; "caos"; "gaiola do mundo"; "campo de concentração"; "vasta muralha"; "labirinto"; "grande navio fantasma"; "a roda descomunal"; "torres de suplícios"; "túnel do século"; "campos de sangue e ossadas"; "a tocaia do licorne"; "Egito de corredores aéreos"; "galeria sem lâmpada". Há ainda outras associações: o mundo como um "corpo complexo", como "teatro com mil colunas"; em outros poemas, o mundo é figurado como um imenso edifício sustentado por "cariátides" ("Subo pelas cariátides"; "Observem as cariátides,/ Querem sacudir o mundo" etc.). É uma autêntica topografia do horror, de gosto barroquizante.[64] Além do mais, em qualquer desses lugares, a música dominante, para não dizer exclusiva, provém da "harpa de obuses" ou dos "vermelhos clarins de sangue", e a dança que lhe é correspondente só podia ser a "totalitária dança" ou a "dança do aniquilamento".

A amplitude a que o poema "A ceia sinistra" se propõe, traduzida por metáforas corporais e pela imagem do banquete coletivo, é a marca essencial do catolicismo universalista de Murilo Mendes. Amplitude e universalismo eram previsíveis em um poema que atualiza o aspecto mais ecumênico da doutrina: a Eucaristia,

---

[64] É quase irresistível associar tais imagens à mentalidade do século XVII. Maravall, por exemplo, faz um inventário de certos *topoi* congeniais à arte barroca que são próximos das imagens listadas acima: o mundo como um "confuso labirinto", como uma "praça universal", como "hospedaria", como "teatro". Tais lugares estavam intimamente vinculados a dois sentimentos básicos, também identificados a outros dois *topoi* da época: "a loucura do mundo" ("Os delírios do mundo que hoje parece estar furioso", segundo Quevedo) e o "mundo às avessas", motivados, segundo o crítico espanhol, entre outras causas, pela experiência da crueldade advinda da Guerra dos Trinta Anos. Cf. José Antonio Maravall, *La cultura del barroco* (Barcelona, Ariel, 1990, pp. 309-56). Para o estudo da tópica do "teatro do mundo" em Murilo Mendes, ver o belo ensaio de Davi Arrigucci Jr. "Arquitetura da memória", em *O cacto e as ruínas* (São Paulo, Duas Cidades/Editora 34, 2000, pp. 91-150).

instaurada pelo próprio Cristo na "santa Ceia". A palavra "eucaristia" provém do verbo grego *eucharistô*, "dar graças", utilizado por Cristo no momento da partilha do pão e da distribuição do vinho entre os apóstolos: "Tomai e comei, isto é o meu corpo"; "Bebei dele todos, pois isto é o meu sangue". A ceia, como "ação de graças", representa o exemplo máximo da bondade e do amor, em que é antecipado o sacrifício voluntário de Cristo para cumprir o plano divino da salvação dos homens. Não por acaso, a eucaristia é o rito básico da liturgia da Igreja Católica, ela própria concebida como um grande corpo, em que a comunhão individual de cada fiel reafirma o acordo coletivo de comungar um mesmo Deus, relembrando o sacrifício dele para reunir e redimir os homens. Assim, o corpo de Cristo é absorvido individualmente, e cada corpo individual se dissolve e se justifica num imenso corpo coletivo, cujo centro é o próprio Cristo. A imagem do corpo é, por assim dizer, canônica para traduzir a "comunhão dos santos" (ou dos fiéis), o dogma católico mais importante na obra de Murilo Mendes, e diretamente extraído da cerimônia eucarística. Leiam-se, nesse sentido, os seguintes fragmentos de *O discípulo de Emaús*:

> [233]
> Os discípulos de Emaús reconheceram o Cristo no partir do pão, isto é, na Eucaristia, na observação da lei do amor e da unidade.

> [332]
> A comunhão dos santos é o dogma não só da cooperação, como da extensão espiritual. Por meio dele nossa personalidade desdobra-se e multiplica-se, ultrapassando as fronteiras e os limites, e se investe na posse de tesouros que pertencem a todos, e que circulam independentemente do espaço e do tempo.

> [569]
> No sacramento da Eucaristia comunga-se tanto a humanidade como a divindade. Comungam-se todos os

fiéis, na participação de um mesmo e único amor, solidários com todos os que existiam, existem e existirão.[65]

"Amor", "unidade", "cooperação", "solidariedade", "comunhão", "participação" são portanto as qualidades representadas pelo rito eucarístico, de que a guerra é o avesso exato. Pois também é de corpo e de sangue que trata "A ceia sinistra", ou do sacrifício, para retomar a declaração já citada de Ernst Jünger ("virá o tempo, em que a guerra assumirá o caráter dos quadros de crucificação pintados pelos velhos mestres"). Ao associar o mundo em guerra a uma "ceia sinistra", o poeta mantém, portanto, a mesma dimensão universalizante da comunhão entre os homens, mas agora de sinal trocado: ao invés da assembleia harmoniosa e sacramentada, dissociação violenta e sacrílega. A guerra total é um festim horripilante e diabólico, em que há a inversão grotesca da santa Ceia. A guerra é vista como profanação de um organismo sagrado e uno, e o rito eucarístico transforma-se em canibalismo.

Estamos a léguas de distância do poema "Abismo". Na segunda parte de "A ceia sinistra", em que alguns elementos bucólicos (o pássaro, a fonte, a flauta, a estrela, o gado manso) poderiam ser associados à magnólia, a presença deles é mero contraponto: pura nostalgia de uma unidade e de uma pureza inteiramente ausentes, pelas quais o poeta em vão se pergunta: "? Tua melodia, onde está". Da mesma forma, a aqui frágil esperança ("aguardamos o sopro do dia") cede, na parte final do poema, ao presente mais degradado, em que o "tanque comanda o homem" e a destruição é tão generalizada que os mortos também comandam os vivos. Despedaçamento e profanação são as características irremediáveis dessa viagem na noite ou dessa travessia pelo "túnel do século", tal como o poeta figurou a humanidade em guerra.

Murilo Mendes nos deixou uma gravação de "A ceia sinistra", que é reveladora não apenas para a compreensão do poema,

---

[65] Cf. Murilo Mendes, *Poesia completa e prosa*, op. cit., respectivamente, pp. 838, 847 e 872.

mas também para a sua visão da guerra. O tom da leitura é interpelativo e cada verso é dramaticamente escandido. A impressão é a de estarmos ouvindo a voz de um profeta, indignado contra o crime por ele considerado o mais hediondo: a negação violenta da comunhão sagrada entre os homens. As partes interrogativas, sobretudo, soam como acusações de um moralista exaltado, já incapaz de propor a contraofensiva de outros momentos, mas ainda assim obstinado em sustentar a memória da "trama fluida" entre os homens.

Um estudo sobre a poesia de Murilo Mendes e a Segunda Guerra Mundial não pode deixar de apresentar ao menos uma visão de conjunto de "Janela do caos",[66] sem dúvida um dos mais importantes poemas do autor em qualquer tempo, e também aquele que encerra o livro *Poesia liberdade*, fornecendo, por assim dizer, a sua última palavra sobre o assunto.

> Tudo se passa
> Num Egito de corredores aéreos,
> Numa galeria sem lâmpadas
> À espera de que Alguém
> Desfira o violoncelo
> — Ou teu coração?
> Azul de guerra

A primeira parte traz outra imagem poderosa do labirinto, composto de treva e fechamento, onde o sujeito vive a iminência da destruição, uma nova "aproximação do terror". Ao descortinar o "azul", o verso final apenas sugere alívio e liberdade que serão de pronto recusados: "Azul de guerra" é uma espécie de oxímoro que designa o irrespirável como a única atmosfera possível; o sujeito se abre para novo sufocamento. Como diria Michaux:

---

[66] Cf. *Antologia poética*, op. cit., pp. 122-6. Analisei mais detalhadamente este poema em *Murilo Mendes: a poesia como totalidade* (São Paulo, Edusp/Giordano, 1995, pp. 147-89).

> A prisão abre-se para uma prisão
> O corredor abre um outro corredor:
>
> Aquele que acredita desenrolar o rolo de sua vida
> Não desenrola nada.[67]

Mas essa é apenas a primeira das onze partes do poema, o seu acorde inicial, dado pelo som grave, seja do violoncelo, seja da batida do coração do sujeito. Outros sons se sucedem: os "lamentos" e "remorsos" que "telefonam"; "cantos de carregadores"; "ecos de uma banda de música" que "voam" de um orfanato... Essa "harmonia do terror" caracteriza o "duro parto da morte", o "vento dos crimes noturnos"... A humanidade em guerra só vê o "céu pelo avesso":

> Nenhum sinal de aliança
> Sobre a mesa aniquilada.

As fadigas e misérias da guerra se acumulam, mas a parte final traz consigo uma espécie de contraponto:

> Pêndulo que marcas o compasso
> Do desengano e solidão,
> Cede o lugar aos tubos do órgão soberano
> Que ultrapassa o tempo:
> Pulsação da humanidade
> Que desde a origem até o fim
> Procura entre tédios e lágrimas,
> Pela carne miserável,
> Entre colares de sangue,
> Entre incertezas e abismos,
> Entre fadiga e prazer,

---

[67] "La prison ouvre sur une prison/ Le couloir ouvre un autre couloir://Celui que croit dérouler le rouleau de sa vie/ Ne déroule rien de tout." "Labyrinthe", em *Épreuves, exorcismes, op. cit.*, p. 57.

344   O mundo sitiado

A bem-aventurança.
Além dos mares, além dos ares,
Desde as origens até o fim,
Além das lutas, embaladores,
Coros serenos de vozes mistas,
De funda esperança e branca harmonia
Subindo vão.

A "branca harmonia" encerra o longo poema, insuflando alguma esperança. Musicalmente trata-se de uma missa ou de um oratório sacro, em que o "órgão soberano" e os "coros mistos", "serenos" e "embaladores", deixam entrever a terra inteira transformada em um vasto templo, pranteando os mortos e renovando a aliança com o sagrado.

Embora a música de Murilo Mendes (tanto a música que ele preferia ouvir como a que ele praticava em sua poesia) fosse essencialmente experimental, mais próxima, por exemplo, da de um Olivier Messiaen, vejo uma profunda analogia entre o poema "Janela do caos" e a *Sinfonia nº 3*, de Arthur Honegger, também denominada *Sinfonia litúrgica*, datada de 1946 (sobretudo em seu terceiro movimento, "*Dona nobis pacem*"). O próprio músico suíço declarou ter concebido esse movimento em duas partes antagônicas: a marcha inicial, que busca representar a "estupidez" humana ("o nacionalismo, o militarismo, a burocracia, as alfândegas, os impostos e a guerra"), na qual o grotesco e o barulho predominam, com o uso da orquestra cheia; seguidos de um final, em que sobrevém uma profunda serenidade sustentada sobretudo pelo solo final de flauta.

Assim, a quietude e um sentimento comunitário prevalecem nessas obras compostas em torno do final da guerra, o que não deixa de ter analogias tanto com a delicadeza de Cecília Meireles no Cemitério de Pistoia, quanto com o "nelumbo" que Drummond faz nascer no fecho de sua "Visão 1944", depois de apresentar nas quadras iniciais um mosaico de calamidades da guerra.

Bibliografia

ADÉMA, Marcel. *Guillaume Apollinaire, le mal-aimé*. Paris: Plon, 1952.

ADORNO, Theodor W. *Filosofia da nova música*. São Paulo: Perspectiva, 1974. Tradução de Magda França.

_____. "Lírica e sociedade". In: *Notas de literatura*. São Paulo: Duas Cidades/Editora 34, 2003. Tradução de Jorge de Almeida.

_____. *Minima moralia*. São Paulo: Ática, 1992. Tradução de Luiz Eduardo Bicca.

AGUILAR, Nelson (org.). *Vieira da Silva no Brasil*. São Paulo: Museu de Arte Moderna, 2007.

ALAIN. *Mars ou la guerre jugée*. Paris: Gallimard, 1995.

ALMEIDA, Jorge de. *Crítica dialética em Theodor Adorno: música e verdade nos anos 20*. São Paulo: Ateliê Editorial, 2007.

AMADO, Genolino. *Um olhar sobre a vida*. Rio de Janeiro: Civilização Brasileira, 1979.

AMADO, Jorge. *Hora da guerra*. São Paulo: Companhia das Letras, 2008.

AMÉRY, Jean [Hans Mayer], *Par-delà le crime et le châtiment. Essai pour surmonter l'insurmontable*. Arles: Actes Sud, 2005.

ANDRADE, Carlos Drummond de Andrade. *A rosa do povo*. Rio de Janeiro: José Olympio, 1945.

_____. *Carlos & Mário. Correspondência de Carlos Drummond de Andrade e Mário de Andrade*. Rio de Janeiro: Editora Bem-Te-Vi, 2002. Organização de Silviano Santiago.

_____. *Confissões de Minas*. São Paulo: Cosac Naify, 2011.

_____. *Conversa de livraria 1941 e 1948*. São Paulo/Porto Alegre: Age/Giordano, 2000.

_____. *Obra completa*. Rio de Janeiro: Aguilar, 1967.

_____. *O observador no escritório*. Rio de Janeiro: Record, 1985.

_____. *Passeios na ilha*. São Paulo: Cosac Naify, 2011.

_____. *Poesia 1930-62*, São Paulo: Cosac Naify, 2012. Organização de Júlio Castañon Guimarães.

_____. *Poesia traduzida*. São Paulo: Cosac Naify, 2011. Organização de Augusto Massi e Júlio Castañon Guimarães.

ANDRADE, Fábio de Souza. *O engenheiro noturno: a lírica final de Jorge de Lima*. São Paulo: Edusp, 1997.

ANDRADE, Marília de; RIBEIRO, Ésio Macedo (orgs.). *Maria Antonieta d'Alkmin e Oswald de Andrade: Marco Zero*. São Paulo: Edusp/Giordano/Imprensa Oficial, 2003.

ANDRADE, Mário de. *Aspectos da literatura brasileira*. São Paulo: Livraria Martins Editora/MEC, 1972.

_____. "Há uma gota de sangue em cada poema". In: *Obra imatura*. Rio de Janeiro: Agir, 2009.

_____. *O banquete*. São Paulo: Duas Cidades, 1977.

_____. *Poesias completas* (dois volumes). Rio de Janeiro: Nova Fronteira, 2013. Organização de Tatiana Longo e Telê Ancona Lopez.

_____. "Shostakovitch". In: SEROFF, Victor. *Dmitri Shostakovitch*. Rio de Janeiro: O Cruzeiro, 1945.

ANDRADE, Oswald de. *A utopia antropofágica*. São Paulo: Editora Globo, 2011.

_____. *Estética e política*. São Paulo: Editora Globo, 1992.

_____. *Feira das sextas*. São Paulo: Editora Globo, 2004. Organização de Gênese Andrade.

_____. *O santeiro do mangue e outros poemas*. São Paulo: Globo, 1991.

_____. *Poesias reunidas*. São Paulo: Difusão Europeia do Livro, 1966.

_____. *Ponta de lança*. São Paulo: Editora Globo, 2004.

_____. *Telefonema*. São Paulo: Editora Globo, 1996.

APOLLINAIRE, Guillaume. *Caligramas*. São Paulo/Brasília: Ateliê/UnB, 2008. Tradução de Álvaro Faleiros.

_____. *Calligrammes*. Paris: Gallimard, 2014.

_____. *Correspondance avec les artistes*. Paris: Gallimard, 2009.

_____. *Correspondance avec son frère et sa mère*. Paris: Librairie José Corti, 1987.

_____. *Du coton dans les oreilles*. Paris: IMEC Éditeur, 2008.

_____. *Je pense à toi mon Lou. Poèmes et lettres d'Apollinaire à Lou*. Paris: Les Éditions Textuel, 2007.

_____. *Lettres à Lou*. Paris: Gallimard, 1990.

_____. *Lettres à Madeleine*. Paris: Gallimard, 2005.

_____. *Lettres à sa marraine (1915-1918)*. Paris: Gallimard, 1951.

_____. *Ombre de mon amour. Poèmes*. Genebra: Pierre Cailler Éditeur, 1947.

_____. *Oeuvres complètes* (quatro volumes). Paris: André Balland et Jacques Lécat, 1965.

_____. *Oeuvres en prose complètes* (três volumes). Paris: Gallimard, 1977/1991/1993.

_____. *Oeuvres poétiques*. Paris: Gallimard, 1956.

_____. *Tendre comme le souvenir*. Paris: Gallimard, 1997.

ARAGON, Louis. *Le crève-coeur. Le nouveau crève-coeur*. Paris: Gallimard, 1980.

_____ [François La Colère, pseud.]. *Le musée Grévin*. Paris/Rio de Janeiro: Minuit/Gávea, 1944.

_____. *Les yeux d'Elsa*. Paris: Seghers, 1983.

ARAÚJO, Laís Corrêa de. *Murilo Mendes*. São Paulo: Perspectiva, 2001.

ARENDT, Hannah. *Homens em tempos sombrios*. São Paulo: Companhia das Letras, 1987.

_____. *Origens do totalitarismo*. São Paulo: Companhia das Letras, 1989.

ARRIGUCCI JR., Davi. *Coração partido: uma análise da poesia reflexiva de Drummond*. São Paulo: Cosac Naify, 2002.

_____. *Enigma e comentário*. São Paulo: Companhia das Letras, 1987.

_____. *Humildade, paixão e morte. A poesia de Manuel Bandeira*. São Paulo: Companhia das Letras, 1991.

_____. *O cacto e as ruínas*. São Paulo: Duas Cidades/Editora 34, 2000.

AUDEN, W. H. *Collected poems*. Nova York: Vintage, 1991.

_____. *Collected shorter poems 1930-1944*. Londres: Faber & Faber, 1950.

_____. *Poemas*. São Paulo: Companhia das Letras, 1986. Traduções de João Moura Jr. e José Paulo Paes.

_____. *The prolific and the devourer*. Hopewell: The Ecco Press, 1993.

AUDOIN-ROUZEAU, Stéphane. *La guerre des enfants. 1914-1918*. Paris: Armand Colin, 1993.

ROUZEAU, Stéphane; BECKER, Annette (orgs.). *Encyclopédie de la Grande Guerre 1914-1918*. Paris: Fayard, 2004.

_____ (orgs.). *La violence de guerre 1914-1945*. Bruxelas: Éditions Complexe, 2002.

AUERBACH, Erich. *Mimesis*. São Paulo: Perspectiva, 1976.

BANDEIRA, Manuel (org.). *Antologia de poetas brasileiros bissextos contemporâneos*. Rio de Janeiro: Ediouro, 1961.

_____. *Estrela da vida inteira*. Rio de Janeiro: José Olympio, 1966.

_____. *Itinerário de Pasárgada*. Rio de Janeiro: Jornal de Letras, 1954.

BARBUSSE, Henri. *Le feu*. Paris: Flammarion, 1965.

BARROS, Manoel de. *Gramática expositiva do chão (Poesia quase toda)*. Rio de Janeiro: Civilização Brasileira, 1990.

BASTIDE, Roger. *Poetas do Brasil*. São Paulo: Edusp, 1997. Organização de Augusto Massi.

BAUER, Carlos. *Cries from a wounded Madrid. Poetry of the spanish civil war*. Athens: Swallow Press Books, 1984.

BECKER, Annette. *Apollinaire: une biographie de guerre*. Paris: Tallandier, 2009.

_____. *Oubliés de la Grande Guerre. Humanitaire et culture de guerre 1914-1918*. Paris: Hachette, 2003.

BEEVOR, Antony. *Stalingrad*. Paris: Fallois, 1998.

BELL, David A. *Primeira guerra total*. Rio de Janeiro: Record, 2012. Tradução de Miguel Soares Palmeira.

BELLOUR, Raymond (org.). *Henri Michaux*. Paris: Éditions de l'Herne/Le Livre de Poche, 1984.

BENJAMIN, Walter. *Écrits français*. Paris: Gallimard, 2006.

_____. *Essais sur Bertolt Brecht*. Paris: Maspero, 1969.

_____. *Obras escolhidas (Magia e técnica, arte e política)*. São Paulo: Brasiliense, 1993. Tradução de Sérgio Paulo Rouanet.

BERKLEY, George. *The story of Theresienstadt*. Boston: Branden Books, 1993.

BISCHOF, Betina. *Razão da recusa: um estudo da poesia de Carlos Drummond de Andrade*. São Paulo: Nankin Editorial, 2005.

BOAVENTURA, Maria Eugenia. *O salão e a selva: uma biografia ilustrada de Oswald de Andrade*. São Paulo/Campinas: Ex Libris/Unicamp, 1995.

BLOCH, Ernst. *Héritage de ce temps*. Paris: Payot, 1978.

BOBBIO, Norberto et al. *La guerre et ses théories*. Paris: Presses Universitaires de France, 1970.

BONANATE, Luigi. *A guerra*. São Paulo: 2001. Tradução de Maria Tereza Buonafina e Afonso Teixeira Filho.

BORWICZ, Michel. *Écrits des condamnés à mort sous l'occupation allemande (1939-1945)*. *Étude sociologique*. Paris: Presses Universitaires de France, 1954.

BOSCHETTI, Anna. *La poésie partout. Apollinaire, homme-époque (1898-1918)*. Paris: Seuil, 2001.

BOSI, Alfredo. *Céu, inferno*. São Paulo: Editora 34, 2003.

_____ (org.). *Leitura de poesia*. São Paulo: Ática, 1996.

_____. *O ser e o tempo da poesia*. São Paulo: Cultrix/Edusp, 1977.

BOWRA, C. M. *Poetry & politics*. Cambridge: University Press, 1966.

_____. "Poetry and the First World War". In: *In general & in particular*. Londres: Weidenfeld and Nicolson, 1964, pp. 193-221.

_____. *The creative experiment*. Londres: MacMillan, 1949.

BRADLEY, John. *Lídice: o sacrifício de uma aldeia*. Rio de Janeiro: Editora Renes, 1976. Tradução de Edmond Jorge.

BRAGA, Rubem. *Crônicas de guerra (com a FEB na Itália)*. Rio de Janeiro: Editora do Autor, 1964.

_____. *Uma fada no front*. Porto Alegre: Artes e Ofícios, 1994.

BRECHT, Bertolt. *Diário de trabalho* (volume I: 1938-1941). Rio de Janeiro: Rocco, 2002. Tradução de Reinaldo Guarany e José Laurênio de Melo.

_____. *Diário de trabalho* (volume II: 1941-1947), Rio de Janeiro, Rocco, 2005. Tradução de Reinaldo Guarany e José Laurênio de Melo.

_____. *L'Abicí della guerra*. Milão: Einaudi, 2005.

_____. *Poemas 1913-1956*. São Paulo: Editora 34, 2012. Tradução de Paulo César de Souza.

_____. *Poèmes*. Paris: L'Arche, 1967 (volumes 4, 5 e 6: 1934-1947).

_____. *War primer*. Londres: Libris, 1998.

BRETON, André. *Arcano 17*. São Paulo: Brasiliense, 1986. Tradução de Maria Tereza de Freitas e Rosa Maria Boaventura.

_____. *Entretiens*. Paris: Gallimard, 1961.

_____. *Position politique du surréalisme*. Paris: Le Livre de Poche, 1991.

BRYANT, Marsha. *Auden and documentary in the 1930s*. Charlottesville: University Press of Virginia, 1997.

CAILLOIS, Roger. *Bellone ou La pente de la guerre*. Paris: Fata Morgana. 1994.

CALLOT, Jacques. *Callot's etchings*. Nova York: Dover Publications, 1974.

CAMILO, Vagner. *Drummond: da rosa do povo à rosa das trevas*. São Paulo: Ateliê, 2001.

CAMPA, Laurence (org.). *Apollinaire au feu*. Paris/Péronne: RMN/Historial de la Grande Guerre, 2005.

_____. *Guillaume Apollinaire*. Paris: Gallimard, 2013.

_____. *Poèmes à Lou de Guillaume Apollinaire*. Paris: Gallimard, 2005.

_____. *Poètes de la Grande Guerre: expérience combattante et activité poétique*. Paris: Éditions Classiques Garnier, 2010.

CAMPOS, Haroldo de. *Metalinguagem*. Petrópolis: Vozes, 1970.

CAMUS, Albert. "La crise de l'homme". In: *Nouvelle Revue Française*, janeiro de 1996, pp. 8-28.

_____. *Le mythe de Sysiphe*. Paris: Gallimard, 1948.

_____. *L'homme révolté*. Paris: Gallimard, 1961.

CANÇADO, José Maria. *Os sapatos de Orfeu*. Rio de Janeiro: Scritta, 1993.

CANDIDO, Antonio. "A revolução de 1930 e a cultura". In: *A educação pela noite e outros ensaios*. São Paulo: Ática, 1987, pp. 181-99.

_____. "Inquietudes na poesia de Drummond". In: *Vários escritos*. São Paulo: Duas Cidades, 1977, pp. 93-122.

_____. *Recortes*. São Paulo: Companhia das Letras, 1993.

CANETTI, Elias. *Festa sob as bombas: os anos ingleses*. São Paulo: Estação Liberdade, 2009. Tradução de Markus Lasch.

CAPA, Robert. *Ligeiramente fora de foco*. São Paulo: Cosac Naify, 2010.

CARDOZO, Joaquim. *Poesias completas*. Rio de Janeiro: Civilização Brasileira, 1971.

CARNEIRO, Maria Luiza Tucci. *O anti-semitismo na era Vargas*. São Paulo: Brasiliense, 1988.

CARONE, Edgar. *O Estado Novo*. São Paulo: Ática, 1978.

CARONE, Modesto. *A poética do silêncio: João Cabral de Melo Neto e Paul Celan*. São Paulo: Perspectiva, 1979.

CARPEAUX, Otto Maria. "Fragmento sobre Carlos Drummond de Andrade". In: *Origens e fins*. Rio de Janeiro: Casa do Estudante do Brasil, 1943.

CARVALHO NETO, Paulo de. *Morrer pelo Brasil (de como o Brasil entrou na Segunda Guerra Mundial)*. Rio de Janeiro: Francisco Alves, 1995.

CASSOU, Jean [Jean Noir, pseud.], *33 Sonnets composés au secret*. Paris/Rio de Janeiro: Minuit/Editora Gávea, 1945.

CASTLEMAN, Riva (org.). *Art of the forties*. Nova York: The Museum of Modern Art, 1991.

CAVALHEIRO, Edgard (org.). *Testamento de uma geração*. Porto Alegre: Globo, 1944.

CELAN, Paul. *Choix de poèmes réunis par l'auteur*. Paris: Gallimard, 2007.

_____. *Correspondance avec Nelly Sachs*. Paris: Belin, 2009.

_____. *Cristal*. São Paulo: Iluminuras, 1999. Tradução de Cláudia Cavalcanti.

_____. *Poems*. Nova York: Persea Books, 2003. Tradução e introdução de Michael Hamburger.

CENDRARS, Blaise. *La main coupée et autres récits de guerre*. Paris: Denoël, 2013.

_____. *Poésies complètes avec 41 poèmes inédits*. Paris: Denoël, 2005.

CHANDLER, David G. *Battles and battlescenes of World War Two*. Nova York: MacMillan, 1989.

CHAR, René. *Fureur et mystère*. Paris: Gallimard, 1996.

_____. *O nu perdido e outros poemas*. São Paulo: Iluminuras, 1995. Tradução de Augusto Contador Borges.

COELHO, Joaquim Francisco. *Terra e família na poesia de Carlos Drummond de Andrade*. Belém: Universidade Federal do Pará, 1973.

COHEN, J. M. *Poetry of this age 1908-1965*. Londres: Hutchinson University Library, 1966.

CORREIA, Marlene de Castro. *Drummond: a magia lúcida*. Rio de Janeiro: Zahar, 2002.

COMPAGNON, Antoine (org.). *La Grande Guerre des écrivains. D'Apollinaire à Zweig*. Paris: Gallimard, 2014.

CORNELSEN, Elcio; BURNS, Tom (orgs.). *Literatura e guerra*. Belo Horizonte: Editora da UFMG, 2010.

CORTELLESSA, Andrea (org.). *Le notti chiare erano tutte un'alba: antologia dei poeti italiani nella Prima Guerra Mondiale*. Milão: Mondadori, 1998.

CORTESÃO, Jaime. *Memórias da grande guerra*. Lisboa: Portugália, 1969.

COSTA E SILVA, Alberto da; LIVACIC, Ernesto. *Gabriela Mistral & Cecília Meireles*. Rio de Janeiro/Santiago de Chile: Academia Brasileira de Letras/Academia Chilena de Letras, 2003.

CYTRYNOWICZ, Roney. *Guerra sem guerra: a mobilização e o cotidiano em São Paulo durante a Segunda Guerra Mundial*. São Paulo: Geração Editorial/Edusp, 2000.

DAIBERT, Arlindo. "Anotações de leitura". *In*: NEVES, José Alberto Pinho (org.). *Cecília Meireles: visão mineira*. Juiz de Fora: UFJF, 1992, pp. 15-20.

DAMASCENO, Darcy. *Cecília Meireles: o mundo contemplado*. Rio de Janeiro: Orfeu, 1967.

DAUSAT, Albert. *L'argot de la guerre*. Paris: Armand Colin, 2009.

DEAR, I. C. B. (org.). *The Oxford companion to World War II*. Oxford: Oxford University Press, 1995.

DEBON, Claude. *Calligrammes dans tous ses états*. Clamart: Éditions Calliopées, 2008.

_____. *Calligrammes de Guillaume Apollinaire*. Paris: Gallimard, 2004.

_____. *Guillaume Apollinaire après Alcools. Calligrammes: le poète et la guerre*. Paris: Lettres Modernes/Minard, 1981.

_____ (org.). *L'écriture en guerre de Guillaume Apollinaire*. Clamard: Calliopées, 2006.

DEBON, Claude; READ, Peter. *Les dessins de Guillaume Apollinaire*. Paris: Buchet/Chastel, 2008.

DÉCAUDIN, Michel. *Apollinaire*. Paris: Le Livre de Poche, 2002.

_____ (org.). *Apollinaire et la guerre*. Paris: La Revue des Lettres Modernes, 1973 e 1976 (volumes 1 e 2).

DECAUNES, Luc. *Paul Éluard. L'amour, la révolte, le rêve*. Paris: Balland, 1982.

DE LUNA, Giovanni. *El cadáver del enemigo: violencia y muerte en la guerra contemporánea*. Madri: 451, 2007.

DESNOS, Robert. *Oeuvres*. Paris: Gallimard, 1999.

DIDI-HUBERMAN, Georges. *Cuando las imágenes toman posición*. Madri: A. Machado Libros, 2013.

DISANTO, Giulia. *La poesia al tempo della guerra: percorsi esemplari del Novecento*. Milão: F. Angeli, 2007.

DIX, Otto. *Der Krieg/The War*. Milão/Péronne: 5 Continents/Historial de la Grande Guerre, 2003.

DORLÉAC, Laurence Bertrand. *Les désastres de la guerre 1800-2014*. Paris/Lens: Somogy/Musée du Louvre-Lens, 2014.

DORLÉAC, Laurence Bertrand; MUNCK, Jacqueline (orgs.). *L'art en guerre: France 1938-1947*. Paris: Musée de l'Art Moderne, 2012.

EBERHART, Richard (org.). "Attitudes to war". *In: War and the poet: an anthology of poetry expressing man's attitudes to war from ancient times to the present*. Nova York: The Devin-Adair Company, 1945.

EKSTEINS, Modris. *A sagração da primavera*. Rio de Janeiro: Rocco, 1992.

ELIOT, T. S. "Occasional verses". In: *The complete poems and plays*. Londres: Faber & Faber, 1976, pp. 199-206.

ÉLUARD, Paul. *Au rendez-vous allemand*. Paris: Minuit, 1987.

_____. "La poésie de circonstance". In: *Oeuvres complètes II*. Paris: Gallimard, 1991, pp. 931-45.

_____. *Poemas*. Rio de Janeiro: Editora Guanabara, 1988. Tradução de José Paulo Paes.

ENGEL, Vicente (org.). "La littérature des camps: la quête d'une parole juste, entre silence et bavardage". *Les Lettres Romanes*: Louvain-la-Neuve, 1995.

EHRENREICH, Barbara. *Ritos de sangue: um estudo sobre as origens da guerra*. Rio de Janeiro: Record, 2000. Tradução de Beatriz Horta.

FALCÃO, João. *O Brasil e a Segunda Guerra: testemunho e depoimento de um soldado convocado*. Brasília: UnB, 1999.

FARGE, Arlette. *Les fatigues de la guerre*. Paris: Gallimard, 1996.

FEATHERSTONE, Simon (org.). *War poetry: an introductory reader*. Londres: Routledge, 1994.

FERREIRA, Ascenso. *Poemas (1922-1953)*. Recife: Edição e impressão de I. Nery da Fonseca & Cia. Ltda., 1955.

FERRO, Marc. *História da Segunda Guerra Mundial*. São Paulo: Ática, 1995.

FILREIS, Alan. *Modernism from right to left: Wallace Stevens, the thirties, and literary radicalism*. Cambridge: University Press, 1994.

FLORA, Francesco. *Fine dei popoli guerrieri*. Milão: Istituto Editoriale Italiano, 1946.

FONSECA, Maria Augusta. *Oswald de Andrade*. São Paulo: Editora Globo, 2007.

_____. *Por que ler Oswald de Andrade?* São Paulo: Editora Globo, 2011.

FORD, Hugh D. *A poet's war: british poets and the Spanish Civil War*. Filadélfia/Londres: University of Pennsylvania Press/Oxford University Press, 1965.

FUSSELL, Paul. *All'estero: viaggiatori inglesi fra le due guerre*. Bolonha: Il Mulino, 1988.

_____. *The Great War and modern memory*. Oxford: Oxford University Press, 1975.

_____. *Wartime. Understanding and behavior in the Second World War*. Oxford: Oxford University Press, 1980.

GANDHI, Mahatma. *Autobiografia: minha vida e minhas experiências com a verdade*. São Paulo: Palas Athena/Consulado Geral da Índia, 2005. Tradução de Humberto Mariotti *et alii*.

_____. *On non-violence*. Nova York: New Directions, 2007.

GIBSON, Ian. *Cuatro poetas en guerra: Antonio Machado, Juan Ramón Jiménez, Federico García Lorca, Miguel Hernández*. Barcelona: Planeta, 2007.

GINZBURG, Jaime. *Crítica em tempos de violência*. São Paulo: Edusp, 2012.

GLEDSON, John. "Drummond's poetics career and the influence of Mário de Andrade". *In*: Sérgio Pachá e Frederick G. Williams (orgs.), *Drummond and his generation*. Santa Barbara: University of California/Bandanna Books, 1986, pp. 177-89.

_____. *Influências e impasses. Drummond e alguns contemporâneos*. São Paulo: Companhia das Letras, 2003.

_____. *Poesia e poética de Carlos Drummond de Andrade*. São Paulo: Duas Cidades, 1981.

GOUVÊA, Leila V. B. *Cecília em Portugal*. São Paulo: Iluminuras, 2001.

_____ (org.). *Ensaios sobre Cecília Meireles*. São Paulo: Humanitas/FAPESP, 2007.

_____. *Pensamento e "lirismo puro" na poesia de Cecília Meireles*. São Paulo: Edusp, 2008.

GOUVEIA, Margarida Maia. *Cecília Meireles: uma poética do "eterno instante"*. Lisboa: Imprensa Nacional-Casa da Moeda, 2002.

GOYA Y LUCIENTES, Francisco de. *Los desastres de la guerra*. Nova York: Dover Publications, 1967.

GRAHAM, Desmond (org.). *Poetry of the Second World War*. Londres: Pimlico, 1998.

GREILSAMER, Laurent. *René Char*. Paris: Perrin, 2012.

GRIMM, Reinhold; HERMAND, Jost (orgs.). *1914/1939. German reflections of the two world wars*. Madison: The University of Wisconsin Press, 1992.

GUARNIERI, Rossine Camargo. *A voz do grande rio*. São Paulo: Brasiliense, 1944.

_____. *Porto inseguro*. Rio de Janeiro: José Olympio Editora, 1938.

_____. *3 poemas* ("Poema para Luiz Carlos Prestes", "Louvação ao Partido Comunista do Brasil", "Canto de esperança em louvor de Stalingrado"). S/l: Editora do Partido Comunista do Brasil, s/d.

GUILLÉN, Esperanza. *Los artistas frente a la Primera Guerra Mundial. Correspondencia, diarios y memorias*. Granada: Editorial Atrio, 2014.

GROSSMAN, Vassili. *Carnets de guerre: de Moscou à Berlin, 1941-1945*. Paris: Le Livre de Poche, 2008.

_____. *Vie et destin*. Paris: L'Âge d'Homme, 1980.

GUIMARÃES, Júlio Castañon. *Territórios/conjunções*. Rio de Janeiro: Imago, 1992.

HAMBURGER, Michael. *The truth of poetry*. Middlesex: Penguin, 1969.

HEARTFIELD, John. *Guerra en la paz: fotomontajes sobre el período 1930-1938*. Barcelona: Gustavo Gili, 1976.

HIBBERD, Dominic. *Wilfred Owen: a new biography*. Chicago: Ivan R. Dee, 2003.

HIGGINS, Ian (org.). *Anthology of First World War French Poetry*. Glasgow: University of Glasgow French and German Publications, 1996.

_____ (org.). *Anthology of Second World War French Poetry*. Glasgow: University of Glasgow French and German Publications, 1994.

HOBSBAWM, Eric. *Era dos extremos: o breve século XX*. São Paulo: Companhia das Letras, 1997.

HUGHES, Robert. *Goya*. São Paulo: Companhia das Letras, 2007. Tradução de Tuca Magalhães.

HUIDOBRO, Vicente. *El espejo de agua 1915-1916 & Ecuatorial 1918*. Santiago: Ocho Libros/Fundación Vicente Huidobro, 2012.

_____. *Poemas árticos 1918*. Santiago: Ocho libros/Fundación Vicente Huidobro, 2012.

HYNES, Samuel. *The Auden generation: literature and politics in England in the 1930s*. Princeton: Princeton University Press, 1976.

ISENGHI, Mário. *História da Primeira Guerra Mundial*. São Paulo: Ática, 1995.

ITO, Yoji. *Apollinaire et la lettre d'amour*. Paris: Connaissance et Savoirs, 2005.

JOHNSTON, John H. "Poetry and Pity: Wilfred Owen". In: *English poetry on the First World War*. Princeton: Princeton University, Press, 1964, pp. 155-209.

JONES, Gilbert J. *Apollinaire: la poésie de guerre*. Paris: Slaktine, 1990.

JÜNGER, Ernst. *La guerre comme expérience intérieure*. Lonrai: Christian Bourgois Éditeur, 2008.

_____. *Tempestades de aço*. São Paulo: Cosac Naify, 2013. Tradução de Marcelo Backes.

KEEGAN, John. *O rosto da batalha*. Lisboa: Editorial Fragmentos, 1987.

_____. *The battle for history: refighting World War II*. Nova York: Vintage, 1996.

_____. *Uma história da guerra*. São Paulo: Companhia das Letras, 1995.

KERN, Stephen. *The culture of time and space*. Londres: Weidenfeld & Nicolson, 1983.

KLUGE, Alexander. *Stalingrad: description d'une bataille*. Paris: Gallimard, 1966.

KOHN, George. *Dictionary of wars*. Nova York: The Anchor Books, 1987.

KONDER, Leandro. *A poesia de Brecht e a história*. Rio de Janeiro: Zahar, 1996.

KOPENIG, Jean-Paul. *L'Argot illustré du poilu*. Paris: Alan Sutton, 2008.

LAFETÁ, João Luiz. *A dimensão da noite e outros ensaios*. São Paulo: Duas Cidades/Editora 34, 2004. Organização de Antonio Arnoni Prado.

_____. *Figuração da intimidade*. São Paulo: Martins Fontes, 1986.

LAMEGO, Valéria. *A farpa na lira: Cecília Meireles na Revolução de 30*. Rio de Janeiro: Record, 1996.

LANCIANI, Giuliana. *Il Brasile di Ungaretti. Quaderni di libri e riviste d'Italia 52*. Roma: Istituto Poligrafico e Zecca dello Stato, 2003.

LEITE, Sebastião Uchôa. *Participação da palavra poética*. Petrópolis: Vozes, 1966.

LELYVELD, Joseph. *Mahatma Gandhi e sua luta com a Índia*. São Paulo: Companhia das Letras, 2012. Tradução de Donaldson Garschagen.

LENTENGRE, Marie-Louise. *Apollinaire. Le nouveau lyrisme*. Paris: Jean-Michel Place, 1996.

LEVI, Primo. *A trégua*. São Paulo: Companhia das Letras, 1997. Tradução de Marco Lucchesi.

_____. *Se questo è um uomo*. Milão: Einaudi, 2014.

LIMA, Jorge de. *Antologia poética*. São Paulo: Cosac Naify, 2014. Organização de Fábio de Souza Andrade.

_____. *Invenção de Orfeu*. São Paulo: Cosac Naify, 2013. Organização de Fábio de Souza Andrade.

_____. *Obra completa*. Rio de Janeiro: Aguilar, 1958. Organização de Afrânio Coutinho.

_____. *Poesia completa*. Rio de Janeiro: Nova Aguilar, 1997. Organização de Alexei Bueno.

LIMA, Luiz Costa. *Lira e antilira*. Rio de Janeiro: Civilização Brasileira, 1968.

LINS, Álvaro. "Discurso sobre a guerra nos espíritos". *In*: *Jornal de crítica, 3ª série*. Rio de Janeiro: José Olympio, 1944, pp. 7-15. O texto foi republicado em *Sobre crítica e críticos*. Recife: Cepe Editora, 2012, pp. 65-73. Organização de Eduardo César Maia.

_____. "Larguezas de fronteira para a poesia moderna". *In*: *Os mortos de sobrecasaca*. Rio de Janeiro: José Olympio, 1963, pp. 3-74.

LINTIER, Paul, *Minha peça. Recordações de um artilheiro*. Rio de Janeiro: Biblioteca do Exército Editora, 1964. Tradução do General Leonino Júnior.

LISBOA, Henriqueta. *Poesia geral (1929-1983)*. São Paulo: Duas Cidades, 1985.

LIVI, François. *Ungaretti, Pea e altri: lettere agli amici "egiziani"*. Nápoles: Edizioni Scientifiche Italiane, 1988.

LOBO, Yolanda Lima; MIGNOT, Ana Chrystina Venancio; NEVES, Margarida de Souza (orgs.). *Cecília Meireles: a poética da educação*. Rio de Janeiro: PUC/Loyola, 2001.

LOCHERY, Neill. *Brasil: os frutos da guerra*. Rio de Janeiro: Editora Intrínseca, 2015. Tradução de Lourdes Sette.

LOPEZ, Telê Ancona. "A estreia poética de Mário de Andrade". *In*: *Mariodeandradiando*. São Paulo: Hucitec, 1996, pp. 3-17.

_____. "Uma estreia retomada". *In*: Andrade, Mário de. *Obra imatura*. Rio de Janeiro: Agir, 2009, pp. 63-78.

MACHADO, Aníbal. *Parque de diversões*. Belo Horizonte/Florianópolis: UFMG/UFSC, 1994. Organização de Raúl Antelo.

MANN, Thomas. *A gênese do Doutor Fausto*. São Paulo: Mandarim, 2001. Tradução de Ricardo F. Henrique.

_____. *Doutor Fausto*. Rio de Janeiro: Nova Fronteira, 1984. Tradução de Herbert Caro.

_____. *Ouvintes alemães! Discursos contra Hitler (1940-1945)*. Rio de Janeiro: Zahar, 2009. Tradução de Antonio Carlos dos Santos e Renato Zwick.

MARC, Franz. *Lettres du front*. Châtillon: Fourbis, 1996.

MARTIN, Jean-Pierre. *Henri Michaux. Écritures de soi. Expatriations*. Paris: Librairie José Corti, 1994.

_____. *Henri Michaux*. Paris: Gallimard, 2003.

MASSON, André. *Masson/Massacres*. Paris/Péronne: Seuil/Historial de la Grande Guerra, 2002.

MATVEJEVITCH, Pedrag. *Pour une poétique de l'événement*. Paris: 10/18, 1979.

MAULPOIX, Jean-Michel. *Choix de poèmes de Paul Celan*. Paris: Gallimard, 2009.

_____. *Fureur et mystère de René Char*. Paris: Gallimard, 1996.

_____. "Henri Michaux. Aventurier du dedans". In: *Par quatre chemins*. Paris: Pocket, 2013, pp. 79-141.

_____. "Poésie et circonstance". In: *Adieu au poème*. Paris: José Corti, 2005.

MAZZARI, Marcus Vinicius. "'Água mole em pedra dura': sobre um motivo taoísta na lírica de Brecht". In: *Labirintos da aprendizagem: pacto fáustico, romance de formação e outros temas de literatura comparada*. São Paulo: Editora 34, 2010, pp. 229-63.

_____. *Romance de formação em perspectiva histórica. O tambor de lata de Günter Grass*. São Paulo: Ateliê, 1999.

MEIRELES, Cecília. *A lição do poema: cartas de Cecília Meireles a Armando Côrtes-Rodrigues*. Ponta Delgada: Instituto Cultural de Ponta Delgada, 1998. Organização de Celestino Sachet.

_____. "Gandhi: a Brazilian Point of View". In: *Poems written in India and other poems*. Nova Delhi: Embaixada do Brasil, 2003, pp. 257-65. Organização de Dilip Loundo.

_____. *Mário/Cecília*. Rio de Janeiro: Nova Fronteira, 1996.

_____. *Obra em prosa. Crônicas de educação* (quatro volumes). Rio de Janeiro: Nova Fronteira, 2001.

_____. *Obra em prosa. Crônicas de viagem* (três volumes). Rio de Janeiro: Nova Fronteira, 1998-1999.

_____. *Obra em prosa. Crônicas em geral*. Rio de Janeiro: Nova Fronteira, 1998.

_____. *Obra poética*. Rio de Janeiro: Aguilar, 1958.

_____. *Obra poética*. Rio de Janeiro: Aguilar, 1972.

_____. *Olhinhos de gato*. São Paulo: Editora Moderna, 1986.

_____. *Poesia completa* (dois volumes). Rio de Janeiro: Nova Fronteira, 2001. Organização de Antonio Carlos Secchin.

MELO NETO, João Cabral de. *Obra completa*. Rio de Janeiro: Nova Aguilar, 1994.

MELLO, Ana Maria Lisboa de; UTÉZA, Francis. *Oriente e Ocidente na poesia de Cecília Meireles*. Porto Alegre: Libretos, 2006.

MELLO E SOUZA, Roberto de. "A guerra miúda". *In*: *A Segunda Guerra Mundial*. São Paulo/Belo Horizonte: Agência Estado/Estado de Minas, 1995 (CD-Rom).

_____. *Mina R*. São Paulo: Duas Cidades, 1973.

MENDES, Murilo. *Antologia poética*. São Paulo: Cosac Naify, 2014. Organização de Júlio Castañon Guimarães e Murilo Marcondes de Moura.

_____. *Poesia completa e prosa*. Rio de Janeiro: Nova Aguilar, 1994.

MERQUIOR, José Guilherme. *A astúcia da mímese*. Rio de Janeiro: José Olympio, 1972.

_____. *Verso universo em Drummond*. Rio de Janeiro: José Olympio, 1976.

MEYER, Benoît. *Dictionnaire de la Der des Der. Les mots de la Grande Guerre (1914-1918)*. Paris: Honoré Champion, 2014.

MICELI, Sérgio. *Intelectuais e classe dirigente no Brasil (1920-1945)*. São Paulo: DIFEL, 1979.

MICHAUX, Henri. *Épreuves, exorcismes (1940-1944)*. Paris: Gallimard, 1988.

_____. *L'espace du dedans*. Paris: Gallimard, 1985.

_____. *Passages*. Paris: Gallimard, 1999.

MILANO, Dante. *Poesia e prosa*. Rio de Janeiro: Civilização Brasileira/UERJ, 1979.

MILOSZ, Czeslaw. *O testemunho da poesia*. Curitiba: Universidade Federal do Paraná, 2012. Tradução de Marcelo Paiva de Souza.

MORAES, Emanuel de. *Drummond rima Itabira mundo*. Rio de Janeiro: José Olympio, 1972.

MORAES, Vinicius de. *Poesia completa e prosa*. Rio de Janeiro: Nova Aguilar, 1998. Organização de Alexei Bueno.

MOSSE, George L. *De la Grande Guerre au totalitarisme: la brutalisation des sociétés européennes*. Paris: Hachette, 2009.

MOURA, Murilo Marcondes de. *Murilo Mendes: a poesia como totalidade*. São Paulo: Giordano/Edusp, 1995.

_____. "Os jasmins da palavra jamais". *In*: *Leitura de poesia*. São Paulo, Ática, 1996, pp. 105-23. Organização de Alfredo Bosi.

_____. "Poesia de vanguarda e guerra moderna: o caso Guillaume Apollinaire". *In*: CORNELSEN, Élcio; BURNS, Tom (orgs.). *Literatura e guerra*. Belo Horizonte: UFMG, 2010, pp. 55-100.

_____. "Poesia política". *In*: *Carlos Drummond de Andrade. Cadernos de Literatura Brasileira*. Rio de Janeiro: IMS, 2012, pp. 154-76.

_____. "Posfácio". *In*: Andrade, Carlos Drummond de. *Sentimento do mundo*. São Paulo: Companhia das Letras, 2012, pp. 51-66.

MOURA JR., João. "Nas trincheiras" (traduções de Wilfred Owen e outros poetas). *In*: *Piauí*, n° 93, jun. 2014.

NEME, Mário (org.). *Plataforma da nova geração*. Porto Alegre: Globo, 1945.

NERUDA, Pablo. *Tercera residencia (1935-1945)*. Buenos Aires: Losada, 1947.

NERY, Adalgisa. *Mundos oscilantes (poesia reunida)*. Rio de Janeiro: José Olympio, 1962.

NUNES, Benedito. *Oswald canibal*. São Paulo: Perspectiva, 1979.

OLIVEIRA, Ana Maria Domingues de. *Estudo crítico da bibliografia sobre Cecília Meireles*. São Paulo: Humanitas, 2001.

ORWELL, George. *Chroniques du temps de la guerre (1941-1943)*. Paris: Gérard Lebovici, 1988.

_____. *Como morrem os pobres e outros ensaios*. São Paulo: Companhia das Letras, 2011. Tradução de Pedro Maia Soares.

_____. *Dentro da baleia e outros ensaios*. São Paulo: Companhia das Letras, 2005. Tradução de José Antonio Arantes.

_____. *Literatura e política. Jornalismo em tempo de guerra*. São Paulo: Companhia das Letras, 2006. Tradução de Sérgio Lopes.

OSBORNE, Charles. *W. H. Auden. The life of a poet*. Londres: Rainbird Publishing Group Limited, 1980.

OUVRY-VIAL, Brigitte. *Henri Michaux*. Lyon: La Manufacture, 1989.

OWEN, Wilfred. *Complete works*. Delphi Classics/Kindle Edition, 2012.

_____. *Et chaque lent crépuscule*. Bègles: Le Castor Astral, 2012.

_____. *War poems and others*. Londres: Chatto & Windus, 1973.

PERLOFF, Marjorie. "The Great War and the European avant-garde". *In*: SHERRY, Vincent (org.), *The Cambridge companion to the literature of the First World War*. Cambridge: Cambridge University Press, 2005, pp. 141-65.

PICCIONI, Leone. *Vita di Ungaretti*. Milão: Rizzoli, 1979.

POUZOL, Henri (org.). *La poésie concentrationnaire*. Paris: Seghers, 1975.

PRÉVOST, Guillaume (org.). *La Seconde Guerre Mondiale. Vie et société*. Paris: Larousse, 1992.

QUASIMODO, Salvatore. *Tutte le poesie*. Milão: Mondadori, 1975.

REBELO, Marques. *A guerra está em nós*. São Paulo: Martins, 1968.

_____. *A mudança*. Rio de Janeiro: Nova Fronteira, 1984.

_____. *O trapicheiro*. Rio de Janeiro: Nova Fronteira, 1984.

RÈBORA, Clemente. *Choeur bouche close. Poèmes de guerre (1914-1917)*. Nîmes: Lucie Éditions, 2009.

_____. *La mia luce sepolta. Lettere di guerra*. Verona: Il Segno dei Gabrielle Editore, 1996.

_____. *Tra melma e sangue. Lettere e poesia di guerra*. Novara: Interlinea Edizioni, 2008.

REMARQUE, Erich Maria. *Nada de novo no front*. São Paulo: Abril, 1981.

RENAULT, Abgar. *Obra poética*. Rio de Janeiro: Record, 1990.

_____ (org. e trad.). *Poemas ingleses de guerra*. Belo Horizonte: Imprensa Oficial do Estado, 1974.

RICHLER, Mordecai (org.). *Writers on World War II*. Nova York: Knopf, 1991.

RISCHIN, Rebecca. *For the end of time. The story of the Messiaen Quartet*. Ithaca/Nova York: Cornell University Press, 2003.

ROUVEYRE, André. *Amour et poésie d'Apollinaire*. Paris: Seuil, 1955.

_____. *Apollinaire*. Paris: Gallimard, 1945.

SANAVIO, Piero (org.). *Ungaretti*. Paris: Éditions de l'Herne, 1966.

SANT'ANNA, Affonso Romano de. *Carlos Drummond de Andrade: análise da obra*. Rio de Janeiro: Nova Fronteira, 1980.

SANTOS, Margareth. *Desastres do pós-guerra civil espanhola*. São Paulo: Humanitas/FAPESP, 2012.

SARLO, Beatriz. *Paisagens imaginárias*. São Paulo: Edusp, 1997.

SCHNAIDERMAN, Boris. *Guerra em surdina*. São Paulo: Cosac Naify, 2004.

SCHMIDT, Augusto Frederico. *Poesias completas*. Rio de Janeiro: José Olympio, 1956.

SCHNEIDER, Reinhold et al. *Ohne Hass und Fahne: Kriegsgedichte des 20. Jahrhunderts/ No hatred and no flag: war poems of the 20th century/ Sans haine et sans drapeau: poèmes de guerre au XXe siècle*. Hamburgo: Rowohlt, 1959.

SCHWARTZ, Lynne Sharon et al. *L'archéologue de la mémoire. Conversations avec W. G. Sebald*. Arles: Actes Sud, 2009.

SCHWARTZMAN, Simon. *Tempos de Capanema*. Rio de Janeiro: Paz e Terra/Edusp, 1984.

SCHWARZ, Roberto. "Altos e baixos da atualidade de Brecht". In: *Sequências brasileiras*. São Paulo: Companhia das Letras, 1999, pp. 113-48.

_____. *Que horas são?* São Paulo: Companhia das Letras, 1987.

SCLIAR, Carlos. *A guerra de Scliar*. Ouro Preto: Ed. Nonada, 1995.

_____. *Caderno de guerra*. São Paulo: Pinacoteca do Estado, 1995.

SEBALD, W. G. *Austerlitz*. São Paulo: Companhia das Letras, 2008. Tradução de José Marcos Macedo.

_____. *Guerra aérea e literatura*. São Paulo: Companhia das Letras, 2011. Tradução de Carlos Abbenseth e Frederico Figueiredo.

_____. *Os emigrantes*. São Paulo: Companhia das Letras, 2009. Tradução de José Marcos Macedo.

SEGALL, Lasar. *Visões de guerra*. São Paulo: Imprensa Oficial do Estado/Museu Lasar Segall/Centro de Cultura Judaica, 2012.

SEGHERS, Pierre. *La Résistance et ses poètes (France 1940-1945)*. Paris: Seghers, 2004.

SEITENFUS, Ricardo Antonio Silva. *O Brasil de Getúlio e a formação dos blocos: 1930-1942. O processo de envolvimento brasileiro na II Guerra Mundial*. São Paulo: Companhia Editora Nacional, 1985.

SILVA, Hélio. *1942: Guerra no continente*. Rio de Janeiro: Civilização Brasileira, 1972.

SILVEIRA, Tasso da. *Puro canto (Poemas completos)*. Rio de Janeiro: GRD, 1962

SILVEIRA, Joel; MITKE, Thassilo. *A luta dos pracinhas*. Rio de Janeiro: Record, 1993.

SILVER, Kenneth. *Esprit de corps. The art of the parisian avant-garde and the First World War — 1914-1925*. Princeton: Princeton University Press, 1989.

SIMON, Michel (org.). *L'Honneur des poètes*. Rio de Janeiro: Atlântica, 1944.

SIMON, Iumna Maria. *Drummond: uma poética do risco*. São Paulo: Ática, 1978.

SOUPAULT, Philippe. *Le temps des assassins*. Nova York: Maison Française, 1945.

_____. *Mémoires de l'oubli: 1914-1923*. Paris: Lachenal & Ritter, 1981.

_____. *Odes*. Lyon: Éditions Jacques-Marie Laffont et Associés, 1981.

SPENDER, Stephen. *Poemas de España*. Madri: Editorial Pre-Textos, 2009.

_____. *World within world*. Londres: Hamish Hamilton, 1951.

SPITZER, Leo. *Lettere di prigionieri di guerra italiani*. Turim: Boringhieri, 1976.

STALLWORTHY, Jon. "Introduction". *In*: OWEN, Wilfred. *Poems selected*. Londres: Faber & Faber, 2004, pp. VII-XIX.

STAROBINSKI, Jean. *La poésie et la guerre. Chroniques 1942-1944*. Genebra: MiniZoé, 1999.

STEPHEN, Martin (org.). *Poems of the First World War. "Never such innocence"*. Londres: Everyman, 1995.

STERNBERG, Ricardo da Silveira Lobo. "Out of the quarrel with ourselves". *In*: Sérgio Pachá e Frederick G. Williams (orgs.), *Drummond and his generation*. Santa Barbara: University of California/Bandanna Books, 1986, pp. 118-27.

SÜSSEKIND, Flora. "Curva Curva Curva: estratégia narrativa e forma poética em Drummond". *In: Poesia Sempre*, Rio de Janeiro, n° 18, set. 2004, pp. 162-95.

TAYLOR, A. J. P. *A Segunda Guerra Mundial*. Rio de Janeiro: Zahar, 1963.

THOMAS, Denis (org.). *Battle art. Images of war*. Oxford: Phaidon, 1977.

TODOROV, Tzvetan. *Goya à sombra das luzes*. São Paulo: Companhia das Letras, 2014. Tradução de Joana Angélica d'Ávila Melo.

UNGARETTI, Giuseppe. *A alegria*. Rio de Janeiro: Record, 2003. Tradução de Geraldo Holanda Cavalcanti.

_____. *A alegria*. Belém: CEJUP, 1992. Tradução de Sérgio Wax.

_____. *Daquela estrela à outra*. São Paulo: Ateliê, 2003. Traduções de Haroldo de Campos e Aurora Bernardini. Organização de Lucia Wataghin.

_____. *Il porto sepolto*. Veneza: Marsilio, 2005. Edição preparada por Carlo Ossola.

_____. *Il porto sepolto (1922). Un libro inedito*. Milão: Biblioteca di via Senato Edizioni, 2005. Edição preparada por Francesco Corvi.

_____. *La guerre. Une poésie*. Nantes: Le Passeur, 1999.

_____. *Lettere dal fronte a Gherardo Marone*. Milão: Mondadori, 1978.

_____. *Razões de uma poesia*. São Paulo: Edusp, 1994. Organização de Lucia Wataghin.

_____. *Vita d'un uomo. Saggi e interventi*. Milão: Mondadori, 1982.

_____. *Vita d'un uomo. Tutte le poesie*. Milão: Mondadori, 1977.

_____. *Vita d'un uomo. Viaggi e lezioni*. Milão: Mondadori, 2000.

VACHÉ, Jacques. *Soixante-dix-neuf lettres de guerre*. Paris: Jean-Michel Place, 1989.

VALLEJO, César. *Obra poética*. Madri/Paris/México/Bueno Aires/São Paulo/Rio de Janeiro/Lima: ALLCA XX, 1996. Edição crítica organizada por Américo Ferrari.

VERÍSSIMO, Érico. *A volta do gato preto*. São Paulo: Companhia das Letras, 2007.

VILLAÇA, Alcides. *Passos de Drummond*. São Paulo: Cosac Naify, 2006.

VIRILIO, Paul. *Guerra e cinema*. Rio de Janeiro: Scritta, 1993.

_____. *Velocidade e política*. São Paulo: Estação Liberdade, 1996.

WEISSBORT, Daniel (org.). *The poetry of survival*. Nova York: St. Martin's Press, 1991.

WERTH, Alexander. *Stalingrado 1942*. São Paulo: Contexto, 2015.

WISNIK, José Miguel. "Drummond e o mundo". *In*: NOVAES, Adauto (org.). *Poetas que pensaram o mundo*. São Paulo: Companhia das Letras, 2005, pp. 19-64.

WOOLF, Virginia. *O valor do riso e outros ensaios*. São Paulo: Cosac Naify, 2014. Tradução e organização de Leonardo Fróes.

_____. *Profissões para mulheres e outros artigos femininos*. Porto Alegre: L&PM, 2012. Tradução de Denise Bottmann.

YURKIEVICH, Saúl. *Modernidad de Apollinaire*. Buenos Aires: Losada, 1968.

ZAGURY, Eliane. *Cecília Meireles*. Petrópolis: Vozes, 1973.

Agradecimentos

Este livro foi, primeiramente, tese de doutorado apresentada em 1998 ao Departamento de Teoria Literária e Literatura Comparada da Universidade de São Paulo, com o título *Três poetas brasileiros e a Segunda Guerra Mundial*. Se tivesse de restringir os agradecimentos às pessoas que me ajudaram apenas durante a realização da tese, a lista já seria longa — mas o trabalho prosseguiu ainda muito, o que me deixa em débito com tanta gente, que é melhor reconhecer, de saída, traços de uma elaboração coletiva, com um rastro acadêmico bastante nítido, em que contam conversas continuamente retomadas com professores, colegas, alunos e amigos.

Quero agradecer de início aos meus orientadores João Luiz Lafetá e Davi Arrigucci Jr.

Com o primeiro não foi possível discutir o que se tornaria depois o doutorado efetivo, pois ele pôde conhecer apenas o projeto inicial, que era um estudo da poesia brasileira dos anos 1930. Mas os textos e as aulas do Lafetá, assim como as conversas que mantive com ele, tiveram um peso enorme em minha formação, e ainda hoje, passados já vinte anos de sua morte, diante de alguma questão interpretativa mais difícil, sempre me pergunto o que ele pensaria a respeito.

Ao Davi Arrigucci Jr., além da orientação propriamente dita, agradeço a atenção e a generosidade com que acompanhou a passagem da tese ao livro, criticando certas passagens e sugerindo acréscimos ou modificações. Mas, para dar uma medida mais clara da importância do Davi para o meu trabalho, eu diria que o essencial do que pretendo fazer no livro, com os recursos de que disponho, está claro, é uma variação em torno do mote "literatura e experiência", que ele assumiu como uma espécie de divisa crítica.

Aos professores que compuseram a banca de meu doutorado, Vilma Arêas, Antonio Arnoni Prado e Boris Schnaiderman, agradeço as observações e as críticas. Ao professor Alfredo Bosi, também presente à banca de doutorado, por ter me ajudado a pensar meu próprio trabalho em sua dimensão de memória cultural por meio da leitura de poesia. Sou ainda muitíssimo grato a ele pelos ensinamentos compartilhados do modo mais afetuoso, comigo e com outros docentes da USP, em encontros preciosos ao longo de vários anos.

Sou grato também ao professor Antonio Candido, que se dispôs muito gentilmente a discutir a ideia do trabalho ainda em seu início.

Agradeço aos grandes amigos, igualmente professores:

Augusto Massi, que sempre se empenhou na publicação destes ensaios, pela confiança intelectual, as leituras ao longo da elaboração do livro e também pelo incrível sortimento de textos inéditos de Drummond, Cecília Meireles e Murilo Mendes que me foram de grande valia.

Jorge de Almeida, pelos diálogos e pelas audições de tantas obras musicais, vinculadas ou não à guerra.

José Américo de Miranda Barros, pelas leituras e conversas, por meio das quais pude depurar algumas análises de poemas e precisar melhor os contornos gerais da pesquisa.

Marcus Vinicius Mazzari, estudioso forte do assunto, de um ponto de vista germanista, pela muito antiga cumplicidade e pelas traduções de trechos de Goethe e poemas de Brecht que realizou especialmente para o livro.

Entre os amigos que adquiri com o assunto, quero citar o historiador Roney Cytrynowicz, que escreveu coisas muito importantes a respeito da guerra e que sempre me incentivou a publicar o livro. Ao Mário Alex Rosa, pelos diálogos e sugestões. Ao Marcos David Alconchel, pelas leituras, propostas e revisões no momento de finalização do livro.

Quero lembrar ainda as seguintes pessoas, que me ajudaram de diferentes modos: Júlio Castañon Guimarães, Waldemar Naclério Torres, Cláudio Giordano, Harry Crowl Jr., Marcus Vinicius de Freitas, Sérgio Alves Peixoto, Maria Cecília Bruzzi Boechat, Teodoro Rennó Assunção, Fábio de Souza Andrade, Yudith Rosenbaum, Margareth dos Santos, Lucia Wataghin, Ana Maria Lisboa de Mello, Leila Gouvêa e Graziela Chequer.

Não posso deixar de mencionar dois amigos muito próximos, mortos prematuramente, Orlando Scalfo Jr. e Luís Baggio Neto, que acompanharam com muito interesse as ideias deste trabalho.

A redação deste livro não foi um trabalho contínuo e exclusivo. Desde a defesa da tese ocupei-me seguidamente com outros assuntos e autores, tanto nas aulas como em artigos e ensaios. Nesse sentido, a escrita apresenta algumas camadas, correspondentes aos momentos em que me debrucei sistematicamente para chegar à forma atual. Nesse processo, devo demais ao Alberto Martins (Betito), poeta e artista, velho amigo dos tempos de graduação da USP, que, ao longo de uma cumplicidade crescente, me ajudou com inúmeras e valiosíssimas observações e sugestões, as quais muitas vezes revelaram para mim o essencial daquilo que eu mesmo queria dizer. Estendo meus agradecimentos a Milton Ohata e à equipe da Editora 34, que acolheram muito simpaticamente a publicação do livro.

Aos alunos de Graduação e de Pós-Graduação da UFMG e da USP, que me ouviram em cursos dedicados ao assunto ao longo de mais de uma década.

Aos colegas de Literatura Brasileira da UFMG e da USP, bem como ao Programa de Pós-Graduação em Literatura Brasileira da FFLCH-USP, que apoiou a publicação deste livro.

Por fim, à Cássia, que acompanha meu trabalho, confiante e amorosa, desde os primeiros escritos; ao Lucas e ao Tomás, que aguentaram muito falatório a respeito de guerra e das artes; ao Lucas, ainda, pelo auxílio nas traduções de algumas passagens em inglês.

Durante meu doutorado, pude contar com uma bolsa do CNPq.

No segundo semestre de 2010, fui à França para estudar a poesia de Guillaume Apollinaire, sob a supervisão de Laurence Campa (a quem agradeço a gentil acolhida), e contei para essa pesquisa com uma bolsa da FAPESP.

Créditos das imagens

p. 27: Guillaume Apollinaire com seus camaradas em Argonne, Champagne, 1915. Reprodução. Foto de autor desconhecido.

p. 43: "Guillaume de Kostrowitzky/ Artilheiro", desenho de Pablo Picasso, 1914. Reprodução.

p. 49: Página de carta de Guillaume Apollinaire a Lou (Louise de Coligny--Châtillon), de 9 de fevereiro de 1915. Reprodução.

p. 71a: Giuseppe Ungaretti como soldado. Reprodução. Foto de autor desconhecido. Arquivo Giuseppe Ungaretti.

p. 71b: Capa da primeira edição de *Il porto sepolto*, de Giuseppe Ungaretti (Udine, 1916). Reprodução.

p. 155: Lasar Segall, desenho aquarelado da série *Visões de guerra* (1940-1943). Reprodução. Acervo do Museu Lasar Segall, São Paulo.

pp. 164-5: Jacques Callot, estampa a água-forte do álbum com dezoito gravuras, *Les Misères et les malheurs de la guerre representez par Jacques Callot, Noble Lorrain, et mis en lumière par Israel son amy, a Paris 1633*. Reprodução.

p. 169a: Francisco de Goya y Lucientes, *Estragos da guerra*, estampa n° 30 de *Los Desastres de La Guerra: coleccion de ochenta láminas inventadas y grabadas al agua fuerte por Don Francisco Goya, Madrid, 1863*. Reprodução.

p. 169b: Otto Dix, *Casa destruída por bombardeio aéreo (Tournai)*, gravura em metal do álbum *A guerra* (1924). Reprodução.

p. 173a: Francisco de Goya y Lucientes, *No se puede mirar*, estampa n° 26 de *Los Desastres de La Guerra: coleccion de ochenta láminas..., Madrid, 1863*. Reprodução.

p. 173b: Francisco de Goya y Lucientes, *Yo lo vi*, estampa n° 44 de *Los Desastres de La Guerra: coleccion de ochenta láminas..., Madrid, 1863*. Reprodução.

p. 181: Bertolt Brecht, Imagem n° 65, do livro *Kriegsfibel* (Berlim, Eulenspiegel, 1955). Reprodução. Brecht-Archiv, Berlim.

p. 183: Bertolt Brecht, Imagem n° 22, do livro *Kriegsfibel* (Berlim, Eulenspiegel, 1955). Reprodução. Brecht-Archiv, Berlim.

p. 185: Bertolt Brecht, Imagem n° 57, do livro *Kriegsfibel* (Berlim, Eulenspiegel, 1955). Reprodução. Brecht-Archiv, Berlim.

p. 189: Bertolt Brecht, Imagem n° 44, do livro *Kriegsfibel* (Berlim, Eulenspiegel, 1955). Reprodução. Brecht-Archiv, Berlim.

p. 225: Frente e verso de fotografia de Oswald de Andrade, de 21 de dezembro de 1942. Reprodução. Coleção Marília de Andrade.

p. 283a: Théodore Géricault, *Mameluco chorando seu cavalo morto*, grafite sobre papel, 34 x 24,5 cm, s/d. Reprodução. Acervo da Escola Nacional Superior de Belas-Artes, Paris.

p. 283b: Bernard-Édouard Swebach, *Retirada da Rússia*, óleo sobre tela, 127 x 193,5 cm, 1838. Reprodução. Acervo do Museu de Belas-Artes, Besançon.

pp. 312-3: Paraquedistas alemães saltando em Creta, maio de 1941. Reprodução. Fotos de autor desconhecido.

p. 317: Oswaldo Goeldi, *O paraquedista*, crayon sobre papel, 48,3 x 33,1 cm, 1942. Reprodução. Acervo do MAM-SP.

Sobre o autor

Murilo Marcondes de Moura graduou-se em Linguística na Faculdade de Filosofia, Letras e Ciências Humanas da Universidade de São Paulo, em 1982. Concluiu seu mestrado e doutorado na mesma universidade, respectivamente em 1991 e 1998, ambos nas áreas de Teoria Literária e Literatura Comparada. Foi docente de Literatura Comparada na Universidade Federal de Ouro Preto, entre 1992 e 1995, e docente de Literatura Brasileira na Universidade Federal de Minas Gerais, entre 1996 e 2003. Desde 2003, leciona Literatura Brasileira na FFLCH-USP. Em 2010, realizou pós-doutorado na França, tendo como objeto de estudo a poesia de Guillaume Apollinaire.

Como ensaísta, colaborou em diversos volumes de crítica literária, entre os quais se destacam os livros *Leitura de poesia* (Ática, 1996) e *Literatura e guerra* (UFMG, 2010), e a revista *Cadernos de Literatura Brasileira — Carlos Drummond de Andrade* (IMS, 2012), entre outras. Juntamente com Júlio Castañon Guimarães, organizou a *Antologia poética de Murilo Mendes* (Cosac Naify, 2014) e realizou o estabelecimento de texto para as obras do poeta lançadas por essa editora. Publicou o livro *Murilo Mendes: a poesia como totalidade* (Edusp/Giordano, 1995) a partir de sua dissertação de mestrado e, posteriormente, o volume *Manuel Bandeira* (Publifolha, 2001). Dedica-se sobretudo à literatura brasileira do século XX, área na qual tem orientado trabalhos de mestrado e doutorado desde o final dos anos 1990.

Este livro foi composto em Sabon, pela Bracher & Malta, com CTP da New Print e impressão da Graphium em papel Pólen Soft 80 g/m² da Cia. Suzano de Papel e Celulose para a Editora 34, em março de 2016.